地域とつながる高齢者・障がい者の住まい

計画と設計 35の事例

編著
西野亜希子
岡部真智子
阪東美智子

著
石井　敏
稲垣具志
李　潤貞
植田瑞昌
笈田幹弘
大島千帆
大橋寿美子
糟谷佐紀
神吉優美
金　炅敏
児玉善郎
雑賀　香
佐藤由美
鈴木　晃
鈴木健太郎
曽根里子
田中紀之
冨安亮輔
西村　顕
橋本美芽
原　和男
番場美恵子
松田雄二
三浦貴大
南　一誠
蓑輪裕子
室﨑千重
吉田紗栄子

学芸出版社

はじめに

■本書について

　本書は、高齢になっても障がいがあっても、誰もが自分らしい暮らしや住まいをより主体的に選択できるよう、生活の基盤となる住まいと住まいのある地域に焦点をあてている。実際の計画や設計に役立てるため、多くの人の関心に沿うよう幅広く網羅することで、個別性が高く多様な住まい手の状況に応じた選択肢を俯瞰できるようにすることを心がけた。

　本書の構成は次の通りである。まず、第1章で「高齢者」「障がい者」の暮らしを支える概念や、からだの特徴・住環境について取り上げる。第2章の「高齢者の住まい」では、元気でアクティブな時期から、身体機能に変化が生じてからも住み続けるための自宅や、住み替え先となる住まいや施設の事例を紹介する。また第3章の「障がい者の住まい」では、肢体不自由や視覚障がい、精神障がい、知的障がい、発達障がいなど、障がいごとに工夫された事例を掲載する。第4章では、住民や行政、企業など様々な立場にある人が主体となり取り組んでいる地域・コミュニティづくりの事例を紹介する。第5章は、住まいに関するサービスや制度を紹介し、相談窓口となる場所を示した。また独自の取組みを行う自治体を取り上げ、全国一律ではない取組みがあることを紹介する。

■本書の特徴

　本書の主な特徴は、以下の1～3である。

□特徴1：多様な「暮らし」を俯瞰し、一人ひとりに合った選択につなげる

　ニーズが多様化する中、本人や家族には、一人ひとりに合った住まいや地域の環境を主体的に選択する機会が増えるだろう。そして、それらを支える設計者や関係する専門職には、住まい手の暮らしに寄り添った提案がより一層求められる。

　本書が想定する読者は、高齢者や障がい者の住まいに関わる設計者はもちろん、福祉・医療関係者や建築関係者、まちづくりに携わる行政職など実務家である。さらには、こうした分野に関心を持つ研究者や初学者にとっても学びの教材にしていただきたいと考えた。

　また、高齢者や障がい者、障がい児、そしてその家族にとって、暮らしでのわずかな頑張りすぎや我慢のしすぎを日常的に積み重ねることは、大きな負担になる。そのため、本人が持っている力を活かして「できること」を増やしたり、家族・支援者の生活にも配慮したうえで、その人らしい暮らしを実現するためのヒントとして、本書を活かしていただきたい。

□特徴2：事例を多用することで、その人にあった例を取り入れやすくする

　新たな選択をする際に、候補となる住まいや地域の暮らしがイメージしやすいように、本書では多くの事例を用いている。各事例は共通項が見えるように、建物等の概要、計画・設計に至る経緯、課題を解決するための取組み、事例のポイント、知っておきたい用語・解説で構成している。第2章から第4章の冒頭では、その章の全体像がわかるよう表を設けるとともに、読者が関心を持ったどの事例からでも読んでいただけるよう工夫した。

　本書で取り上げた事例は、執筆者の研究や実践の成果、くわえて日本建築学会高齢者・障がい者等居住小委員会の研究活動の成果を用いている。さらに、各事例には想定する読者をアイコンで示している（次頁参照）。

暮らしは住戸内で完結するものではない。そこで本書は、住まいだけでなく、暮らしを支える地域についても、先駆的な地域・コミュニティの取組みを紹介している。このように、生活の基盤となる住まいと、外出先であり、人とつながるきっかけとなる地域を取り上げることで、多様な選択肢が俯瞰でき、その人らしい暮らしの一助となる書籍づくりを試みた。

□特徴３：「用語・解説」で当事者の主体的参加や専門職間の連携に役立てる

　暮らしにおける課題の解決策は一つとは限らない。暮らしの選択肢が増える中で、設計者は他の分野の専門職と連携し、建築以外の分野の専門職は建築に触れる機会が今後ますます増えることが見込まれる。そこで、それぞれの分野で重要とされ、多職種連携を円滑に進めるために互いが理解しておくことが望ましい用語を「知っておきたい用語・解説」として設けた。

　一人ひとりが培ってきた暮らしの維持・継続につながる一冊として、多くの方に本書を手に取っていただきたい。暮らしにおいて自己決定が容易にでき、その人が持っている力を活かし、最期まで尊厳を持って、住み慣れた地域や自宅などでその人らしく安心して住み続けるために、本書が役立つことを願っている。

編著者　西野亜希子

本書で用いたアイコンの説明

本書は第２章〜第４章で多様な事例を掲載しているため、参考にしていただきやすいよう、以下５つのカテゴリーを設け、各事例に目安となるアイコンを示している。濃い部分がおもに該当する項目である。

（アイコン例）
設計　福祉　行政　研究者　本人

- **設計**……図面が多く掲載されており建築的要素が高い事例、または設計者がかかわる機会が多くなる（増える）ことが想定される事例
- **福祉**……介護支援専門員（ケアマネジャー）や、地域包括支援センター職員、福祉施設職員が知っていると実務に活かせそうな事例
- **行政**……行政の担当者が関わった事例、または地域の実情に合った計画・運営の参考になることが想定される事例
- **研究者**…研究者または初学者として知っておくと参考になる事例
- **本人**……本人や家族が読んだときに、住まいや暮らしの参考になることが想定される事例と、「地域住民・自治会・町内会」の立場で読んでほしい事例

目次

はじめに 2

第1章　高齢者や障がい者の住まい・暮らしを支える　7

1-1　地域共生社会と住まい　8
1）地域共生社会とノーマライゼーション　8
2）外出して人・地域・社会とつながる　9

1-2　高齢者のからだと住まい　10
1）高齢期の心身機能の特徴と住まい　10
2）高齢期の住まい手の変化に応じた住まい・住まい方の選択肢　11
3）毎日の生活で用いる移動方法と住まい　13

1-3　障がい者のからだと住まい　15
1）障がいによる心身機能の特徴と住まい　15
2）地域で暮らす障がい者・障がい児の住まい　16

1-4　地域で暮らす高齢者・障がい者を支える仕組み　18
1）地域で暮らすとは　18
2）在宅生活を支える福祉サービス　19
3）地域で交流やつながりをつくる　20
4）外出を支える移動環境　21

第2章　事例から読み解く高齢者の住まい　23

2-1　高齢者の住まい　24

2-2　アクティブな生活から介護予防まで　25
1）生涯夫婦で自立して本音の暮らしができる家　25
　　バリアフリーで将来の変化を受容し地域の人を招ける新築住宅
2）住宅を改修して高齢期に備える　29
3）高齢期の移住とライフステージによる変化　33
4）サービス付き高齢者向け住宅　37
5）住まい方を工夫しながら住み続ける集合住宅　41

2-3　介護が必要になったら　45
1）片麻痺で車いすを利用する高齢者向け新築住宅　45
2）車いすで暮らせるように1階店舗を住宅改修　49
3）認知症に求められる住環境と自宅での環境整備　53

4）天井設置型の見守りセンサの活用事例　57
　　見守りセンサにより介護職員と利用者の距離感を適切に保つ

5）可搬設置型の見守りセンサの活用事例　59
　　見守りセンサにより介護職員・利用者の負担を軽減する

6）介護施設の新しい姿を示す木造・分棟型の計画　61
　　ケアタウン小牧　特別養護老人ホーム幸の郷

7）物理的環境が認知症を支えることを実証　65
　　認知症高齢者グループホーム　こもれびの家

コラム　災害後の高齢者の仮住まい　69

第3章　事例から読み解く障がい者の住まい　71

3-1　障がい者の住まい　72

3-2　肢体不自由者の住まい　73

1）バリアフリーはストレスフリー　車いすユーザーが住むマンションのリノベーション　73
2）子どもの成長で変化する住要求に対応した住宅改修　78
3）障がいのある子どもの成長を促す住環境整備　家族にも配慮した段階的な改修　81
4）身体障がいのある人々が集まって住む　重度身体障がい者グループホーム　85
5）既存公営住宅改修による車いす使用者用住戸の整備　89

3-3　視覚障がい者の就労施設　93

1）視覚障がい者の就労施設における環境の工夫　五感活用で過ごしやすい自立の場　93

3-4　精神障がい者・知的障がい者の住まい　97

1）精神障がいのある人々が集まって住むグループホーム　97
2）強度行動障がいのある人々のためのグループホーム　101

3-5　発達障がい者の住まい　105

1）発達障がい児（者）の住まいの工夫　105

第4章　人と人のつながりを生む地域の実践　111

4-1　地域でつくるつながり　112

4-2　地域の支え合い　113

1）自助・互助による住民が主役のまちづくり　神奈川県・横浜若葉台団地　113
2）地域交流のまちづくり　横浜市寿地区　117

4-3　通いの場づくり　121

1）小学校区ごとの小規模多機能型居宅介護施設の整備　大牟田市　121

2）学生が運営に参画するコミュニティ拠点　125

4-4　多世代交流　129

　　　1）共用空間を活用し多世代で支えあって暮らす　千葉県・シティア　129
　　　2）大学生が支え、支えられる団地の暮らし　兵庫県明舞団地　133
　　　3）協働する住まい　コレクティブハウスかんかん森　137
　　　4）"ごちゃまぜ"で暮らす　Share金沢　141

4-5　住民参加　145

　　　1）住民主体のサービスづくり　沖縄県・波照間島　145

4-6　多様な活動とサービス　149

　　　1）地域居住を多様な世代・サービスで支える　149
　　　　神奈川県・認定NPO法人ぐるーぷ藤
　　　2）多様な制度外サービスを提供　もちもちの木　153
　　　3）団地再生事業における交流の場づくり　柏市・豊四季台団地　156
　　　コラム　制度外ケア付き福祉仮設住宅「あがらいん」　160

第5章　高齢者や障がい者の住まいの制度と相談窓口　161

5-1　介護保険制度における住宅改修費給付制度　162

5-2　障がい者向けの住宅改修支援制度　163

5-3　高齢者や障がい者の住まいの相談窓口　164

5-4　居住継続支援における多職種連携　165

　　　おわりに　166
　　　「知っておきたい用語・解説」索引　167

第1章
高齢者や障がい者の住まい・暮らしを支える

1-1 地域共生社会と住まい

1) 地域共生社会とノーマライゼーション

　高齢者や障がい者の生活は、新しい住宅や最新の設備が整った施設を建てることで成立するのではない。一人ひとりが、自分の心身状況にあった住まいで、本人が望む暮らしを営めることが大切である。また一緒に暮らす家族にとっても、互いにとって心地よい関係を結べる住環境があることが欠かせない。

　加えて、人の生活は住まいの中で完結するものではなく、他者とのかかわりをもてる地域があって成り立つものである。地域のあり方も、人の暮らしに大きな影響を与えている。

■地域共生社会とは

　近年、社会福祉の分野で「地域共生社会」が重要視されている。厚生労働省によれば、「地域共生社会」とは「制度・分野ごとの「縦割り」や「支え手」「受け手」という関係を超えて、地域住民や地域の多様な主体が参画し、人と人、人と資源が世代や分野を超えてつながることで、住民一人ひとりの暮らしと生きがい、地域をともに創っていく社会」である。

　高齢者や障がい者は、とかく「世話をされる人」と見られがちである。果たしてそうだろうか。介護が必要になったとしても、知恵を授けてくれる人、見守ってくれる人として、ほかの人を支えることもできる。地域共生社会の理念では、高齢者や障がい者は、単に福祉サービスの「受け手」だけではなく、「支え手」として、地域をともに創る人として考えられている。

■住まい・暮らしを支える
####　　ノーマライゼーションの理念

　高齢者や障がい者は特別な存在ではない。年月が経てば誰もが高齢者になるし、何かがきっかけとなって障がいを持つことも考えられる。高齢者や障がい者になることで、ほかの人にはたやすくできることが難しくなったり、何かをするのに時間がかかることはあるだろう。だが、環境を整えることで、自分で行うことができたり、ほかの人の支えがあればできるようになることも少なくない。

　特別ではない、普通に、という意味を持つ言葉に「ノーマライゼーション」がある。これは、デンマークのN・E・バンク＝ミケルセンが提唱した理念で、「どのような障がいがあろうとも、一般の市民と同じ程度の生活と権利が保障されていなければならない」という考えである。

　つまり、「ノーマライゼーション」は、高齢者や障がい者等を特別視せず、誰もが社会の一員であるという考えに基づいて、それまで特別に行われていたものを一般化していくという考えを指している。この考えを体系化したものが、ニィリエの**ノーマライゼーションの8つの原理**である。

　ノーマライゼーションの理念に基づけば、住まいはそこに住む人が「ふつうに生活できる場」として整えられている必要がある。車いすを使う人には、移動しやすい動線が確保されていたり、トイレや浴室に一定の広さが確保されていることは、ふつうの生活を送るためには必要なことだ。また、まちに出かけても高齢や障がいを理由に行動や活動が制限されることがないことも大切な点だ。こうした誰にとってもふつうに生活を送れる環境があることが、ノーマライゼーションの理念を実現することにつながる。

（岡部真智子）

＜知っておきたい用語・解説＞

ノーマライゼーションの8つの原理：ベンクト・ニィリエが提唱した、ノーマライゼーションを実現するための8つの要素を示したもの。
① 1日のノーマルなリズム
② 1週間のノーマルなリズム
③ 1年間のノーマルなリズム
④ ライフサイクルでノーマルな発達的経験
⑤ ノーマルな個人の尊厳と自己決定権
⑥ 文化におけるノーマルなセクシャリティと結婚の保障
⑦ 属する社会におけるノーマルな経済的水準とそれを得る権利
⑧ 地域におけるノーマルな環境水準

2) 外出して人・地域・社会とつながる

■人・地域・社会とつながる

　暮らしは住戸内だけで完結するものではない。一日の生活を振り返ると、仕事や買い物、趣味、通院など日常的に外出したり、人や地域、社会とつながりをもって暮らしている。それは高齢になっても、障がいがあっても変わらないはずである。

　そのため、環境によって自己決定が阻害されることなく、一人ひとりが持っている力を活かし、誰もが社会参加できるよう、環境を整備することで、住まいを拠点とした暮らしが確保される。

■外出しやすい移動・環境

　暮らしにおいて、外出を容易に自己決定できる移動・環境を整備することはとても重要である。そのためには、車いすや杖などの福祉用具を用いるだけでなく、介助者や介助犬と一緒に歩く人や、移動時の不安を抱えている人でも、安全に安心して移動でき、かつ目的地が利用できる環境であることが求められる。

　バスなどの公共交通機関や、外出先となる公共建物を対象とした「高齢者、障害者等の移動円滑化の促進に関する法律」（2006、バリアフリー法）では、相互間移動が徒歩で行われる生活関連施設や、それに生活関連経路を加えた移動等円滑化促進地区、重点整備地区を定め、徒歩での移動環境を整備（図1）するほか、公共施設等への**合理的配慮**を求めている。

■つながるための仕掛けづくり

□外出先としての交流の場や居場所

　生活を送る中で自然と人・地域・社会とつながる機会があることは重要である。その仕掛けとして、地域のNPOや住民が主体の取組み、地域と行政の連携、団地再生事業の一環として大学または産官学民の連携などによる交流の場や居場所づくりが行われている。

□外出を支える取組み

・高齢者の通いの場

　高齢者の多くは、普段散歩なども含めた外出をしており、趣味や、食事、外での立ち話などのご近所づきあいが生きがいにつながっている。一方、年齢を重ねるにつれ、移動手段は徒歩が多くなるため、徒歩圏内に人とつながる場をつくることがますます重要になる。そこで、介護保険制度の生活支援・介護予防サービスにおいては、NPOや住民など多様な運営主体が地域の様々な資源を活かした「通いの場」を運営し、高齢者の生活を支えている。

・障がい者の就労と地域居住

　障がい者の多くは、在宅で暮らしており、外出の機会として通勤がある。また、就労等の日中活動と居住の場を一体的に運用する「障害者支援施設」でも、日中活動において、外部の別施設を選択することができるようになり、外出の機会が増える仕組みがある。さらに、生活を地域全体で支えるために、地域生活支援拠点の体制整備や、施設入所者「自立生活援助」制度など、地域とつながりを持ちながら暮らせるような取組みがある。

（西野亜希子）

図1　自治体のまち歩きで施設を点検する様子

参考文献
1) 内閣府『令和5年版高齢社会白書』日経印刷、2023.8
2) 内閣府『令和5年版障害者白書』勝美印刷、2023.
3) 内閣府「合理的配慮の提供が義務化されます」
　https://www8.cao.go.jp/shougai/suishin/pdf/gouriteki_hairyo2print.pdf、2023.12
4) 二本柳覚『図解でわかる障害福祉サービス』中央法規、2022.9
5) 厚生労働省「地域包括ケアシステムの構築に向けて」
　https://www.mhlw.go.jp/file/05-Shingikai-12301000-Roukenkyoku-Soumuka/0000078375.pdf、2024.4

＜知っておきたい用語・解説＞

合理的配慮：障がいのある人から、社会にあるバリアを取り除くために何らかの対応が必要であると意思表示された時に、負担が重すぎない範囲で、行政機関や事業者に提供が求められる。これは、障がいの有無にかかわらず、相互に人格と個性を尊重し合いながら共生する社会を目的とする、障害を理由とする差別の解消の推進に関する法律（2016年）に位置付けられている。

1-2 高齢者のからだと住まい

1）高齢期の心身機能の特徴と住まい

高齢期は、生涯発達という観点では[1]人生についてさらに深まり（発達し）、それまで培ってきたことや、知恵を活かしながら豊かに暮らす時期である一方で、老化を基盤として老年症候群などの障がいや疾病が生じやすくなり[2]、日常生活や生活動作などの低下を招き、さらなる機能低下などの悪循環に陥りやすくなる時期でもあるといわれている。

超高齢社会となり、人生100年時代ともいわれる昨今、その人生を謳歌していく上でも、高齢期や高齢者の暮らしについてこれからも着目し、暮らしやすい住まいについて考え対応していくことは大切である。

高齢期では、元気でハツラツとしている方もいれば、不自由が多い方もおられ、その状況は一様ではない。ここでは、加齢による（一般的な）変化、老化に関して示し、高齢期の心身機能の概況を把握しつつ困難なことなどを考え、整理していきたい。

■高齢期の心身機能の特徴・概況

加齢による一般的変化として[3]、運動面では、関節変形や骨密度の低下、全身の筋萎縮などにより、関節炎や骨折、歩行の困難さなどが生じやすくなっていく。動作的には、歩行をしている方であっても、その不安定さや、階段・段差への対応に困難さが生じる。また、長時間の立位や長距離の連続歩行が困難になったり、重たいものを持ち上げたり瓶のフタを開けたりすることが難しくなるといったことが生じやすい状況といえよう。

循環・呼吸・消化器系といった内科的な面にも変化（機能低下）が起き、免疫機能の低下や息切れのしやすさなどが生じ、そしゃくや消化機能の低下、嚥下機能の低下などに伴い、消化不良や、誤嚥性肺炎発症の可能性が増え、排泄面の課題が生じやすくもなる。つまり、（予備体力の低下が生じやすくなり）徐々に無理がきかなくなっていく状況とも捉えられ、温熱環境の調整などの、健康などを維持していくための方策・配慮も求められるであろう。

脳や中枢、感覚面にも変化がみられ、情報の収集や処理能力に低下や、反射反応の衰えが生じる。聴覚では難聴などがみられる。視覚では、白内障が生じたり、視力や明暗順応が低下したりすることに伴い、転倒などのきっかけになりうる。皮膚の乾燥なども加わり、ものを落としやすかったり、手すりを握り損ねたりする可能性などもあろう。安全な暮らしへの配慮という視点も大切となる。

さらには、加齢・老化に伴う喪失体験などから葛藤を抱えておられたり、骨折を機に心身機能の低下の悪循環が加速され寝たきりになったり、**廃用症候群**に陥りやすい状況でもある。

■高齢期の日常生活と住まい

高齢期の日常生活は、心身機能のみならず、生活習慣や居住環境などの、国際生活機能分類(ICF)でいわれる、個人因子や環境因子といった背景因子に影響を受ける[2]といわれており（図1）、その多岐にわたる状況が、その方の暮らしや状況を形づくっていると捉えることができよう。

その観点からも、多くの時間を過ごす、暮らしの主体となる住まいに求められることは多く、また、暮らし方の工夫なども求められる時期でもあるだろう。運動面や体力面、暮らし方などに丁寧に配慮しつつ、住まいが健康で安全、そして、その方らしい暮らしの拠点になっていけたらいいと思われる。

（鈴木健太郎）

参考文献
1) 上田礼子『生涯人間発達学（改訂第2版増補版）』三輪書店、2023、p.3、p.231
2) 田平隆行「高齢者のADLの特徴」『老年精神医学雑誌』ワールドプランニング、2017.9、p.978
3) 鶴本和香「加齢に伴う心身機能の変化の特徴を押さえよう」『ケアマネジャー』 中央法規出版、2020.9、pp.6-9

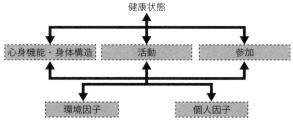

図1　国際生活機能分類ICFの概念図

<知っておきたい用語・解説>

廃用症候群：安静などの心身の機能を十分活用しないことにより心身機能が低下する状態。生活不活発病ともいわれ、高齢者の場合はこの影響が大きくなりやすい。

2) 高齢期の住まい手の変化に応じた住まい・住まい方の選択肢

■ 住まい手の変化に応じた住まいの選択肢

長年住み慣れた自宅であっても、加齢等による身体機能の変化や、家族構成の変化などの経年的変化に伴い、住まいへの要求も変わる。その時に、戸建て・集合住宅の持ち家・賃貸住宅などの自宅を改修・リフォームしたり、福祉用具を取り入れたりするほか、住み替えなど、物的環境により対応する方法や、介護保険等のサービスを組み合わせて、自分らしい暮らしを維持・継続する方法がある。さらに、移住などによりライフスタイルを変えることもある。

また、サービスを組み合わせながら自宅で生活することが困難になった場合には、生活をサポートする施設もある。これらの多様な選択肢の種類と特徴を表1に示す。

□ 自宅に住み続ける

これまで住み慣れた自宅であっても、加齢等により身体機能が変化することで、住戸内にバリアを感じるようになる。その時に、手すり設置などの改修をし、居住者の変化に合わせて住まいを改善する方法がある。さらに、福祉用具を合わせて活用することで、身体的・精神的負担を軽減しつつ、これまでの暮らしを維持・継続する方法がある。

□ 住み替える

・移住や生活・空間の一部を共有する住まい

住み替え先には、UターンやIターンなどによる移住がある。ほかには、共用空間または生活の一部を共有す

表1　高齢者の住まい・住まい方

住まい・住まい方			特徴
持ち家/賃貸住宅	住宅改修		・住宅改修項目は5種目［介護保険制度］ ・自治体によっては、介護保険制度外で助成金制度あり
賃貸住宅	サービス付き高齢者向け住宅［高齢者住まい法］		・ケアの専門家が日中建物に常駐し、見守りサービス（安否確認と生活相談）を提供する ［対象者］高齢の単身・夫婦世帯 ［専用部分床面積］25m² 以上（共用で、食堂、台所ほか十分な面積がある場合　18m² 以上）
	シルバーハウジング		・地方自治体、公社、公団が運営する公的賃貸住宅 ・ライフサポートアドバイザー（LSA）がいる
	その他		コレクティブハウス、コ・ハウジング、コーポラティブハウス、シェアハウス　など
介護保険法	地域密着型サービス	認知症対応型共同生活介護（グループホーム）	・1ユニット5名～9名で共同生活を送る ［一人あたり床面積（居室）］7.43m² 以上
		地域密着型特定施設入所者生活介護	［対象者］施設のある市区町村に住んでいる要介護1～5の方　［定員］29名以下
		地域密着型介護老人福祉施設入所者生活介護（地域密着型特別養護老人ホーム）	［対象者］要介護3以上/施設のある市区町村に住んでいる方　［定員］29名以下 ［一人あたり床面積（居室）］10.65m² 以上
	施設サービス	介護老人福祉施設（特別養護老人ホーム）	［対象者］要介護3以上/居住地域の制限なし　［定員］30名以上 ［一人あたり床面積（居室）］10.65m² 以上
		介護老人保健施設（従来型老健）	・病状は安定期、リハビリ等が必要な要介護者で、機能訓練等で在宅復帰を目指す ［一人あたり床面積（居室）］8.0m² 以上
		介護療養型老人保健施設（新型老健）	・看護師の配置が義務付けられている ・医療的ケアが必要な方を受け入れる ［一人あたり床面積（居室）］8.0m² 以上
		介護医療院	・介護療養型医療施設の代わりに2018年に新設 ［対象者］長期にわたり療養が必要な要介護者 ［一人あたり床面積（居室）］8.0m² 以上（老健施設相当）
		介護療養型医療施設	・病状が安定期にある要介護状態の高齢者のための長期療養施設（2023年に廃止）
老人福祉法	養護老人ホーム		・公的措置で経済的理由等で居宅生活困難者の社会復帰や自立生活ができるようにする ［対象者］65歳以上　［一人あたり床面積（居室）］10.65m² 以上
	特別養護老人ホーム		・2000年以降は介護保険の給付対象に
	軽費老人ホーム		・利用者と施設長との契約で、低額な料金で利用できる（A・B型は2008年以降新設なし） ［対象者］60歳以上　（C型の「介護型」は、65歳以上で要介護1以上） ［一人あたり床面積（居室）］21.6m² 以上（単身）/ 31.9m² 以上（2人）/ 7.43m² 以上（都市型/原則個室） ［種　類］A型…生活費の資産が利用料の2倍程度以下で身寄りがない、または家族と同居困難 B型…A型に加え、自炊ができる健康状態であること。高齢者の自主性を考慮 C型（ケアハウス）…「一般型」と「介護型」がある。2008年以降、ケアハウスに一元化（A, B型は2008年に現存する施設のみ存続） 都市型…既成市街地である都市に設置できる定員20人以下で小規模
	有料老人ホーム		・食事/介護/家事/健康管理のいずれか1つ以上のサービスを提供している ［類　型］介護付き有料老人ホーム・住宅型有料老人ホーム・健康型有料老人ホームの3類型
	認知症対応型老人共同生活援助事業（グループホーム）		・介護保険では「認知症対応型共同生活介護」（既出）

参考文献1）～7）をもとに著者作成

るコレクティブハウスやコ・ハウジング、建物を共有するコーポラティブハウスやシェアハウスがある。

・見守りなどがある賃貸住宅

高齢になり一人または夫婦だけで暮らすことに不安を感じ、見守りなどのサポートがあるところで自立した生活ができる場所に住み替える場合、高齢者を対象とした賃貸住宅には、公的賃貸住宅であるシルバーハウジングや、サービス付き高齢者向け住宅（以下、サ高住）がある。いずれも市町村の委託により緊急時の対応などを行う生活援助員（ライフサポートアドバイザー、以下LSA）などが常駐しており、安否確認や生活相談などのサービスがある。

・生活をサポートする施設

生活をサポートする介護保険制度の施設サービスや、食事・介護・家事・健康管理のいずれか1つ以上をサポートする有料老人ホーム、認知症の人を対象としたグループホームなどがある。

■ 主な住み替え先の要介護区分と費用

高齢期の住み替え先は、介護保険制度の要支援・要介護認定を受けているか否か、またはその区分により、選択できるものが変わる。主な住み替え先の要支援・要介護度と、介護サービス利用料を除く住居費等の月額費用を図1に示す。月額費用は、地域や住戸・居室タイプなどにより異なるため、大まかな目安である。

■ サービス活用で暮らしを維持・継続

介護保険サービスには、通所介護（デイサービス）などの居宅サービスや、小規模多機能型居宅介護などの地域密着型サービスがある。

自宅のほかに、サ高住やシルバーハウジング、住宅型有料老人ホーム等のいわゆる「住宅系」では、居宅サービスや地域密着型サービスを受けることができる。からだの変化に応じてサービスを取り入れ、活用しながら、これまでの生活を維持・継続する方法もある。

（西野亜希子）

参考文献
1) 社会福祉の動向編集委員会編集『社会福祉の動向』中央法規、2023.1
2) 一般財団法人構成労働統計協会『国民の福祉と介護の動向 2023/2024』2023.9
3) 厚生労働省「サービス付き高齢者向け住宅について」https://www.kaigokensaku.mhlw.go.jp/publish_sumai、2023.12
4) 厚生労働省「介護を受けながら暮らす高齢者向け住まいについて」https://www.mhlw.go.jp/file/06-Seisakujouhou-12600000-Seisakutoukatsukan/0000038005_1.pdf、2023.12
5) 厚生労働省「社会福祉住居施設の設置基準」https://www.mhlw.go.jp/content/12201000/000456694.pdf、2024.1
6) 厚生労働省「介護医療院の概要」https://www.mhlw.go.jp/file/06-Seisakujouhou-12300000-Roukenkyoku/kaigoiryoingaiyou.pdf、2024.1
7) 厚生労働省「高齢者向け住まいについて」https://www.mhlw.go.jp/file/05-Shingikai-12601000-Seisakutoukatsukan-Sanjikanshitsu_Shakaihoshoutantou/0000048000.pdf、2024.1
8) 国土交通省住宅局「高齢者住宅施策について」https://www.mlit.go.jp/common/000122782.pdf、2024.1
9) 満田将太、新美昌也、三好貴志男『高齢者向け住まい＆介護に備える入門ガイドブック～安心介護・住み替える老後資金も！』アール・シップ、2016.2
10) 特定非営利活動法人介護保険市民オンブズマン機構大阪『これ1冊でわかる特別養護老人ホーム』クリエイツかもがわ、2016.6
11) 内閣府『令和4年版高齢社会白書』サンワ、2022.8
12) 内閣府『令和5年版高齢社会白書』日経印刷、2023.8

> ＜知っておきたい用語・解説＞
>
> コーポラティブハウス：土地や建築物を共有し、居住することを前提に共同組合を結成してつくられた共同住宅のこと。
>
> シルバーハウジング：公営住宅に、緊急時対応やLSAによる生活相談や安否確認のサービスが付加された賃貸住宅。公営住宅は、戦後の住宅政策の三本柱の一つで、ほかに住宅金融公庫（現・独立行政法人住宅金融支援機構）・住宅公団（現・独立行政法人都市再生機構）がある。さらに、三本柱を補完する地方住宅供給公社がある。

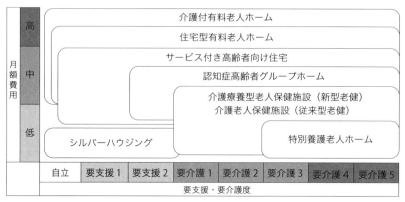

図1 主な住み替え先の要介護区分と月額費用区分 （参考文献8)～10)をもとに著者作成）

3）毎日の生活で用いる移動方法と住まい

歩行は毎日の生活で欠かすことができない最も基本的な動作であるが、年齢による身体機能の低下とともに、杖や手すりの使用、自立から見守りや介助を伴う歩行へと変化する。また、様々な疾病や事故により歩行が不自由になることもある。歩行に代わる移動方法では車いすの利用が一般的である。住まいは、そこで生活する方の個別の移動方法に最大限に適した環境であることが望ましい。

ただし、移動方法は1つに限定されるものではない。屋外と屋内の移動方法が異なる場合や、屋内外で用いる杖・車いすの形状が異なる場合がある。住まいの環境づくりでは、住む方がどのような生活場面でどのような移動方法と用具を用いるのかを知ること、どのような環境が適するのかを考えることが重要である。

■歩行を支援する環境づくり

加齢とともに歩行を助ける環境づくりの重要性が増す。歩行能力の低下とともに歩行方法に変化が現れるからである。手すりを用いた伝い歩きや、杖の使用、時には歩行器を用いることがある（図1）。特に伝い歩きでは、手すりを取り付ける壁面の補強は不可欠となる。新築や大規模な改修では、壁面補強を施して手すりの取付けに備えることが望ましい。

歩行用の手すりは、使いやすい高さであることが重要である。手すりを使用する方の身長や障がいの特性、体重のかけ方などにより、個別に取付け高さを設定する。標準的な高さの数値はあくまでも目安であり、使用する方が使いやすい個別の手すり高さを確認する。できれば医療専門職や福祉用具専門職に相談して正確な位置を合わせることをお勧めする。

体重をかける手すりの高さは一般的に杖の長さに揃える。具体的には杖の長さの決め方を用いて高さを設定する。図2は杖の長さの目安となる身体部位である。①腕を垂直に下した時の手首（尺骨茎状突起、または橈骨茎状突起）の高さに手すり上面高さを揃える。②立位時の大腿骨大転子の高さに揃える。なお、体重を掛けるよりもバランスを保つことを目的とする場合には手すりの高さはこれよりも高くなりやすい。

■住まいの構造による制約と環境の整備

屋内の移動は、住まいの構造的理由により制約を受けることがある。特に移動に広い通路幅やスペースを必要とする車いすは制約を受けやすい。車いすの操作能力が高くても屋内を自由に移動できず、介助を受けざるをえない場合がある。特に車いすの通行に合わせて既存住宅の廊下の幅員を広げることは難しい。車いすの使用を想定した新築や大規模な改修では、車いすの形状、通行幅、回転に必要なスペース、戸の開閉方法等を確認して設計に取り入れる。

また、部屋の広さと部屋の入口の通過幅は車いすの移動に制約を与えやすい。特に通過幅の不足は、廊下を経て各室へ移動する室間移動を妨げる原因になる。一般的な解決策として廊下幅の拡大に代えて入口の通過幅の拡大を行う（図3）。これにより住宅の狭い廊下を通行することができる車いすは室間移動が容易になる。なお、リクライニング機能付き車いすや電動車いすは大型であり、廊下から部屋に入るために必要な入口の通過幅をあらかじめ確認して適合する通過幅を確保する。車いすを使用する方が子どもであっても将来的に成人用の車いすを使用することが予想されるので、新築や大規模な改修の際には備えておく。

■住宅環境に適した車いすの活用

住まいを車いす移動に適した環境に整備するとともに、狭い環境でも移動が容易な形状の車いすの活用も合わせて検討する。住宅内での使用を想定した代表的な車いすとしては6輪型車いすがある（図4左）。6輪型車いすは、全長を短くして車いすの回転円を小さくし、狭い場所で動きやすくした車いすである。標準型車いすよりも駆動輪（後輪）が前方に位置しており、小回りが容易である

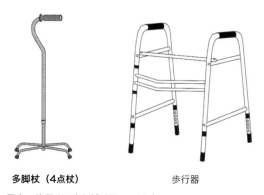

多脚杖（4点杖）　　　歩行器

図1　屋内で使用する歩行補助用具の例[1]

（後方への転倒防止用に補助輪が2輪取り付けられている）。座位の姿勢が安定している方の使用に適する。標準的な廊下の幅員と入口の通過幅であれば概ね通行ができる。

また、脳血管障がいによる片麻痺の方向けには、低床型車いす（図4右）がある。麻痺のない側（健側：けんそく）のフットサポート（足台）を取り外し、足で床を蹴って車いすの進行や方向転換を行う。これにより片手片足での自立した車いす駆動が容易になる。ただし、床面の段差を完全に除去し平坦な床面に整備する必要がある。

このように屋内用で用いられる車いすの特徴と操作方法を理解して、移動に適した環境づくりを行う。

■外出に使用する福祉用具への配慮

屋内と屋外で異なる移動方法を用いることや、用具を交換することは多い。例えば高齢者の外出では歩行車やシルバーカー（図5）、電動車いす等の利用が考えられる。これらの移動方法に適した外出路の整備を行う。また玄関や玄関ポーチには車いすの乗り移りスペース、車いす等の保管場所、充電用の設備等が必要である。住宅の新築時にはこれらのスペース確保や保管場所の検討が求められる。

以上のように、移動方法と活用する移動用福祉用具は個別性が高いものである。どのような特徴があるのか、どのように使用するのか、どのような環境が必要かなどを理解し、基礎知識を備えたい。そのうえで、活動的で豊かな生活を送ることのできる環境づくりが求められる。

（橋本美芽）

出典
1) 「福祉機器 選び方・使い方」一般財団法人保健福祉広報協会、2023
2) 野村歓編『OT・PTのための住環境整備論第3版』三輪書店、2021

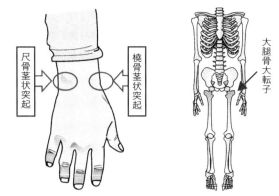

図2 杖の長さ、歩行用手すりの高さの決め方[1]

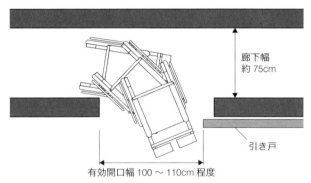

図3 出入口の工夫[2]

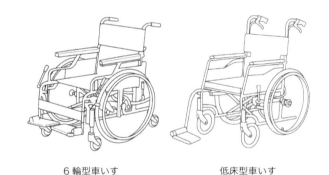

6輪型車いす　　低床型車いす
図4 屋内で用いる車いすの例[2]

歩行車　　シルバーカー
図5 屋外で用いる移動用福祉用具[1]

<知っておきたい用語・解説>

多脚杖（4点杖）：床面に接する杖先が3本から5本（多くは4本）に分岐した形状の杖。杖先が1本のステッキに比べて安定性が高い。

1-3　障がい者のからだと住まい

1) 障がいによる心身機能の特徴と住まい

　健康で不自由なく動け、暮らしをコーディネートすることなどができる人にとって、例えば、足を組みかえたり、物を運んだりといったことは何気なく行っていることであろう。少々座り心地が悪い椅子に座っていても、足を組みかえるなどしながら体圧を変えて座り続けたり、（よほど座りにくい場合などは）別の椅子を持ってきて座ったりするし、周囲の状況などに応じて、音を立てないようにその椅子を運ぶなどを何気なく行っているだろう。

　障がいを有する方にとっては、体を動かすことが難しく体圧を変えるのが困難であったり、周囲の状況をうまく察知しにくかったり、また、音を立てないようにしながら椅子を運ぶといった微調整などが難しい。障がいのタイプや、その方それぞれの障がいの程度や困難さは多様であれども、総じて、障がいにより日常生活や社会生活でやりにくさや制限を受けている状況にある。

　ここでは、**障害者手帳**で挙げられている障がい分類[1]を参考に、それぞれに想定される困難なことなどを考えつつ進めていきたい。

■障がいによる様々な心身機能の特徴・概況・解釈

　わが国において、身体障害者手帳で区分されている障がいは、視覚障害や聴覚・平衡機能障害、そして、上肢不自由や下肢不自由、体幹機能障害などの肢体不自由、それから、心臓機能障害や呼吸器機能障害、ぼうこう・直腸機能障害などの内部障害などがある。また、療育手帳では知的障害が、精神障害者保健福祉手帳では、統合失調症や気分（感情）障害、てんかん、高次脳機能障害を含む器質性精神障害、発達障害などが対象となっている。

　視覚障がいでは、床に落としたものを探し見つけるなどの視覚による情報での認知の不可能さや困難さ、空間把握や経路確認で工夫が要るといったことなどが、聴覚障がいでは、案内放送などの音声による情報認知が不可能・困難であることや、音声によるコミュニケーションが困難であるなどがあり、情報の保障や分かりやすい提示やサポートが求められよう。

　肢体不自由で、例えば車いすを使用している場合は、階段や大きい段差などの昇降が不可能となり、移動に一定以上のスペースが（状況によっては介助スペースも）必要となる。また、高いところや低い箇所に手が届きにくいなどが、手腕に障がいがある場合は、手による巧緻的な操作や作業に困難が生じるであろう。心臓・呼吸器機能障がいなどの内部障がいでは、長時間・過負荷である運動が困難であることや、人工肛門や人工膀胱造設への配慮が求められる場合があるだろう。

　知的障がいの場合は、状況を把握しにくかったり、普段と状況が変わった場合に、その場に適応することが難しかったり、コミュニケーションや感情のコントロールが困難になったりすることがあり、安心できる環境の設定や対応、適切な情報量への配慮が有用なこともあろう。

　精神障がいでは、ストレスへの耐性の面での状況や疲れやすさがあり、新しいことを行う際に緊張や不安を感じることがある。また、発達障がいでは、衝動性や多動性の行動があったり、こだわりなどが生じたりする場合などがあり、大きな変化を避けるような配慮が有用なこともあろう。

　上記のように、障がいを有する方の日常生活や状況は、同じ障がいの方でもタイプや程度、困難さなどが多様であり、その方の暮らし方や心身の状況などを丁寧に把握し、住まいに反映させていく必要がある。家族や周囲の支援者などの皆が使いやすい環境づくりといった視点も大切となろう。

　暮らしの拠点となる住まいは、日々の多くの時間を過ごす場でもある。継続して快適に過ごせるような配慮という視点も大切にしていきたい。

（鈴木健太郎）

参考
[1] 厚生労働省ホームページ「障害者手帳」（2024年8月1日閲覧）
https://www.mhlw.go.jp/stf/seisakunitsuite/bunya/hukushi_kaigo/shougaishahukushi/techou.html

---

＜知っておきたい用語・解説＞

障害者手帳：身体障害者手帳（身体の機能に一定以上の障がいがあると認められた方に交付）、療育手帳（知的障がいがあると判定された方に交付）、精神障害者保健福祉手帳（一定程度の精神障がいの状態にあることを認定するもの）の3種を総称した一般的呼称。様々な支援策が講じられている。

2) 地域で暮らす障がい者・障がい児の住まい

■ 安心して地域で暮らす

　障がいの有無にかかわらず、暮らしにおいて生活の拠点である住まいの安全に加え、通学・通勤、趣味などの外出が安心してできることは重要である。そこで、障がいのある人が地域で暮らすために、住まいと就労の場を切り離し、外出の機会を増やす取組みが推進されている。このような地域社会の実現に向けた取組みは**国際障害者年**（1981年）以降に行われている（表1）。

　なお、生活の拠点となる自宅や、共同生活援助（グループホーム、以下GH）、施設などの住まいについては、「障害者の日常生活および社会生活を総合的に支援するための法律」（以下、障害者総合支援法）や、児童福祉法などにより支えられている（表2）。

□ 自宅を生活の拠点にして暮らす
・住宅改修で暮らしに合わせた環境づくり

　障がい者の多くは、在宅で生活をしている。自宅にバリアを感じ、生活が不便な時には、障害者総合支援法の日常生活用具給付事業にある住宅改修や、一定のバリアフリー改修工事を行った場合の特例措置など、住宅のバリアフリーリフォームの支援のほか、自治体によっては住宅改修助成事業がある。これらの制度を利用して、本人が持っている力を活かせるように住まいを整えたり、介助者の負担を軽減する環境に改善することができる。

・賃貸住宅

　公営住宅や都市再生機構による公的賃貸住宅では、バリアフリーを標準仕様にした環境の整備を推進しており、障がいのある人等がいる世帯の当選率優遇措置などもある。

　また、賃貸契約による公営または民間の賃貸住宅への入居を希望しても、保証人等の問題で入居が困難な障がい者を対象に、安心して地域生活を送れるように支援する住宅入居等支援事業（居住サポート事業）がある。さらに、一般財団法人高齢者住宅財団と基本約定を結んだ賃貸住宅を対象に、家賃債務保証制度を活用した民間賃貸住宅の入居を支援している。

□ グループホームを生活の拠点にして暮らす

　地域で自立した生活を送るためのGHは、2014年に介護給付の共同生活介護（ケアホーム）[*1]と訓練等給付のGHが一元化されたものである。障害支援区分1～6の人を対象としており、日中は就労支援や作業場等に外出し、夜間の介護サービスを外部に委託する「外部サービス利用型」、夜間に一定の介護が必要な人が中心に入居する「介護サービス包括型」がある。2018年からは常時介護サービスを提供する「日中サービス支援型」が加わった。その他に、利用者がGH近くに住居を構えてGH職員が定期巡回し、食事や余暇活動はGHを利用するサテライト型住居がある。

□ 施設を生活の拠点にして暮らす
・「障害者支援施設」

　施設入所支援では、施設内で生活介護を併設している障害者支援施設が多いが、日中活動の場を入所施設以外に選択できる。対象は、障害支援区分が4以上（50歳以上は3以上）の中重度者である。

・福祉ホーム

　住居を求めている障がい者が、低額な料金で利用できる。

・障がい児向け入所施設

　障がい児を対象とした入所施設には、入所している児童の保護や、日常生活指導、自活に必要な知識・技能を身につけることができる「福祉型障害児入所施設」と、これに治療を加えた「医療型障害児入所施設」がある。

表1　これまでの制度の変遷

■自分らしい生活を支えるサービス

　障がい者、障がい児の介助をする家族は、親であることが多いため、当事者より年齢が高い。様々な生活拠点と日中活動サービスや居宅サービスを組み合わせて、本人と家族がそれぞれに、人や社会とのつながりを維持・確保することは地域で生活する上で重要である。

　なお、入所系施設や病院などにいた人が、新たに一人暮らしを始める場合には「自立生活援助」があり、地域で自分らしい生活のスタートを支える仕組みがある。

□外出先（日中活動の場）とサービス

　地域生活において、外出先となる就労や、通所等による自立訓練（機能訓練・生活訓練）など日中活動を支援するサービスがある。

□居宅サービス

　重度の障がい者に対し、居宅介護や就労継続支援などをする「重度障害者等包括支援」や、移動支援事業などの地域生活支援事業、短期入所（ショートステイ）などの介護給付がある。

（西野亜希子）

注
＊1：障害支援区分2以上の人が対象で、入浴等の介護を提供する。

参考文献：
1) 社会福祉の動向編集委員会編集『社会福祉の動向』中央法規、2023.1
2) 一般財団法人厚生労働統計協会『国民の福祉と介護の動向 2023/2024』2023.9
3) 二本柳覚『図解でわかる障害福祉サービス』中央法規、2022.9
4) 社会福祉法人和枝福祉会監修『一生涯にわたる安心を！障害のある子が受けられる支援のすべて』ナツメ社、2021.10
5) 厚生労働省「社会福祉住居施設の設置基準」https://www.mhlw.go.jp/content/12201000/000456694.pdf、2024.1
6) 内閣府『障害者白書』令和4・5年
7) 内閣府『平成29年度障害者施策の概況（障害者白書）』
8) 厚生労働省「住宅入居等支援事業」https://www.mhlw.go.jp/general/seido/toukatsu/suishin/dl/03.pdf、2023.12

＜知っておきたい用語・解説＞

国際障害者年（International Year of Disabled Persons, IYDP）：1981年に国連が宣言し、障がい者が社会に完全に参加し、融和する権利と機会の享受を目的に「完全参加と平等」を理念に掲げた。

表2　障がい者・障がい児の住まい・住まい方

	住まい・住まい方		特徴
持ち家／賃貸住宅	障がい児・者	住宅改修	・日常生活用具給付事業［障害者総合支援法］ ・バリアフリーリフォーム支援 ・住宅改修の助成事業（自治体により制度の有無や内容は異なる）
	障がい者（世帯）など	公的賃貸住宅	・公営住宅や都市再生機構賃貸住宅は、原則として障がいのある人の心身的特性に応じた設備等の設置に配慮し、バリアフリーを標準仕様
		公的/民間の賃貸住宅	・住宅入居等支援事業（居住サポート事業）：一般住宅への入居の調整等地域生活を支援
		民間賃貸住宅	・家賃債務保証制度（一般財団法人高齢者住宅財団）
障害者総合支援法	障がい者	共同生活援助（グループホーム、GH）	・日中の就労支援や作業所等への外出（通い）がある ・ケアホームとグループホームの一元化（2014年） ［対象者］障害支援区分　1～6 ［類型］外部サービス利用型…夜間の介護サービスを外部に委託 　　　　介護サービス包括型…夜間に一定の介護が必要な人が中心 　　　　日中サービス支援型…常時介護サービスを提供 　　（他）サテライト型住居…GH近くに住居を構えて 　　　　GH職員が定期巡回し、食事や余暇活動はGHを利用 ［居室定員］1名（サービス上必要なら2名、サテライトは1名） ［一人当たり床面積（居室）］7.43m²以上（収納・設備除く）
		施設入所支援（障害者支援施設）	・就労支援や作業所などが施設（敷地）内にある（障害者支援施設） ・日中活動の場は、外部の別施設を選択できる ［対象者］障害支援区分　4以上　（50歳以上は3以上） ［居室定員］4名以下（サービス上必要なら2名、サテライトは1名） ［一人当たり床面積（居室）］9.9m²以上
		福祉ホーム	・住居を求めている障がい者が低額な料金で利用できる ［居室定員］1名 ［一人当たり床面積（居室）］9.9m²以上（収納・設備除く）
児童福祉法	障がい児	福祉型障害児入所施設	・施設に入所している児童の保護、日常生活指導、自活に必要な知識・技能が身につけられる
		医療型障害児入所施設	・福祉型障害児入所施設の支援に加え、治療が受けられる

参考文献1)～5)をもとに著者作成

1-4 地域で暮らす高齢者・障がい者を支える仕組み

1) 地域で暮らすとは

人の生活は住まいの中だけで完結するものではなく、学校に通う、仕事に行く、買い物や病院に行く、喫茶店で友人とおしゃべりをする、町内会の取組みに参加するなど、地域の中で営まれている。身体が不自由で外出が困難であったとしても、地域の中で他者とかかわりながら暮らすことは大事である。

■施設に入所しても地域で暮らす

高齢者や障がい者向けの施設に入所してからも、地域で暮らすことは可能だろうか。以前は人里離れた山の中に大規模な福祉施設が建てられ、入所している人も他の入所者や職員以外とのかかわりがほとんどないことも少なくなかった。

現代では、小規模で一見福祉施設とはわからないような建物がまちの中に作られ、風景に溶け込んでいる。施設がまちの中にあることで園児が遊びにきたり、近隣住民とともに祭りを催すなど、交流の機会が生まれている。また、グループホームで暮らす高齢者がまちの駄菓子屋で店番を行い、子どもたちの買い物を見守るといったことも行われている。

年齢や立場が異なる人たちがいて、その人たちが意識する、しないにかかわらず、かかわりを持ちながら生活を送る空間が地域である。施設が地域に開かれていれば、そこで生活する人も地域とかかわりながら生活を送ることができる。

■ソーシャル・インクルージョンの視点

誰もが地域で暮らすためには、「ソーシャル・インクルージョン」の視点が重要だ。ソーシャル・インクルージョンは、移民の排斥運動が進んだEU諸国から生まれた言葉で、「社会的包摂」という意味がある。本書では「すべての人が社会の中で差別や排除されることなくともに暮らす」という意味で捉えたい。

地域は、様々な人が暮らす空間であるから、互いにできることを持ち寄れば助け合うことができる。助け合い、支え合いの基盤となるのが地域ともいえる。しかしながら、様々な考えを持つ人がいるゆえに、地域は排除を生む場にもなる。

一人暮らしをしている認知症のある人に対し、近隣住民から火の不始末が心配だ、施設に入所したほうがいいという声が上がる。だが、医療や福祉の専門職が支援していることを知って、心配ながらもみんなで見守ろう、協力しようと考えるようになれば、地域から排除されずに住み続けることが可能になる。排除を生むのが地域ならば、排除せずに見守り、ともに暮らすことができるのも地域である。

■認知症のある人を支える地域

ではどうしたら排除を生まない地域になるのか。認知症高齢者の例をもとに考えてみたい。認知症高齢者の行方不明事件はどこの地域でも発生しているが、未然に行方不明になるのを防いだり、行方不明になったとしても早期に発見できることが重要だ。このため現在、各地で**高齢者見守り・SOSネットワーク模擬訓練**が行われている。名称は地域によって異なるが、小学生から高齢者まで多くの人の参加を得て地域で展開されている。訓練では、認知症の人を見かけた時にどのように声を掛けるのか、誰に知らせるのかを実践的に学ぶ。「知ること」は排除を減らす方法の一つになる。

また、認知症がどのような病気であるのかを知り、認知症の人の声を聴くことも大切である。現在各地で開かれている認知症カフェはその一助となる。本人の声をまちづくりに活かすことで、認知症のある人もそうでない人も住みやすい地域をつくることができる。

(岡部真智子)

＜知っておきたい用語・解説＞

高齢者見守り・SOSネットワーク模擬訓練：認知症高齢者が行方不明になったと想定して、家族から伝えられた情報等をもとに認知症役の人を探し、通報する訓練。気付いて声を掛ける人を増やし、認知症になっても安心して暮らし続けることができる地域をつくるねらいがある。

2) 在宅生活を支える福祉サービス

　何らかの支援を必要とする高齢者や障がい者が自宅での生活を続けるには、住環境を整備することとあわせて、福祉サービスを利用することもその一助となる。

　高齢者には介護保険制度に基づく介護保険サービス、障がい者には障害者総合支援法に基づく福祉サービスが整備されている。自宅で暮らす人には、施設に出かけてサービスを利用する「通所系サービス」と、自宅に専門職が来てサービスが提供される「訪問系サービス」の2つが用意されている。

■高齢者向け介護保険サービス

　介護保険サービスは**ケアプラン**（居宅介護サービス計画）に基づいて提供され、利用料金は本人の要介護度や利用する時間によって異なる。

□通所サービス

・デイサービス（正式名称：通所介護）

　要介護の認定を受けた高齢者が日中に施設に通い、食事や入浴、排せつなどの介護を受けたり、専門職による機能訓練が行われる。レクリエーションなどを通して他者と交流する機会もある。

・デイケア（正式名称：通所リハビリテーション）

　要支援や要介護の認定を受けた高齢者が、生活機能向上のためのリハビリテーションを行う。デイサービスと似ているが医療やリハビリに特化している点で異なる。

□訪問サービス

・ホームヘルプ（正式名称：訪問介護）

　要支援や要介護の認定を受けた高齢者の自宅（介護サービスを提供していないサービス付き高齢者向け住宅等も含む）に、ホームヘルパー（訪問介護員）が訪問し、食事や排泄・入浴などの介護や、掃除・洗濯・買い物・調理などの生活の支援を行う。家族の食事作りや庭の草抜きなどはサービスの対象外となる。

・訪問看護

　心身機能の維持回復などを目的として、疾患のある高齢者の自宅に看護師が訪問し、主治医の指示に基づいて療養上の世話や診療の補助を行う。

　他にも「訪問入浴介護」「訪問リハビリテーション」などのサービスがある。また、通所・訪問サービスの他に短期入所サービスや福祉用具貸与等もある。

■障がい者向け福祉サービス

　障がい者向け福祉サービスは、障がいの程度や種類によって利用できるサービスが異なる。また所得によって自己負担金額も異なる。一部のサービスでは、**サービス等利用計画**の作成が必須となる。

□通所サービス

・生活介護

　常に介護を必要とする人に、昼間、入浴や排せつ、食事の介護などを行う。また、創作的活動や生産活動が行われる。

・就労移行支援

　一般企業等への就労を希望する人が、就労に必要な知識を身につけ、能力を向上できるように一定期間訓練を行う。

・就労継続支援

　一般企業での就労が困難な人に、就労の機会を提供し、能力向上のための訓練を行う。

　他にも自立訓練（機能訓練・生活訓練）、就労定着支援などのサービスがある。

□訪問サービス

・居宅介護

　自宅で入浴や排せつ、食事の介護を受ける。

・同行援護

　視覚障がいにより移動に困難が生じる人が外出する際、情報提供や外出支援を行う。

・行動援護

　重度の知的障がい・精神障がいのある人が行動する時に、危険を回避するための支援や外出支援を行う。

　他にも「重度訪問介護」「重度障害者等包括支援」などのサービスがある。

（岡部真智子）

＜知っておきたい用語・解説＞

ケアプラン：居宅介護支援事業所のケアマネジャーが作成する介護サービス計画書のこと。利用者や家族が作成することもできる。

サービス等利用計画：サービスの内容や目標、利用頻度等を総合的に盛り込んだ計画書。特定相談支援事業所の相談支援専門員が作成し、サービスの利用許可を得るために市区町村に提出する。

3) 地域で交流やつながりをつくる

人とのつながりは安心感をもたらし、生活に張りを生む。また、生活にいろどりをもたらす。

■つながりと幸福感

他者とつながりを持つ人は幸福感が高いことが、既存の研究から明らかになっている。大勢と接することが好きな人の場合、たくさんのつながりがあることが幸福感を高める。一方で関わる人が少なくても、じっくりと深いつながりを好む人には、それが叶うと幸福感が高まる。幸福感を高めるつながり方は人により異なるが、つながりが人に幸福感をもたらすことは共通している。

近年、地域や職場、家庭での「つながり」が薄れ、社会的な孤立が問題視されている。孤立は生きがいの喪失をもたらすだけでなく、健康の悪化にもつながる。最近では社会的な孤立が新たな社会的リスクとみなされ、これを解消することが国の政策課題の一つになっている。

■交流やつながりを生み出す空間

交流やつながりには、自然発生的に生まれるものもあれば、意識的に作られるものもある。つながりを生み出すには、空間の工夫が役に立つ。

自宅でつながりを生むには、ガレージ横に腰掛けられるベンチを設けたり、庭に面した部屋を寝たきり高齢者の居室にするといったやり方がある。ベンチがあることで立ち寄った人と気軽に話ができたり、庭からやってきた知人が高齢者と顔を合わせることができる。ほかにも自宅をサロン活動の場として開放することで、近所の人が集うこともできる。たとえ遠くまで外出するのが難しくなっても、身近な場所が開かれた場になっていれば周りの人と交流でき、つながる機会を持つこともできる。

まちの規模でもつながりを生むための様々な取組みが行われている。商店街にある空きスペースで住民同士が持ち込んだものを物々交換する、寺で異年齢の人が集まり子ども食堂を開く、フリースペースで手作り雑貨を売るなどである。こうした取組みは楽しい時間を共有でき、人と人のつながりを生みだす機会になる。

■地域課題を解決しながらつながる

地域でつながる方法は複数あるが、取組みの意義や効果が理解できれば、多くの人の参加を得やすい。

図1は、地域住民と大学生がともに行った災害時避難所運営訓練の様子である。2018年の西日本豪雨を経験したこの地区では、それまで防災訓練を何度も行ってきたが、豪雨時に避難所で避難者を受け入れた時、様々な課題に直面した。

この経験から災害時対応を実践的に体験する防災訓練をしたいと大学に相談があり、住民80名、大学生20名余りが参加する大規模な避難所運営訓練を行うこととなった。

訓練では、避難者役に扮した住民と大学生が、小学校の体育館（避難所）に避難し、避難所運営スタッフに物資の提供など様々な対応を求め、スタッフはそれに応じるというものである。他にも傷病者への対応、災害情報の把握、市との情報交換などを具体的にどのように取り組むのか、訓練で実践した。

こうした訓練は目的が明確で、それぞれが担う役割がある。また協力しないと進められないため、人と人とのかかわりが生まれやすい。このように地域の課題解決に向けた活動も、新たな交流やつながりを生む機会になる。

（岡部真智子）

図1　避難所に避難してきた住民役の大学生と、対応する避難所運営スタッフ（住民）

4) 外出を支える移動環境

地域の暮らしにおいて活動の目的を達成するために外出時の移動は欠かせない行為であるが、高齢者、障がい者の移動には個々の心身の状態に応じた支援、配慮が求められる。交通サービスの側面では、地域公共交通や福祉交通による移動支援が存在し、まちなかの自律的で面的な移動を担保する制度としては、バリアフリー法に基づく移動等円滑化整備基準や基本構想制度の仕組みなどが挙げられる。

■ 地域の交通サービスによる移動支援

乗合バスをはじめとした地域公共交通は、市民の日常生活に密着した移動手段としての役割を担う。一般の路線バスでは都心部を中心にノンステップバスの導入が進んでいるほか、東京都のシルバーパスや都営交通無料乗車証のように一部の地方自治体では福祉乗車証の発行による利用支援が図られている。

一方で昨今の利用者減少や運転士不足に伴い、路線バスのサービス廃止・縮小が相次いでおり、自治体が運営主体となり公的資金の補助を受け運行するコミュニティバスの導入が各地でみられる。小型車両を採用し、路線バスでは通行できない地域を運行し、バス停間隔を短くして徒歩抵抗の高い高齢者、障がい者のニーズに対応した形態とすることが多い。しかし運賃収入のみで採算を維持することが困難なため、事業評価にあたっては交通事業のみならず、外出促進による健康増進、コミュニティ参画などの観点も含めたクロスセクター効果の把握も求められる。

需要が小規模な地域では、決められたルートとダイヤで運行する定時定路線型ではなく、利用者の事前予約に対応し、予約された乗降ポイントのみを経由してフレキシブルに運行するデマンド型交通の事例が増えている（図1）。定時定路線型から転換する際には、運行形態や利用方法など新しい交通サービスに対する正しい情報共有と理解を促す必要がある。

さらに、心身の状態によりバスやタクシーを利用できない移動困難者の移動支援としてSTS（Special Transport Service）が事業展開されている。タクシー事業者による福祉タクシー、NPOや社会福祉法人による**福祉有償運送**がその代表例で、介助と一体的なサービスが提供される。

■ 面的で一体的なバリアフリー推進

東京2020オリンピック・パラリンピック競技大会の招致を契機として急速に高まったバリアフリー化の機運により、2018年から2021年にわたってバリアフリー法が改正・施行された。同法に基づく公共交通機関、道路、建築物等のバリアフリー基準（移動等円滑化基準）や整備ガイドラインも改定され、今後は各種施設のより高度なバリアフリー化が期待できる。

旅客施設ではホームドアの設置、複数のバリアフリールート整備、プラットホームと車両の段差・隙間の改善等により、公共交通利用時の安全性・円滑性が向上している。

ただし、個別施設のバリアフリー化が各々バラバラに進むことは望ましくなく、地域の実情に即した面的・一体的な移動円滑化を促進する枠組みが重要である。

バリアフリー法で定められる「バリアフリー基本構想」では市区町村により重点整備地区と特定事業が設定され、事業者、施設管理者に事業計画を作成し実施する義務が課せられる。重点整備地区には「生活関連経路」が定められ、各施設をつなぐ道路の計画的なバリアフリー化により多くの移動配慮者がまちなかを面的に移動しやすい環境を担保することができる。事業進捗は当事者参加型の協議会で管理され、PDCAを積み重ねながら地域の移動の質を高める手法は「スパイラルアップ」と呼ばれる。

（稲垣具志）

図1 デマンド型交通の車両例

＜知っておきたい用語・解説＞

福祉有償運送：既存の輸送サービスでは困難な移動ニーズに対応する「自家用有償旅客運送」の一種で、障がい者・高齢者を対象に原則ドア・ツー・ドアの個別輸送を行う（利用者登録制）。導入には関連法に基づく協議会での調整が必要である。

第2章
事例から読み解く高齢者の住まい

2-1 高齢者の住まい

■本章の概要

慣れ親しんだ住まいであっても、加齢等による身体機能の変化や、家族の変化など、住まい手の経年的な変化に伴い、住まいへの要求も暮らしとともに変化する。

そこで第2章では「高齢者の住まい」を取り上げる。住まいについて、加齢等による身体の状況別に、①元気でアクティブな時期から介護予防までの時期と、②介護が必要になった時の2つに分け、事例を用いて紹介する。

さらに、表1には「住まいの場」を加え、自宅に住み続けるための工夫や、住み替え先の環境など、一人ひとりのニーズに合った事例を逆引きできるようにした。

このように、住まい手の変化に伴い、新たに発生する住要求や課題に対し、「どのような暮らしをしたいのか」、そしてその拠点となる住まいを「どのように選択し、計画・設計したらよいのか」を考える時の参考となるようにした。

■本章の構成

2節「アクティブな生活から介護予防まで」では、高齢期への備えとして、まず高齢期を見据えた設計【2-2-1】・既存住宅の改修【2-2-2】の事例を紹介する。次に住み替えとして、ライフステージに合わせた移住【2-2-3】、見守りサービスがある高齢者向け住宅【2-2-4】の事例を紹介する。さらに、経年的に変化する住要求に応じた工夫をしている集合住宅での暮らし【2-2-5】を紹介する。

3節「介護が必要になったら」では、片麻痺で車いすを使用して暮らす高齢者向けの新築住宅【2-3-1】、同じく車いすの使用を機に既存住宅を改修した事例【2-3-2】、認知症高齢者の住まいの工夫【2-3-3】を紹介する。施設での暮らしとして、見守りセンサーを活用した住まいの事例【2-3-4】【2-3-5】、特別養護老人ホーム【2-3-6】と認知症高齢者グループホーム【2-3-7】を紹介する。【コラム】では、震災後の仮設住宅について紹介する。

(西野亜希子)

＜知っておきたい用語・解説＞

高齢者：65歳以上の人のことで、65歳から74歳までの人を前期高齢者、75歳以上の人のことを後期高齢者という。

表1　第2章の構成

		身体状況		住まいの場	
		元気-虚弱（備える）	介護が必要（ニーズに対応）	住み続ける	住み替える
2. アクティブな生活から介護予防まで					
	1) 生涯夫婦で自立して本音の暮らしができる家	○		○	
	2) 住宅改修をして高齢期に備える	○		○	
	3) 高齢期の移住とライフステージによる変化	○			○
	4) サービス付き高齢者向け住宅	○			○
	5) 住まい方を工夫しながら住み続ける集合住宅	○	○	○	
3. 介護が必要になったら					
	1) 片麻痺で車いすを利用する高齢者向け新築住宅		○	○	
	2) 車いすで暮らせるように1階店舗を住宅改修		○	○	
	3) 認知症に求められる住環境と自宅での環境整備		○	○	○
	4) 天井設置型の見守りセンサの活用事例		○		○
	5) 可搬設置型の見守りセンサの活用事例		○		○
	6) 介護施設の新しい姿を示す木造・分棟型の計画		○		○
	7) 物理的環境が認知症を支えることを実証した先駆的な事例		○		○

| 設計 | 福祉 | 行政 | 研究者 | 本人 |

2-2 アクティブな生活から介護予防まで

1）生涯夫婦で自立して本音の暮らしができる家
バリアフリーで将来の変化を受容し地域の人を招ける新築住宅

概要
・所在地：埼玉県
・所有形態：持ち家
・階数：地上2階建て
・構法：木造在来構法
・延べ面積：155m²
・設計：西出和彦・野村みどり
・施工：小山建設
・家族構成：夫婦（70代）
・構想：「安全で快適な生活を」
　1階…生活用／2階…来客用（コミュニティ空間）

■生涯夫婦で自立して暮らす家

　ご夫婦は、年を取り、心身機能が衰えても、なるべく二人で自立して生活できるようにするために、将来改造を必要とせず、永住できる高齢者対応の住まいに建て替えることを決断している。

□バリアフリーに精通した子ども夫婦の設計

　設計者である子ども夫婦は、**ハウスアダプテーション**やバリアフリーに精通している。高齢になっても、障がいがあっても、生涯夫婦で自立した生活ができるバリア

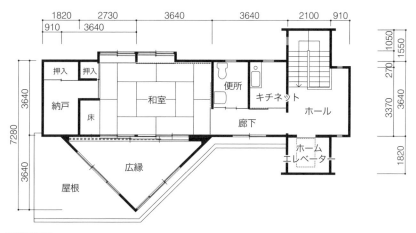

図2　2階平面図

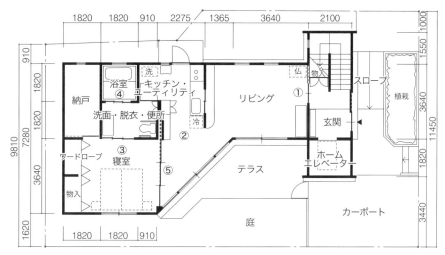

図1　1階平面図

フリー住宅を設計し、既成部材の寸法や構法による制約の中で、一般の木造在来構法で建築することに意義を見出している。

また、因襲にとらわれず、実態に則した本音の生活ができるよう、そしてライフスタイルを誘発できるように計画・設計している。

1階は夫婦の生活用空間でフローリング（図1）、2階は書道教室などの来客用コミュニティ空間（図2）として設計し、車いすを使用するようになっても「安全で快適な生活」ができるように、生活の変化を見据えた設計をしており、植栽は町並みに配慮している。

■安全で快適な暮らし

□移動の「安全性」

移動の「安全性」を確保するため、段差をなくす工夫をしている。各室の出入口には3枚引戸を用いるなど有効幅員を確保しており、車いすでも容易に移動できるように設計している。

具体的には、1階の移動動線は、道路→玄関アプローチ→玄関・ホール→1階各室→テラス→道路、2階は玄関→**ホームエレベーター**→2階各室を安全に車いすでも移動できるよう、段差をなくし、敷居をフラットに設計している。

玄関アプローチは、階段と段差解消のスロープの両方を利用できるようにし、いずれにも設置されている赤い手すりは、書道の墨を思わせる外壁とのコントラストで目立ち、認識しやすい（図3）。

玄関は、大開口の吊り引戸で敷居をなくし、上がり框の段差はなく、日本人の感覚として上下足を区分できるようにし、郵便ポストは住戸内から郵便物を取れるようにしている（図4、図5）。

2階への縦動線として、広くゆったりとした階段は、踊り場や手すりを設け、安全にかつ楽に階段昇降できるようにしている。足元灯により、ほかの照明がなくても上り下りできるようにしており、ご夫婦も安心感を得ている。バリアフリーの縦動線として設けた3人用のホームエレベーターは、車いすでも使用できる。ご夫婦は、物を運ぶ時に使用しており、手に荷物を持っていると足元が見えない下りでは、特に安全であると感じている。さらに、階段の上り下りが大変な客人にも喜ばれている。

各室の出入口は引戸で、3枚引戸を多用し、開口部を900mm程度確保するなど広くすることで、車いす移動を容易にしている。玄関―リビング間の出入口引戸はバーハンドルとし（図1-①）、どこを掴んでも楽に開閉できるようにしている。

□空間の「快適性」

採光を十分にとるため、リビングの南面は、高さ2400mmの網入りのガラス戸による大開口で、風通しを良くしている。書斎代わりにリビングを使用している夫は、一日中気持ちがよいと感じている（図6）。天井、壁面、建具、家具を白色に統一することで明るくしており、

図3　玄関アプローチ（階段・スロープ）と手すり

図4　敷居段差のない玄関（吊り戸）　図5　住戸側の郵便物取り出し口

図6　キッチンと寝室が見渡せるリビング

ご夫婦は明るさと清潔感があると感じている。

リビング、キッチン、トイレ・洗面脱衣室に床暖房を使用し、冬期のトイレは夜間暖かくしておくことで、各室間の温度差に配慮しており、ご夫婦は穏やかな暖かさに安全性を感じている。

2階の広縁は、東南から南西へ180°開口にし、終日日が当たり、冬期はサンルーム、夏期は和室の暑さを抑える計画にしている。

□**キッチン・洗濯室の一体化とリビング**

キッチンとリビングは壁で区切られているが、カウンターに引戸を設けることで、配膳やキッチンとの交流を容易にしている。キッチンは、洗濯室と一体にしてスペースを確保し、動きやすさに配慮している。可動式のシンクは、高さを調整することができるため、椅子の使用など、調理時の体勢に合った位置にセットできる。シンク下部はスペースを取っているため、車いす使用にも対応している。上部の吊戸棚は電気昇降式で、取り出しやすいようにしている。コンロは電磁・ハロゲンヒーターで、裸火は使用せず、安全性に配慮し、掃除が簡単にできるようにしている。キッチンまで車いすでもアプローチできるように、シンク一食器棚間の有効幅員は950mm確保している（図1-②、図7）。

□**洗面脱衣室・トイレの一体化と浴室**

洗面脱衣室とトイレを一体化し、スペースを確保している。洗面台は車いすで使用できるよう、ボールの下はスペースをとり、膝が入るようにしている。トイレ側壁にL型手すり、反対側には可動式手すりを設けている（図1-③）。

浴室入口は、車いすを使用した出入り動作が容易にできるように、3枚引戸で有効幅員を確保し、段差をなくし、手すりを設置している（図1-④）。

□**緊急時の屋内外の出入り・夜間トイレ・ご近所づきあいに配慮した寝室の配置**

玄関—寝室間の動線を一直線に計画し、車いすを使用した場合でも、方向転換がなく、移動しやすい計画にしている。

寝室の3枚引き込み戸は3,100mmの大開口で、昼間はオープンにしてリビングとの一体感があり広さを感じられるようにし、夜間および来客時はリビングと区切ることができるようにしている（図1-⑤）。

寝室の隣に配置されたトイレは、ご夫婦が夜間使用する際に便利であると感じている。さらに、寝室から表通りがよく見え、人通りを眺めて楽しむことができるように計画しており、緊急時にはすぐ外に出られるよう、テラスからスロープで道路まで段差がない設計にしている（図8、図9）。

□**書道教室など来客用に使用する和室**

2階ホールはトップライトで、明るく気持ちの良いスペースにし、階段を上がってひと休み、または簡易な応接スペースとして長椅子を置いている（図10）。幅1200mmの廊下を通り和室に移動する。

和室は、間仕切りのない12畳の大部屋で、書道教室や

図7　キッチンまで車いす移動できる（有効幅員：950mm）　　図8　寝室から表通りの眺め

図9　寝室の隣に配置されているトイレ・洗面脱衣室（左）と気配が感じられるキッチン・リビング（右）

図10　ひと休み・簡易な応接ができる2階ホール

集会、来客をもてなす場として使用することを計画しており、妻は1階と離れて落ち着いて書道ができ、使いやすくなったと感じている。

■無理なく本音で暮らせる設計のポイント

設計者が、加齢等により身体機能が変化しても、無理なく本音の生活ができるよう、将来を見据え、設計時に配慮したポイントを表1にまとめる。

表1　設計時に配慮した項目
(単位：mm)

玄関アプローチ	低い階段（蹴上160、踏面300、2段） 段差解消のスロープ（1,780×1,450） 赤い手すり
玄関	吊り引き戸で敷居をなくしフラットに 吊り戸（有効開口：800） 上がり框なし 郵便受けは住戸内から受け取れる
階段	手すり設置 ゆるやかな勾配（蹴上170、踏面280、幅870） 踊り場を設けて楽に上り下りできる 足元灯
ホームエレベーター	バリアフリーの縦動線 3人用で、車いすも使用できる
リビング	3枚引き戸で有効幅員（900）を確保 バーハンドルでどこを掴んでも楽に開閉できる ［図1-①］ 高さ2,400mmの網入りのガラス戸 配膳用カウンター カウンターの引き戸 床暖房
一体化 キッチン	手動式の可動シンクで高さを調整できる 車いす使用など座位でも利用できるようにシンク下部にスペース確保 電気昇降式の上部吊戸棚 コンロはIHハロゲンヒーター シンク－食器棚のスペース（950）［図1-②］ 床暖房
洗濯室	キッチンと一体
一体化 洗面脱衣室	車いす使用など座位でも利用できる洗面台 開き戸の有効開口（850）
トイレ	L型手すり、可動式手すり 3枚引き戸（970）［図1-③］ 床暖房
浴室	3枚引き戸（900）［図1-④］ 段差なし 手すり設置
寝室	3枚引き込み戸（3,100）［図1-⑤］ 玄関から寝室まで一直線で入れる動線計画
ホール	トップライト
廊下（2階）	有効幅員（1,200）
和室	12畳
広縁	夏期：和室の暑さを抑える 冬期：サンルーム
その他	適宜手すり下地

□間仕切りがなく連続性がある平面計画

「間仕切りをなくすこと」「寝室－トイレ・洗面脱衣室－浴室の連続性」の2点を平面計画上のバリアフリー化で配慮し、将来は1階で生活が完結できる機能的な室構成を計画している。

廊下を隔てて各室が独立するような計画はせず、移動を容易にし、家族との自然な交流を増やすなど、日常生活を連続的に展開できるようにしている。

そのため、車いすを使用する場合、リビング→寝室→トイレ→浴室までの移動が容易である。さらに、リビング→寝室→トイレ→キッチンは回遊性があり、方向転換の動作が不要な設計になっているので、車いすで自走もしやすくなっている。

□人を招き入れ、地域・社会とつながる

1階と2階は構想に基づき、生活と来客の空間が玄関で明解に区切られている。1階の寝室からは、外の様子をうかがったり、知人が立ち寄れるように計画している。2階の和室は、妻の書道教室や来客を想定しており、人を招くことで、地域とつながることができるようになっている。

加齢等により身体機能が変化したり、車いすを使用するなど、移動手段が変化すると、屋外で立ち話をしたり、外出の頻度や機会が減るかもしれない。しかし、暮らしの変化を受容し、人を招く空間や、表を通る人の気配を感じたり、知人が立ち寄りやすい空間的な仕掛けを家につくることで、形を変えながらも、地域や社会とのつながりを維持・継続することができるのではないだろうか。

（西野亜希子、三浦貴大）

参考文献
1）野村みどりほか『ハウスアダプテーション－高齢者・障害者向け住宅改造・在宅ケアのシステム化』住宅総合研究財団、1995.7

＜知っておきたい用語・解説＞

ハウスアダプテーション：身体的に不自由のある人（高齢者・障がい者など）が住居からこうむる社会的不利を軽減し、住生活の充実や改善、自立生活の促進をめざして、建築・医療・保健・福祉が連携・統合して取り組む住まい手主体の住宅の改造・増改築・新築・転居などの手法全般のこと。

ホームエレベーター：毎年実施される点検等のランニングコストや、エレベーターの他に電源などのイニシャルコストの事前確認も重要。

2-2 アクティブな生活から介護予防まで

設計　福祉　**行政**　研究者　本人

2）住宅を改修して高齢期に備える

概要
- 所在地：神奈川県横浜市
- 所有形態：持家
- 階数：2F
- 設計：雜香オリジナルワーク株式会社
- 家族構成：夫婦（50代）
- 住宅の状況：木造一戸建て　築30年
- 改修費：約650万円

■住宅改修までの経緯

施主ご夫婦の親がいずれも80歳代に入り、同居あるいは短期の滞在に備える必要を感じるようになっていた。

妻は以前に病気で車いす生活を送った経験があるため、現況の環境では介護に対応できないと強く感じていた。特に水廻り（便所・浴室・洗面所）の機能について大幅な整備の必要性を感じていた。

そこでご夫妻が今後も長く住み続けるためにも、水廻りのプラン・設備の全面的な見直しを行うこととなった。

また、以前より懸案事項であった1階の和室についても一緒に見直すこととした。

1階和室はLDKに隣接しているが、廊下に接する半間の開き戸でしかアクセスできない完全独立型であった。建築当初は客間として、またはいずれかの親の将来的な同居を考慮して設計されたと思われるが、日常的には機能せず物置部屋になっていた。

現在ご夫妻の寝室は2階であるが、将来的には1階が居住空間となる予定である。機能していない和室はLDKとの境の壁を取り外し、間仕切吊戸で行き来できる洋室に改修し、居間とのつながりを重視した空間へ変更すること、ご夫婦が健康な現在は、広々したLDKの続き間として使用できるようにすることを考えていた。

しかし、壁を取り払うことが、構造的に可能なのか？耐震性はどうなのか？　改修を実現するためにはどこに依頼すべきか？　などと考えを巡らしていた。そこで以前リフォームを依頼し家族の生活スタイルや生活習慣をよく知り、交流が深かった設計者に相談し、設計を依頼した。

■家族の生活スタイルを知る設計者に依頼

今回の依頼内容は、単なる水廻りの設備機器の入替工事ではないことと、間仕切壁を取り外したいという構造に関わる要望が主であった。計画にあたっては耐震診断が必要になるため、設計者（耐震診断士の有資格者）が関わることが必須となった。計画の要となる、「間仕切壁を撤去できるか否か」を判断するために、先ずは耐震診断を行った。梁の補強と、壁を構造用合板で固めて耐震補強を行うことで、間仕切壁が撤去可能であることを確認した。その結果を以て計画、設計、設備機器の選定と提案まで綿密な打合せを重ねた。

方針が決まると施工計画を立て見積書と工事工程表を作成し、説明を行った。リフォーム工事はほとんどの場合が、住みながらの工事となるため、水廻りの使用不可期間の調整が必要になる。施主のスケジュールを伺った上で施工計画を立て工事を行わねばならない。

また、あくまでも図面をもとに計画し想定しているため、解体後に予期せぬ事態が発覚することもある。今回も解体後に驚くような事態が発覚した。和室の下屋部分の梁が寸足らずであったことがわかり急遽鉄骨の梁を用意し補強した。

発覚した内容をありのまま伝え、最良の対処方法と、大まかな追加費用の了承を得た。この追加工事により工期も延長する可能性があったため、工期にも余裕を持つ必要があることも併せて伝えた。

■高齢期に備えるための改修の提案

課題を解決するために次のような提案を行った。
□浴室・洗面所・便所の改修提案（図1、図2）
①床の段差をなくす

改修にあたる部分の下枠はすべて撤去し段差を解消することを提案した（図3、図4）。

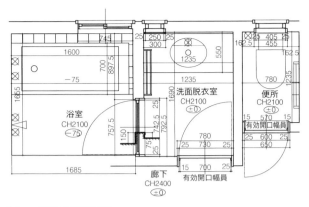

図1 水廻り現況平面図

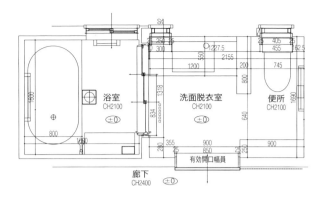

図2 水廻り改修計画平面図

図3 現況在来浴室⇔洗面脱衣室　入口段差≒150mm

図4 新規ユニットバス⇔洗面脱衣室　入口段差≒0mm（バリアフリー）

②入口の開口幅を拡大する

廊下から洗面所・便所へ車いすで出入りしやすくするため、開口幅の拡大と開け閉めしやすい引戸への変更を行った。引戸は上吊引戸とすることで床面の細かな凹凸をなくす工夫を行った。

③便器廻りの工夫

将来の手すりの取付けに備えて壁面を補強した。便器と洗面台の間に手すり代わりになる高さの造作収納を設置する提案をした。出っ張りがなく収納と手すり機能を一体化させることができた。将来、介助のためのスペースを確保する必要が生じた際には取り外し可能である。

温水洗浄暖房便座を設置し、便器洗浄を含む全ての操作をリモコンで行えるように提案した。

④洗面脱衣室と便所を一部屋に

現況は洗面脱衣室、便所はそれぞれ独立しており、開口部は開き戸であった（図5）。将来の介護やご自身が車いすを用いるようになった場合にはそれぞれの部屋は狭く、車いすや介助のスペースが確保できないこと、扉で通路を塞いでしまう現在の開き戸では介助が難しいことが予想されたため、隣接する洗面脱衣室と便所の間仕切壁をなくし一部屋にした（図6）。便所・洗面脱衣室・浴室が連続した空間となることで、万が一、入浴中に便所に行きたくなった場合にも便所を利用しやすくなる効果についても説明し、納得いただいた上でプランを決定した。間仕切り壁の撤去に当たっては耐震診断を行い、その結果をもとに必要箇所に耐力壁を増やすことで、間仕切り壁の撤去が可能となった。

⑤洗面化粧台の選定のポイント

混合水栓金具は握力が低下しても操作しやすいシングルレバー、掃除のしやすさを第一に洗面ボールとカウンターは一体成型、洗面化粧台の下部収納は引出型にした。

⑥在来工法の浴室からユニットバスへ交換

現況は在来工法の浴室であった。浴室と脱衣室の間に大きな段差があり、また開き戸であり介助や車いすのスペースを確保することが難しいこと、天井が高く冬場は寒い環境であることから体への負担を考えユニットバスにした。ユニットバスは床面の冷たさが少なく、天井に換気乾燥暖房機を設置することで暖房が可能であり、冬場の**ヒートショック**を防ぐことができる。

ユニットバスはバリアフリー仕様の製品を検討した。1616サイズ（1坪サイズ）を設置できるスペースであったため、浴室の方向の変更を検討した。これにより開口

図5 独立した洗面脱衣室とトイレ

図6 一部屋になった洗面脱衣室とトイレ

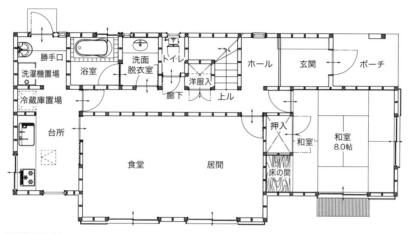

図7 1階現況平面図

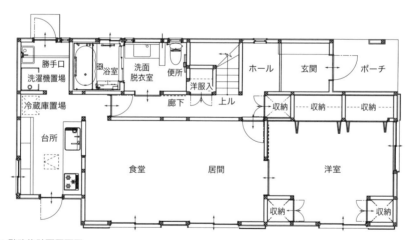

図8 1階改修計画平面図

部に3枚引戸を採用することができた。3枚引戸は最大で開口部の約2/3を通行可能な幅にすることができる。また、将来の体の状況に合わせて浴槽の出入りの向きを選べるように、左右対称形の浴槽を備えた製品の設置が可能になる。

⑦設備機器類は必ずショールームで確認し決定

便器、洗面化粧台、ユニットバス（内装・浴槽・水栓金具類）の選定は、ショールームに赴き一つ一つ確認しながら決定した。

□**和室から洋室への改修提案**（図7、図8）

①現況和室とLDKが行き来できるように

床の間部分の間仕切壁を撤去した。耐震診断において、建物全体の筋交いの配置に偏りがあったことが判明したため、和室から洋室に改修する際に和室の真壁を大壁にするので、構造用合板で固めて補強を行うこととした。梁が途中で切れていた箇所は鉄骨の梁により補強を行った。これにより改修前は震度3程度の地震でもひどく揺れていたが改修後は揺れなくなったようだ。大規模改修

の場合、解体後に通常では目視で確認できない箇所も見ることが可能になる。せっかくの機会なので施工箇所だけではなく、可能な範囲で確認し、不具合箇所は一緒に補修を行った。

②LDK 側の床レベルを揃える

現況和室と LDK の床仕上がり面の高さが均一になるように和室側の床下地を組み替えて床の高さを調整した。

③現況和室と LDK の開口は柱を残して最大の通行幅に

間口の幅を現状の 1.5 倍に広げ通りやすく、また空間がつながるように配慮した。入口には幅広の上吊引戸を設置した。普段は LDK に続く洋室として上吊引戸は開けたまま、来客時など必要に応じて閉めて使用できる。上吊引戸は壁面の幅と同じ寸法なので開けている場合も、戸が壁面に重なるので圧迫感がなく使用できる点が長所である。

④壁面収納の充実

収納不足を補うため、二間分の壁面収納を計画した。布団類・季節家電・衣類等を収納できるように、枕棚・中段・ハンガーパイプを、扉はフリーオープンで左右どちらからも開け閉めでき、かつ、2/3 以上が開口するので物の出し入れが容易になった。

収納場所が決まっていると部屋が散らからずに済むので、収納計画は非常に重要である。

■おさえておきたいポイント

□ヒアリングの重要性

住宅改修のタイミングとして、①内装模様替え・外壁塗替等の営繕的なメンテナンス、②住宅設備の更新交換、③生活スタイルの変化、などがあげられる。今回の事例は、③生活スタイルの変化に該当する。生活スタイルは人それぞれ。どのような生活スタイルなのか、どのようなことを重要視しているのかを知ることから始まる。住み慣れた家ならではの居心地の良さと不自由な部分を聞き取り、問題点を整理していく。言語化・視覚化することで課題がクリアになる。

□動線の検討と確認

高齢期に備える住宅改修で重要なことは、動線である。体が不自由になると最短距離で移動、最小の負担で生活できることが必須となる。現在の住まいの全てを改善することは難しいかもしれないが、可能な限り検討したい。

例えば、開き戸を上吊戸に変更すると、

①開け閉めに扉を回転させる動作がなくなる

②上吊戸は軽いので開け閉めが容易である

③廊下側に開く扉で通路が塞がれることがなくなり通行や介助がしやすくなる

扉一つでここまで改善される。住んでいるからこそ感じられる不自由さを聞き取り、不自由箇所を実際に確認しながら、改善策を提案すると施主にはわかりやすい。提案はいくつかの選択肢を設けることが大切である。設計者が最善と思うことが施主にとって最善とは限らないからである。

□将来に備えた手すりと補強下地

住宅改修の際、将来必要となる手すりの壁面補強工事はぜひとも行いたい。手すりには体重がかかるため、強固な壁面補強が必要となる。手すりが必要な箇所は、以下①〜⑥が考えられる。

①玄関：靴の脱ぎ履きを考慮した手すり

②廊下：水平に連続した歩行用の手すり

③便所：立ち座りの動作を容易にする L 字型の手すり

④浴室：入口に縦型、浴槽への出入りのための縦型、浴槽横に立ち座りと体重を支えることを考慮し縦型＋横型または L 字型の手すり

⑤将来の寝室やリビング：水平に連続した手すり

⑥階段：階段の勾配方向に連続した手すり

手すりの壁面補強は標準高さを基準に上下幅 300mm くらいの調整可能な余裕幅をもって入れるとよい。将来身体の変化により取り付けたい高さが、計画時に設定した高さと変わってもフレキシブルに対応できる。

(雑賀香)

＜知っておきたい用語・解説＞

ヒートショック：急激な気温の変化により血圧が急激に上下し、心臓や血管の疾患が発症することをいう。

設計 | 福祉 | 行政 | 研究者 | 本人

2-2 アクティブな生活から介護予防まで

3）高齢期の移住とライフステージによる変化

概要
- 家族構成：夫（70代前半）、妻（60代後半）
- 身体状況：夫婦とも健康、大きな問題なし
- 移住経緯：9年前に奈良県より移住
- 所在地：長野県内別荘地
- 管理費：1,000円/月＋除雪費30,000円/冬季 *1

■別荘地への移住

夫の定年退職を機に、のんびりと新しい生活を始めたいと思い移住を決意したご夫婦の家を紹介する。以前、同じ別荘地に住む知人の家に泊めてもらった時に、自然環境がよいこの土地を妻が大層気に入った。加えて、文化施設が充実していることや同年代と交流できることも魅力に感じ、移住したら積極的に周囲と交流したいと考えていた。これまでも海外生活などを経験しており、今回の移住に大きな不安はなかった。移住当初からこの地に永住したいと思っており、9年経過した時点でもそれは変わっていない。

本別荘地は、約700万m²の広大な土地に、3,300戸の住戸が建設されており、うち定住数は300戸程度である*1。車で10分程度のところにスーパー、役場、銀行、病院などの生活利便施設がある。また文化施設やスポーツ施設などは多数点在する。

別荘地のため管理会社が常駐しており、別荘管理などは行っているが、管理会社が提供する生活サポート等はない。一方、定住者で構成される自治会は存在する。自治会が高齢者居住世帯を把握しており、居住者間での見守りが行われているが、徹底した活動までには至っていない。今後、定住者が増えるに従い、生活サポートの要望が増えると予想される。

事例に示す住宅は約150m²、3LDKの注文住宅である（図1）。敷地が広く、広大な庭を有する（図2）。LDK以外の居室は、「夫婦寝室」「宿泊室」「趣味室」の構成になっている。

□生活行為別住まい方の特徴

接客：近所の人とはほぼ毎日何らかの行き来がある。ガーデニングを通して仲良くなった人もいる。玄関先での対応が多いが、リビングに通すこともある。近所以外の

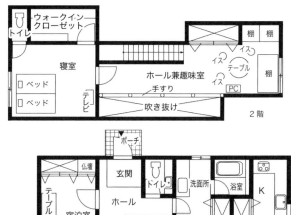
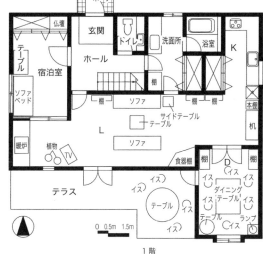

図1　1・2階平面図

図2　庭からみた住宅の風景

友人知人は2か月に1回程度の来訪があり、時には泊まることもある。子ども家族は年に1、2回程度泊まりにくる。

食事・家事：普段の食事の場所はリビングで、ソファに座りテレビを見ながらの食事が基本であるが、夏や来客時の食事にはダイニングを使用する。また、天気が良い時には、テラスでブランチをすることもある。複数の食事空間があると、気分も変えられ、日々の食事が楽しくなるとのことであった。日常の家事はほぼ妻が行っているが、薪割りやデッキのペンキ塗り、庭の芝刈りなどの外仕事は夫が行う。

くつろぎ・趣味：夫婦とも主にリビングでくつろぐ。夫は地域での付き合いが多く、日中も外出することが多い。妻はバウエルンマーレライ（家具等への絵付け）が趣味で、2階の趣味室で長時間作業を行うことが多い。またガーデニングも趣味で、一人で時間をかけて楽しみながら思い通りの庭をつくっている。

就寝：2階の夫婦寝室で同室就寝である。移住前も同室であった。夫婦それぞれが趣味や付き合いをもっており、基本的には食事以外の生活時間はバラバラである。一方で、夫婦一緒に参加しているボランティア活動などもあり、共通の友人も多い。

■住まいの特徴と居住サポート

平均寿命および健康寿命の伸長により、高齢期の過ごし方にも変化がみられる。定年を迎え、いわゆる「田舎暮らし」を指向し、住み慣れた土地を離れて、自然環境に恵まれた地に移住する高齢者が増加している。移住先としては、過疎化が進む農村地域、別荘地、シニアタウンなどがある。移住には大きな決断を要するが、これまでの住まいや近隣関係をリセットし、新たな生活を構築する主体的な選択ともいえる。アクティブシニアライフを楽しむために元気なうちに住まいを変えることで、高齢期に合ったライフスタイルを送ることが可能である。

一方で、新しい生活を始めるには不安要素も大きく、公開されている情報もそれほど多くはない。本項では、筆者らが行った調査結果[1]から、別荘地やシニアタウンに移住した高齢者の住まいや生活様態の傾向、住宅地の居住サポート体制についてまとめる。

移住時期は定年退職前後で、60歳代の夫婦2人世帯が中心である。多くの人が、前住宅を移住時に売却している。また、移住前は子どもと同居していても、移住を機に子どもとは別居し、夫婦のみで転居するという世帯が目立つ。以下では夫婦2人暮らしの住まいについて述べる。

□住宅プラン

別荘地にもよるが、多くは戸建ての新築住宅を建設する、もしくは中古住宅を購入している。住宅プランとしては、シンプルな機能、コンパクトな面積、オープンな構成という3つの特徴にまとめられる。具体的には、床面積の割に居室数が少ない、平屋建てが多く、敷地面積に対して床面積の割合が低い、LDKは面積が大きく吹抜を持つことも多いため空間が水平・垂直方向に広がりを持つ傾向にある。夫婦2人が暮らす新たな住まいのため、余計なものは省かれる。

間取りは1LDK〜4LDKまでみられ、居室数により設置される部屋の傾向が異なる（図3）。1LDK（LDK以外1室）は寝室のみ、2LDKは寝室と客間の組み合わせが多く、3LDKでは趣味室を確保したり、夫婦別寝室になる、客間が接客と宿泊用の2室になるなど、バリエーションが生まれる。4LDKになると、夫婦それぞれの趣味室や寝室、あるいは客間が2室用意される。全体として、居室数が増えると、専用の趣味室を保有する割合が高くなる。

□生活行為と生活空間

就寝空間：移住後は夫婦別室就寝の割合が増える。別室にした理由としては、いびきがうるさい、就寝時間が異なる、部屋に余裕ができたため、などという場合が多い。多くが洋室にベッドである。

趣味空間：趣味が行われる部屋は、LDKまたは趣味室が多い。とくに散らかりや汚れが生じる趣味、あるいは静寂を必要とするものはLDK以外で行う傾向がある。夫婦が同室で趣味を行う場合はLDKが多い。比較的LDK

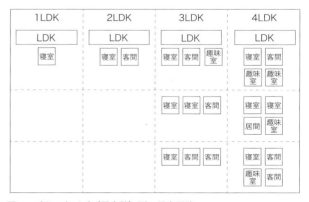

図3　プランタイプ（居室数）別の居室用途

が広いので、夫婦がお互いの趣味をしていても、例えば夫はリビング周り、妻はダイニング周りと拠点が異なるので気にならないとする声も多い。

くつろぎ空間：テレビを見たり新聞や雑誌を読んだり、休息したり、おしゃべりしたりする行為を指す。夫婦で一緒に広いLDKでくつろぐことが一般的であるが、テラスや自室（自分の寝室や趣味室）のこともある。

食事空間：ふだんはダイニングで食事を摂るが、時にはブランチやバーベキュー、喫茶の時にテラスを利用することがある。

接客空間：LDK以外に接客空間を有する住戸が多く、客間や宿泊室がとられる。来客は、隣人の場合頻度は週1、2回が多く、対応場所はLDKか玄関である。遠方の友人の場合は、頻度は年1、2回程度で、場所はLDKか客間である。子ども・孫の場合、頻度は年1～5回程度で、どの部屋にも通す。

つまり、広くとられたLDKは生活の拠点となり、就寝以外の行為がここに集約される傾向にある。

□ **生活時間と夫婦の関係**

睡眠時間：睡眠時間の平均は夫婦ともおよそ8時間で、妻の方が若干短い。どちらかと言うと、夫は遅寝遅起、妻は遅寝早起の傾向がある。

食事時間：1日のうち食事にかける時間量は、簡単な準備や後片付け、食後の食卓での会話を含めると、約3時間程度で、比較的長い。

家事時間：平均で夫は1時間、妻が3.2時間である。全般的に家事は妻中心で行われており、とくに調理や洗濯は妻のみという住戸が多いが、ゴミ出し、風呂掃除、庭の手入れなどは夫中心で行われている住戸も目立つ。また、年代による差もみられ、年齢が高いと夫の家事分担が少ない。家事時間に夫婦の差があるものの、これまでまったく家事を分担していなかった夫が退職後あるいは移住後に家事をするようになり、家事の負担量が軽減されたと感じる妻は多い。家事の時間帯は、調理以外は主に午前中に妻が掃除・洗濯を済ませる傾向がみられる。

くつろぎ時間：平均して、夫4.4時間、妻3.4時間である。そのうちテレビの視聴時間は夫婦とも1～3時間が多い。内容別にみると、新聞は朝と午前中に読む傾向がみられ、テレビは主に午後と夜に視聴され、とくに夜は夫婦一緒のことが多い。

趣味時間：平均で夫が5.2時間、妻が4.2時間と長い。夫は午前中から自宅あるいは自宅外で趣味を行う傾向がある。午後からは夫も妻も各々の趣味に従事する。

□ **立地環境と居住サポート体制**

移住先として「別荘地」を選択する場合、高齢者にとっては下記のメリットがある。

別荘地は一般的に、自然環境に恵まれたところが多い。都心からは離れるが、定年退職後の通勤を必要としない高齢者にとっては、多少の交通の便の悪さはさほど問題にはならないし、ゴルフ場や美術館など多くのレジャー施設が充実しているため、趣味を楽しむ生活を送ることができる絶好の場所といえる。このような理由から、現在の別荘地は、結果的に健康で活動的な高齢者が集まって暮らすケースが増えてきている。

一方で、高齢者が多く居住する住宅地においては、居住者を支えるソフトの仕組みや運営が重要である。一般に、居住を支える生活サポートは自治会等の組織を通して居住者間のみで行われることが多いが、高齢者が多く居住する場合、外部からのサポートも重要である。

開発業者が販売と管理を一体で行っている別荘地では、継続的に販売を行い、また別荘管理もあるため、管理会社が常駐している。これまで別荘地における管理というと、空間のハード面のメンテナンスが主であったが、定住者の増加に伴い、生活サポートや交流サポートに関わる居住マネジメントを行うところも増えてきた。具体的な生活サポートとしては、買い物および病院の送迎、単身者のケア訪問、お弁当配達などがあり、交流サポートでは、イベントの企画運営、クラブサークル活動の運営、場所の提供などである。これらを管理会社が行うことにより、居住者にとっては居住の安心・安全が確保され、永住意識の向上や住宅地の維持継続が図られる。なお、ここで重要なことは、生活サポートおよび交流サポートの主体はあくまで居住者であり、管理会社はこれらを調整する「居住コーディネイト」の立場として連携するこ

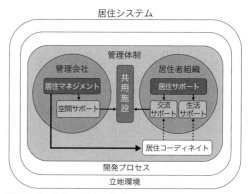

図4　居住サポートシステムの構成

とである。管理会社が裏方役の居住コーディネイトがあって、初めて主役である居住者間の居住サポートが成功する。「居住者組織」「管理会社」「共用施設」の3者が連携した管理体制の形成により、持続可能な居住システムの構築につながる（図4）。

■おさえておきたいポイント

人生100年時代といわれる昨今、高齢期が格段に長期化しただけでなく、高齢期の捉え方も変化してきており、健康で生きがいを持つ**アクティブシニア**層も増加している。

別荘地等に移住し、生き生きとしたアクティブシニアライフを送るためには、ある程度経済的にゆとりがあること、健康であることが前提条件となるため、一部の高齢者の理想の住まいといわれるかもしれない。しかし、このような新しい高齢者像を示すことも重要といえよう。最後に、これらの生活を送るうえで、持っておきたい重要な認識を以下に示す。

一つは加齢にともなう変化の自覚である。個人差はあるものの、加齢にともなう身体状況や家族関係の変化は必至であり、これらは高齢期の住まいにも影響を及ぼす。身体状況は一般的に加齢にともない見守りや介護を必要とする者の割合が増える。

また家族構成は、身体状況ともある程度関連し、前期高齢者では夫婦のみ世帯が多いが、加齢とともに単独世帯が増え、80歳を超えると見守りや介護の必要性から再び子ども夫婦との同居もみられるようになる。住まい方の変化では、前期高齢者は、趣味に費やす時間が長いが、年齢を重ねるとくつろぎと趣味の時間の差が縮まり、後期高齢者になると、趣味よりもくつろぎ時間が長くなる。また、睡眠時間は伸び、家事に費やす時間が短くなる。だいたい70歳くらいを目安に、体力低下により趣味も徐々に整理し、生活が変わり始める。これらの変化を見据えてその先の住まいを計画しておくことも必要となろう。

2つめは、個人のプライバシーの確立と他者（家族および知人）のコミュニケーションのバランスを取ることである。様々な束縛から解放されて自己に対峙することから、新しい生活を組み立てていく高齢期の生活には、「個の自立」が根幹をなす。自立に向けて、自己実現の成就が重要であるが、自己は他者との関係で規定される。個人のプライバシーの確立は、他者とのコミュニケーションのための基盤となる。したがって、このバランスがうまく保てる人は、安定した生活を送ることができ、のちに配偶者が亡くなり単身になっても、自立した生活を送れる場合が多い。逆に、移転したものの新しい生活が合わず転居してしまう人たちの傾向としては、自立できなくて依存傾向が強く不満が大きい、あるいは地域住民との交流がなく孤立している場合が多い。夫婦関係においても、夫婦それぞれが自立した生活を送ることが肝要である。それには健康維持、それぞれが趣味や生きがいを持つこと、趣味や近所づきあいを通じて他者との交流を持つことなどが重要なポイントとして挙げられる。夫婦が「つかず離れず」の状態が良好な関係性といえる。

（番場美恵子）

参考文献
1) 竹田喜美子・番場美恵子「開発プロセスと立地環境および管理体制からみるシニアタウン化した住宅地における居住システムの構築　その1別荘地と定住地の二面性を有するシニアタウン化した住宅地における高齢者の居住環境に関する研究」『日本建築学会計画系論文集』第79巻第695号、pp.29-37、2014.1

注
＊1：2009年に行った調査時点のもの。

＜知っておきたい用語・解説＞

アクティブシニア：おおむね65歳以上で、年齢にこだわらず、趣味や仕事に意欲的で、健康志向が高く、元気で活動的な人たちのことを指す。

2-2 アクティブな生活から介護予防まで

4) サービス付き高齢者向け住宅

設計　福祉　行政　研究者　本人

概要
①わかたけの杜
・所在地：神奈川県横浜市
・所有形態：賃貸
・階数：2階建
・設計：(株)ヨシダデザインワークショップ・一級建築士事務所健康設計
・運営：社会福祉法人若竹大寿会
②ぐるーぷ藤二番館・柄沢
・所在地：神奈川県藤沢市
・所有形態：賃貸
・階数：4階建
・設計：(株)門倉組一級建築士事務所
・運営：認定NPO法人ぐるーぷ藤
③レインボーの家川崎大師町
・所在地：神奈川県川崎市
・所有形態：賃貸
・階数：3階建
・設計：とも企画設計
・運営：(一社)メディホープかながわ

■サービス付き高齢者向け住宅の概要

　サービス付き高齢者向け住宅（以下、サ高住）は、2011年の「高齢者の居住の安定確保に関する法律（高齢者住まい法）」の改正に伴い、国土交通省と厚生労働省の共管制度として創設された。国が進める地域包括ケアシステムの核となる「住まい」の整備の一環として導入されたもので、2024年5月末時点で8,296棟、287,430戸が登録されている。都道府県別では、大阪府が32,481戸と最も多く、次いで北海道が23,372戸、以下、兵庫県、埼玉県、東京都、神奈川県、千葉県、愛知県と続き、最も少ないのは佐賀県の571戸である（(一社)高齢者住宅協会「サービス付き高齢者向け住宅情報提供システム」）。
　サ高住の登録制度が創設された背景には、高齢者数に対する高齢者施設数はそれなりにあるものの、高齢者向けに整備された住宅の割合が、先進諸外国に比べて少ないことがある。高齢化の進展に伴う医療・介護給付費の増加による社会保障費のひっ迫により、病院や特別養護老人ホームなどの施設の大幅な増床が見込めない中、サ高住がこれらに代わる高齢者の受け皿として期待されている。

　サ高住の創設以来、その供給促進のため、国は補助・税制・融資による支援を実施してきた。現在は、**スマートウェルネス住宅等推進事業**の中に、サービス付き高齢者向け住宅整備事業が位置付けられている。整備費に対して新築の場合は10分の1（床面積等に応じて、1戸当たり70万円、120万円、135万円の上限設定がある）の補助がある。2022年度からはZEH相当水準の整備をする場合、限度額を1.2倍にするなど、制度が拡充されている。

　サ高住には、設備・規模、サービス、契約内容について、登録基準が定められている。各専用部分については、床面積を原則25m²以上とし、台所、水洗トイレ、収納設備、洗面設備、浴室を備えること、また建物全体をバリアフリー構造とすることが条件である。共同の居間や食堂、台所が設置される場合の専用部分の床面積は18m²以上に緩和されている。サービスについては、安否確認サービスと生活相談サービスを必須とし、日中は必ずケアの専門家が建物に常駐しサービスを提供しなければならない。

　契約内容については、賃貸借方式・利用権方式のいずれの場合も事業者からの一方的な解約はできないなど、居住の安定を図る内容であること、敷金や家賃・サービスの対価以外の金銭（権利金など）を取らないこと、前払い金をとる場合は返済債務に備えて必要な保全措置を講じること、などが条件となっている。

　これらの条件は、地方公共団体が策定する「高齢者居住安定確保計画」において、サ高住の供給促進を図るために必要な範囲内で独自の基準を設けて強化あるいは緩和することができる。例えば東京都では、既存施設を改修して整備する場合、各専用部分の床面積を20m²以上（共同設備がある場合は13m²以上）に緩和している。逆に茨城県では、2人以上の居住を想定した専用部分の床

面積基準を示し強化している。

高齢者住宅協会の調査（2023年）[1]によると、サ高住の運営主体は、株式会社が64.4%と最も多く、医療法人、社会福祉法人、有限会社がそれぞれ1割前後である。業種別では、介護系事業者が約7割を占めている（図1）。サ高住の規模は、10戸以上40戸未満が約3分の2を占めている。階数は、2階建が40.2%と最も多く、次いで、3階建が26.2%で、低層が多い。専用部分の面積は、18m²以上20m²未満が約3分の2を占め、25m²以上は約2割に過ぎない。専用部分の設備は、トイレ、洗面、収納はほぼすべてに設置されているが、台所は35.3%、浴室は20.1%の設置率であり、この2点については共同で設置されているところが多数を占める。必須サービスである安否確認・生活相談以外に提供されているサービスを見ると、食事の提供が96.2%、健康の維持増進が63.4%、調理等の家事が54.3%、入浴等の介護が49.6%である。介護保険における特定施設入居者介護等の指定を受けているのは、9.5%である。また、1つ以上の高齢者生活支援施設（通所介護事業所や訪問介護事業所、居宅介護支援事業所など）を併設または隣接しているサ高住の割合は74.4%である。

高齢者住宅財団の調査（2013年）[2]では、サ高住の月額利用料金は、家賃の平均額が64,178円、共益費の平均額が18,094円、状況把握・生活相談サービス費の平均額が15,912円、食事サービスがある場合の食費の平均額が42,851円で、これら月々の平均支払総額は、食費なしで88,882円、食費込みで131,615円である。別の調査[3]でも、月額利用料の平均は138,730円、そのうち家賃分の平均は58,357円、共益費の平均は17,654円、基本サービス費の平均は17,624円、食事サービスがある場合の食費の平均は43,213円であり、ほぼ同様の金額となっている。

■事例から見る取組み

□わかたけの杜

社会福祉法人若竹大寿会が運営するサ高住で、2014年に開設した。土地は50年の定期借地権でURから借りているため、土地を購入する場合と比べて安い料金設定が可能になっている。敷地内に同法人が運営する特別養護老人ホームと老人保健施設があり、デイサービスやショートステイ、訪問リハビリなどのサポートを提供できる体制になっている。

サ高住は、南北棟と西棟の2つの建物群で構成されている（図2、3）。南北棟は木造集合住宅8棟からなり、2階部分を空中歩廊でつないでいて、戸建ての建物が並んでいるかのような印象を与える。50m²の住戸42戸（1階27戸、2階15戸）と、食堂・ラウンジなどの共用施

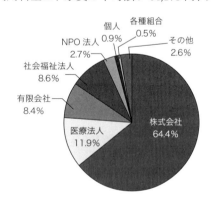

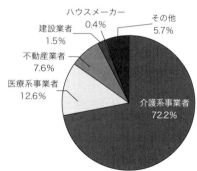

図1　サ高住の運営主体（上：法人等種別、下：業種別）[1]

図2　わかたけの杜（南北棟）

図3　わかたけの杜（西棟）

設があるセンターハウスが配置されている。西棟はRC造の集合住宅、40m²タイプ4戸と20m²タイプ20戸があり、共同浴室が3か所ある。1階には診療所が併設されている。南北棟にある50m²タイプの住戸は可動間仕切りと可動家具で間取りを自由に変えることができる。1階は庭付きで、ペットとの入居も可能となっている。

入居費用は、初期費用が敷金3か月分、月額利用料金が50m²タイプで220,000円（家賃160,000円、共益費25,000円、生活支援サービス費35,000円：税別）、20m²タイプで142,000円（家賃80,000円、共益費27,000円、生活支援サービス費35,000円：税別）、食費は別払いとなる（2020年10月時点）。昼食は入居者専用の食堂での提供となるが、朝食・夕食は各住戸まで弁当を届けるシステムになっている。

最寄駅からは徒歩15分程度の距離があるが、駅およびスーパーまでシャトルバスを運行している。

第1期（2014年4月）の入居は1人世帯9戸、2人世帯25戸で、入居者の身体状況は自立18人、要支援7人、要介護18人であった。

□ぐるーぷ藤二番館・柄沢

認定NPO法人ぐるーぷ藤が運営するサ高住で、2017年に開設した。ぐるーぷ藤は、訪問介護事業を主軸とするNPO法人で、サ高住制度が創設される以前の2007年に住宅型有料老人ホーム「ぐるーぷ藤一番館・藤が岡」を開設している。土地は市公社から50年の定期借地権で借りている。

「ぐるーぷ藤二番館・柄沢」の建物はRC造の4階建で、25m²から68m²までの計44戸からなる（図4）。1階住戸ではペットの飼育も可能である。

入居費用は、初期費用として敷金4か月分、月額利用料は25m²タイプが130,000円〜133,000円（家賃80,000円〜83,000円、管理費30,000円、基本サービス費20,000円：税別）、43m²タイプが177,000円〜179,000円（家賃127,000円〜129,000円、管理費30,000円、基本サービス費20,000円（2人の場合は30,000円）：税別）である（2020年12月時点）。

建物は、同法人が運営する小規模多機能型居宅介護、通所介護、居宅介護支援事業所、レストラン等とつながっており、入居者はこれらの機能を利用することができるようになっている。

□レインボーの家川崎大師町

2013年に開設したサ高住で、川薬（株）が建主となり、川崎医療生活協同組合とNPO法人レインボーが運営に関わってきたが、2016年に（一社）メディホープかながわが川薬（株）から譲渡を受け事業を継承している。同法人は薬局事業や介護事業を実施している。

土地は川薬（株）が川崎医療生活協同組合から購入したものである。

サ高住は鉄骨造4階建で、18m²の住戸16戸からなる（図5）。住戸は2〜3階部分にあり、4階には共同で利用する浴室（男女1か所ずつ）や多目的ホール（リビング、フリースペース、キッチン等）、談話コーナーなどがある。各住戸には浴室はないが、IH対応のキッチンとトイレ・洗面台が備わっている。

入居費用は、初期費用として敷金3か月分、月額利用料は98,700円（家賃53,700円、共益費25,000円、生活支援費20,000円：税込）である（2020年9月時点）。家賃額を川崎市の生活保護の住宅扶助の基準額に抑えている点が特徴である。

サ高住には食事のサービスはなく、各自で調理をするか、必要な場合は各自で介護サービスや宅配・配食サービスを利用している。

開設にあたっては、その1年半前から、川薬（株）、川崎医療生活協同組合、NPO法人レインボーの3者検討委員会を設け、学習や検討を重ねて計画された。開設後は1か月に1度、3者での運営協議会が行われている。

図4　ぐるーぷ藤二番館・柄沢

図5　レインボーの家川崎大師町

1階にはメディホープかながわが運営する薬局があり、近隣には医療生協の診療所・訪問介護事業所・居宅介護支援事業所があるなど、看取りにも対応できる体制をとっている。訪問看護事業所は、サ高住建設の際に近隣に移設されたものである。

開設した年の入居者は男性9人、女性7人で、年齢は61歳から92歳であった。認知症や車いすを利用している人が5人、歩行器を利用している人が3人で、ほとんどが介護保険制度の訪問介護を利用しており、通所介護も9人が利用していた。家族やケアマネジャーあるいは福祉事務所から勧められて応募してきた人が多い。開設当初の問い合わせは200人に及び、判定会議で入居者を選定したとのことであった[4]。

サ高住の建設は、国からの補助事業があるとはいえ、多額の整備交付金が導入されている特別養護老人ホームなどの社会福祉施設とは異なり、土地から取得して建設するには設定家賃が高くなりすぎるきらいがある。このため、一般的には、民間の土地所有者に建築提案をし、それを不動産会社が一括借上げすることによってサ高住を供給する、という運営スキームが動いている。事例に挙げた3施設のうち2施設は土地の購入がなかったことが、比較的安価な利用料金に抑えられた要因であるといえる。

■おさえておきたいポイント

サ高住の半数以上は単身者のみが入居しており、これを含め92％以上の物件で単身者が80％以上を占めている[2]。また入居者の要介護度は、要介護2までが約3分の2を占める（図6）。入居者のサ高住への入居動機は、「独り暮らしが不安になったため」が78.5％、「介護が必要になったため」が73.4％、「食事の提供があるから」が42.7％、「介護が必要になった時に備えて」が24.8％であった。従前の居場所は自宅・親族の家が57.2％、次いで医療機関からが18.1％であった。

これらの結果から、サ高住の入居者は単身で一人暮らしに不安を抱えている高齢者や介護が必要になった軽度要介護高齢者が多いことがわかる。

一方、供給されているサ高住は多種多様である。食事サービスや介護サービス・医療サービスなど手厚いサービスを提供しているものもあれば、自立を前提に基本サービスしか提供していないところもある。趣味やイベントなどで入居者同士の交流を積極的に図ろうとしているところもある。したがって、サ高住に移る場合は、入居後どのような住まい方をしたいのかをよく考えたうえで、その要望を満たす条件に合うサ高住を選択することが大事である。

しかし、多種多様なサービスに対して、住戸プランは一概に貧弱である。25m² 以上の床面積を持つ住戸は供給量のわずか2割しかなく、ほとんどのサ高住は共同利用の浴室や食堂がある代わりに居室面積が狭まっている。都道府県によっては供給促進のために国の基準値よりもさらに規模を緩和しているところがある。狭い居室では、家族や友人を招くことはおろか、なじみのある生活用品や思い出の品々を含む私物を持ち込んだり、寝る空間と食事や日中活動をする空間を分けたりすることも難しい。居室の狭さを補うために共用空間を充実させることは有効ではあるが、共用空間の利用は、他の入居者の目や距離感が気になるものであるし、使用する時間帯にもおのずと制限が出てくることに留意が必要である。

（阪東美智子）

参考文献
1) （一社）高齢者住宅協会「サービス付き高齢者向け住宅の現状と分析」2023年8月末時点
2) （財）高齢者住宅財団「サービス付き高齢者向け住宅等の実態に関する調査報告」2013年3月
3) 野村総合研究所「高齢者向け住まいが果たしている機能・役割等に関する実態調査」2014年度
4) 髙田桂子「住民が参加しながら建設、運営へ―サービス付き高齢者向け住宅「レインボーの家川崎大師町」を訪ねて」『建築とまちづくり』2013年12月号、pp.29-32

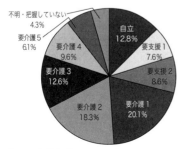

図6　入居者の要介護度[2]

＜知っておきたい用語・解説＞

スマートウェルネス住宅等推進事業：高齢者、障がい者、子育て世帯等の多様な世帯が安心して健康に暮らすことができる住環境（スマートウェルネス住宅）を実現するため、サ高住やセーフティネット登録住宅の整備、先導的な住環境整備、子育て世帯等のための支援施設等の整備を伴う市街地再開発事業及び子どもの安全・安心に配慮した共同住宅の整備等に対して支援が行われている。

2-2 アクティブな生活から介護予防まで

5) 住まい方を工夫しながら住み続ける集合住宅

概要
- 所在地：東京都
- 所有形態：分譲
- 階数：4階
- 設計：日本住宅公団（当時）
- 移設可能インフィル：入居者が移動可能
- 間取り変更：経年変化に対応
- 自由設計：インフィルは入居者が自由に
- 家族構成：子育て世帯から高齢者まで

■ 集合住宅の居住と改修の実態調査

ここでは KEP（Kodan Experimental housing Project）による可変性を有した集合住宅などについて紹介する[*1]。移設可能な収納壁や、可動間仕切り壁の導入、段階的に私室を構成できる計画手法などは入居者が快適に住み続けることに有効であり、教育費の負担が大きい子育て世帯などにとって有効な計画手法であることが確認できた。解体工事に伴う騒音や廃棄物を減らすことができ、環境負荷を低減する効果もある。

この団地では入居開始後、40年近い年月が経過し、入居者の高齢化が進んでいる。定年退職時などに終の住まいとして住み続けることを想定した専有部分の改修工事が一部の住戸で実施されている。一方、共用部分については、膝を悪くしたご婦人が自宅の玄関前に手すりを設けようとした際、理事会や総会での合意形成に時間を要して苦労されたこともあった。高齢者が住み続けるためには、共有部分の改修に必要となる管理規約をあらかじめ整備しておくことも必要である。

■ 住み続けることを助ける可変性

一般的なマンションのリフォーム工事は、住戸の専有部分を全面的に改修する場合、工期に1か月以上の期間が必要となり、工事金額も高く、斫り工事などを行うと大きな騒音・振動が発生するなど課題が多い。

KEPによる住戸は移設可能な収納ユニットや可動間仕切り壁を導入することにより、入居後の間取りの可変性を充実させた集合住宅であり、入居者が入れ替わる時や子どもの成長期、入居者がリタイアした時などに模様替え工事が行われている。可動間仕切壁や移設可能収納壁を活用して、生活の変化に対応するための間取り変更を、専門工事業者に依頼しなくても居住者自身が実施できるため、経済的に家族の生活の変化に対応することが長期にわたって実現できた。

図1に示す住戸では、折に触れ、移設可能な収納壁をご主人と息子さんの2人で簡単に動かして、部屋の大きさの調整をしていた。慣れた居住者なら、自分自身で移設可能収納壁を移動して、部屋の大きさを調整したり、間取りを変更することができる。工事に伴う騒音もなく、

図1 移設可能な収納壁を移動させて間取りを変更（1982年から住み続けている世帯の例）[1]
（多摩ニュータウン、エステート鶴牧3団地、鉄筋コンクリート4階建）

廃棄物もほとんど発生しない。この世帯は、ある時期に高齢の祖父が同居することになったが、その時も、移設可能な収納壁を移動して個室を設けている（1995）。またその必要がなくなった時に、再度、収納壁を移動して、南側の居間を広くして居住していた（2005）。

35年目の調査の際、ある入居者は、「自分が1982年に入居した時、将来何人の子どもを持つことになるのかわからなかった。しかし移設可動な収納壁や間仕切壁が用意されており、いつでも変更できることが魅力に感じられ、この住宅を購入する動機となった。結果的には1回も動かさなかったが、動かすことができるということは、心理的に助けになった。そのことを建築家はわかってほしい」と言われた。オープンビルディングが目指した、住まいにおける自己決定にかかわる本質的な指摘であろう。集合住宅のインフィルにとってAdaptability（可変性、順応性）は基本的な計画要件であると言えよう。

■オランダの高齢者専用環境共生住宅

オランダのペルグロムホフ（Pelgromhof）を紹介する（図2、3）[3]。ここでは入居予定の高齢者自身が住戸内部の計画を行ったことに特色がある。住宅建設基金（Zevenaar）と高齢者用ケア付き住宅供給基金（Pelgrom）の融資を受けて2001年に建設された。施設は両基金が所有し、全戸が賃貸住宅になっている。設計は建築家フランス・ファン・デル・ヴェルフ（Frans van der Werf）氏である。169戸の独立住戸、46戸のケア付住戸、86台の駐車スペースで構成されている。開発密度は120戸/ha。ケアが必要な人にも「住んでいる」感覚が持てるように配慮して、レセプションルーム、集会室、レストラン、劇場、商業施設、図書室が併設されている。社会性が保てるよう、高齢者だけでなく若い世代の家族用の住戸も計画された。中庭を囲むように各施設が配置されている。中庭は一般に公開されているが、夜間は外部と区画することも可能である。

建物の形や色、植栽は住人が自然との対話を楽しめる環境を形づくっている。食堂の屋根には水深50cmの池があり、外壁や屋上を含めてふんだんに植物が植えられ、自然を感じることができる。空気浄化、流水、標本樹の植栽、植物の多様性確保について配慮されている。生態系に配慮した建材の使用、コンクリート使用量の削減、太陽光を利用した暖房システム、高効率床暖房システム、集中式ヒートポンプの採用、開口部や屋根面の断熱最適化等の対策にも取り組んでいる。構造体は、石灰石（ライムストーン）と砂を混成した30cm厚のブロックを積み上げたもので、オランダ、スウェーデンなどで一般的に生産されるエコロジカルな材料である。オランダ政府から実験プロジェクトとして認められ、住宅省からは持続可能でエネルギー効率の高いモデル建築として選定された。

設計者のヴェルフ氏によるとこのプロジェクトの設計テーマは、
①人間を主役に、インテリアから設計をする。建物の外形は内部の自然な表れである。
②自然（動植物）と人間を関係づける。現代の人工的社会は自然との関わりを失っている。季節による環境の変化は生活を活気づける。また高齢者と若者が自然を通して関わりを持てるようにする。
③建築とは完成されたものではなく、絶えず変化するものである。
④何か特別なもの、個性ある芸術的なものを作る。
という4点であった。

オランダの賃貸住宅でこれほどまで本格的に入居者がレイアウトを自由に計画できた事例は初めてであり、新聞広告を出したところ、700人から入居の応募があった。このプロジェクトは50歳以上の人たちを入居対象としている。様々な高齢化の状態、すなわち、正常な状態、行動が鈍った状態、活動不能になった状態の各段階に対応している。生涯住みつづけることを可能とするため、高齢者のアクセス、安全性、適応性に配慮した設計になっている。昼間は5人の看護師とボランティアが働いており、入浴などのデイケアサービスを行っている。夜間も常時1名は管理者がいる。1日200食を供給する能力があり、施設外部にも給食している。介護が必要な高齢者を社会と結びつけるため、都市の真中に安全で静かながらも、活気ある生活環境と個別介護サービスを提供したとのことである。劇場は高齢者と地域社会を結びつけるため地域住民にも開放している。

筆者が見学した住戸は、老婦人が一人で87㎡の家に住んでいた。以前はロッテルダムに住んでいたが夫が他界したので自宅を処分して、この高齢者用住宅に移ってきたとのことである。多くの住民は実物大の模型（モックアップ）を使ったレイアウトの打合せに参加したが、この婦人は入居を決めたのが遅い時期であったため参加しなかったという。しかし自分自身でレイアウト案を作成

図2 オランダにおける居住者参加型住宅ペルグロムホフ
(提供：Frans Vander Werf)

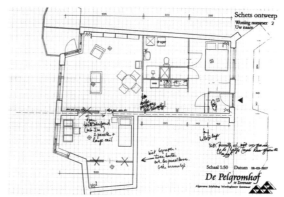

図3 オランダにおける居住者参加型住宅

し、内装、設備機器などは自分自身で選定したという。入居者の老婦人は、一番ニーズを知っている自分が計画するのが一番良いと語っていた。

■ 先進的なインフィル開発

建設ロボットの研究者として知られるミュンヘン工科大学トマス・ボック（Thomas Bock）名誉教授は、人型ロボットではないロボット内蔵型の医療・介護施設兼住宅用のインフィルLISAを開発した（図4～6）[4]。一人住まいの高齢者が住宅内で転倒することはドイツでも数多く発生しており、緊急時に通報するシステムの開発や、就寝時にセンサーで健康状態を診断し重篤な状態を予見するシステム等をインフィルに組み込む技術が開発されている。住宅の玄関には、自動的にオーバーコートを着せてくれたり、靴を履かせてくれるロボットを設置することも検討されている。いかにも介護をしている空間に見えないようにイタリアミラノのデザイナーとインテリア設計の協働研究も行っている。ドイツでも地方では十分な医療サービスを受けることが難しく、高齢者が都市部に移動することになりがちとのことだが、このような在宅介護システムを充実させることにより、少しでも高齢者が住み慣れた自宅で過ごせる期間を長くし、都市部の医療施設に負荷が過度にかかるのを防ぐことも、この研究開発の目的である[*2]。

医療・介護施設と住宅に共通して使用できるこのようなインフィル開発は、新築の建物だけでなく、既存の施設にも必要に応じて設置することが可能である。住宅から介護、医療施設まで切れ目なく高齢者の生活支援を行うこのようなインフィル開発は、我が国においてもニーズがあるものと思われる。

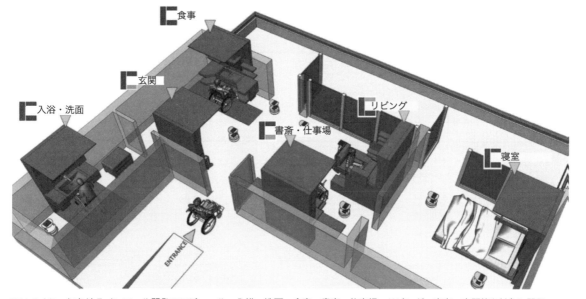

図4 LISA Habitec におけるインフィル開発のモジュール。入浴・洗面、食事、書斎・仕事場、リビング、寝室、玄関等を対象に開発。
(出典：Thomas Bock、Summary - LISA and Summary - LISA habitec)

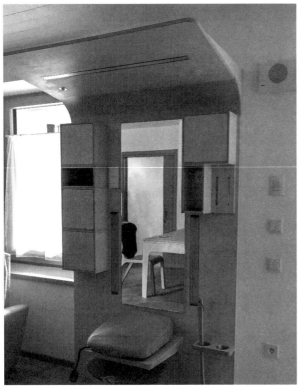

図5 LISA Habitec の玄関廻りモジュール （提供：Thomas Bock、一部修正）

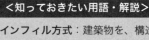

図6 LISA Habitec の寝室用モジュール （提供：Thomas Bock）

<知っておきたい用語・解説>

スケルトン・インフィル方式：建築物を、構造体・基幹設備（スケルトン）と内装・設備など（インフィル）に区別して建設する方式。

（南一誠）

注
* 1：芝浦工業大学南一誠研究室では2005年以降継続して、1970年代後半に研究開発されたKEP（Kodan Experimental housing Project）による可変性を有した集合住宅などについて、居住実態と改修履歴に関する事後調査を行い、その計画の有効性を分析してきた[1)2)]。調査対象は、多摩ニュータウンにあるエステート鶴牧3団地である。竣工翌年に都市公団が、10年目に東京理科大の初見学先生らが実態調査をされ、2005年以降は南研究室が23年目、30年目、35年目調査を行っている。
* 2：ボック教授は現在、レーゲンスブルクのOTH大学にてReduSysという研究プロジェクトに参画し、遠隔医療用のモジュラーユニットの開発に取り組んでいる。

参考文献
1) 南一誠他「集合住宅の居住履歴と修繕改修に関する研究　KEPエステート鶴牧3団地中層棟を対象として」『日本建築学会計画系論文集』第86巻第785号、pp.1969-1979、2021.7
2) 南一誠「しなやかな建築 Transformation of the built environment」、2020.5
3) 南一誠『時と共に変化する建築　使い続ける技術と文化 第3版』UNIBOOK、2017.7
4) 南一誠「医療施設の長寿命化　高機能インフィル開発への期待」『医療福祉建築』217号、pp.6-7、2022.10

2-3 介護が必要になったら

1）片麻痺で車いすを利用する高齢者向け新築住宅

```
概要
・所在地：千葉県
・所有形態：持ち家
・階数：2階建て
・設計：和綜合設計室
・身体状況：車いす使用により移動自立
・障がい名：脳出血による左半身麻痺、左視力の低下
・要介護度：要介護3
・家族構成：本人（80代）・娘夫婦・孫
```

■自立した車いすの動線に配慮

千葉県旭市で依頼主である娘夫婦と同居するご本人（当時60代後半、身長160cm）は脳出血を発症し入院された。退院後は車いす生活となることが予想されたため、入院中に娘夫婦が介護支援専門員（以下ケアマネジャー）とともに、車いすでの生活を想定した自宅の改修工事を行った。しかし、築36年の自宅では車いすの動線や介護スペースの確保、完全な段差の解消、外出路の確保は難しく、十分な介護が行えない状況が生じた。

娘夫婦は、介護の負担を感じるようになったことから、以前に子どもの小学校入学を考慮し購入していた敷地への転居と、ご本人が不自由なく車いすで移動でき介護が容易な住宅を建築することを決めた。

退院当時、ご本人は常時車いすを使用していた。屋内では6輪型自走用車いすを自立して使用し、屋外では標準型の自走用車いすを利用する。また、伝い歩きで2、3歩の歩行は可能であり、見守りがあることが望ましいが日中は一人で過ごすため、特に安全へ配慮した環境が必要な状況であった。ベッドから車いすへの移乗はできるが、外出時の車いすから車いすへの移乗には介護が必要であった。

主たる介護者である娘は、ご本人ができることはできるかぎり自分で行ってほしい、自分は見守ることを重視したいとの思いがあった。そのため新築する住宅については、車いすで移動しやすくご本人に使いやすい住宅であること、特に排泄が自立できる環境であること、またご本人の部屋と娘の部屋の動線に配慮した室配置を重視したいと考えていた。

さらに、ご本人にとって通院やデイサービスの通所といった外出が重要であり、屋内だけではなく容易に外出しやすい玄関やポーチ等の外出路を重視した環境が必要と感じていた。

□要望は丁寧に設計へ反映する

娘夫婦は、設計者の選定に当たって、障がい者への配慮設計の経験があり要望を設計にまとめることができること、かつ夫婦が高齢になっても安心して暮らせる住宅であること、採光や風通しへの配慮ができること、家族の希望に十分に対応できる姿勢を持つ設計者を選定することを重視した。その条件を前提に検討されて、娘の夫と長年の交流があり、住宅建築を専門にするとともに、障がい者対応施設の設計経験がある当方へ相談があった。

設計に当たっては、ご家族の要望を丁寧に伺うことに努めた。設計者の立場として、住宅の完成時にご家族の要望を満たして介護がスムーズにできる住宅であるとともに、家族それぞれが居心地の良い家であること、さらに10年後、15年後の生活の変化に対しても準備しておくことが重要であるという考えを伝えた。それが共感を得て、設計監理の依頼があり新居の設計を担当することになった。

まず当時の自宅の改修状況を確認して車いす使用時や介護時の問題点を把握し整理した。また、さらにご本人の障がいの状況や介護方針を確認するために家族のライフスタイルアンケートへの回答を得た。これらの結果に基づくヒアリングを行い、ご家族の要望への理解を深め、生活を改善するための条件や設計への要望を確認しながら話し合いを重ねた。その結果、設計の基本方針としてはご本人の寝室を中心とした介護優先のエリアと、家族の共用エリアを整理した環境の組み合わせを重視して基本設計を進めることになった。

基本設計にあたり、使用者の障がいの特徴や要望内容

に適した環境の条件について医療福祉工学の専門家に助言を求め、助言を受けた各部屋の条件をプラン作成に盛り込んだ。また実施設計途中には依頼主とともにユニバーサルデザイン検証施設を訪ねて各部屋の基本設計を検証した。水廻りの各種衛生器具の設置位置のシミュレーションを通して実際に使いやすさの確認や分析を行うことができ、プランに反映させることができた。

工事中には各室の広さの確認や福祉用具取付高さ等を依頼主とともに確認して再調整しながら工事を進行させた。

■動線に配慮した空間づくり

家族の要望を検討した結果、ご本人の部屋は各室との移動のしやすさを重視して建物全体の中心に位置すること、娘の部屋と台所は介護の動線を考慮してご本人の部屋に隣接させることを基本に位置付け、ご本人の寝室→廊下→LDK→広縁→寝室へと移動することができる回遊式（図面内A動線）の住宅プランを計画した（図1）。

プランを作成するに当たり、6輪車いすのサイズや操作方法、ご本人による回転半径の検証を行い移動空間の基本的条件を確認した。日中一人で過ごす場合でも容易に移動できるように、廊下幅は有効900mm、扉は引戸で有効950mm以上を確保することにした。通路に面する引戸は常時開放できるようにした。

日中はA・E動線を中心に居間、食堂、広縁にて過ごし、台所も利用している。居間はご本人の滞在時間が長い部屋である。車いすで動きやすい空間とするためソファーやコーヒーテーブルは置かず食卓のみを置くことにした。食卓は、大きさ・脚の位置・高さ等を車いすでの使用に対応できるよう、特注制作とした。「家族が団欒できる空間づくり」の要望を叶えることができた。

夜間の介護に配慮して娘の部屋からB動線のような回遊動線を設けた。また、見守りを重視したいとの要望に合わせて台所とご本人の部屋の間仕切り壁に窓を設けて様子を伺うことができるようにした。

ご本人の部屋の広さは、電動ベッド、ポータブルトイレの配置、立ち上がり用の縦手すりとしてのポール（天井下地の配慮）や移動用の手すりの設置位置、造作家具としてTV台、化粧台、チェスト、クローク、物入等を想定するとともに、歩行訓練用のリハビリ器具（平行バー）の導入も配慮し約9.5畳とした。

ご本人の部屋の南側には広縁兼サンルームを設けた。間仕切りを引違いの障子及びガラス戸にすることによりご本人の部屋と一体的な空間とした。広縁のガラス戸越しに庭を見ることができ、開放的な居心地の良い室空間となった（図面内H部分）。

ご本人の部屋の採光については、広縁兼サンルームに用いた大型**スカイライトウィンドウ**を利用し自然光を取り入れた。日除け調整はリモコン式電動ブラインドや固定障子を天井面に設置し対応した。また、自然換気の導

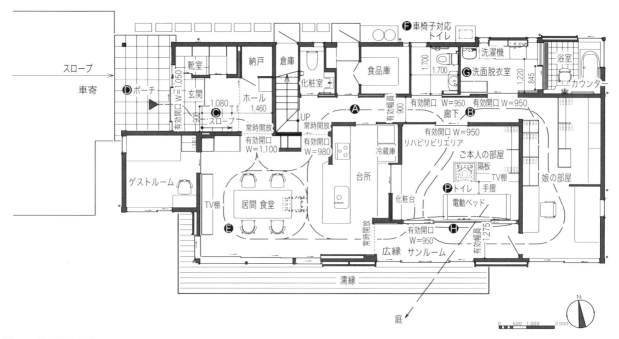

図1　1階平面詳細図

入により部屋全体の風の流れをスムーズにした。

床材は、車いす移動に配慮して耐久性及び耐水性に優れた栗材無垢フローリングを選択した。壁は、自然塗料を塗布し床から高さ450mm部分の下地は合板12mm貼りとしタイヤ等による壁破損を最小限にするようにした。

設備機器についても、配線ルート、コンセント個数、スイッチ位置、エアコン位置、タスクライトを含めた照明位置と操作システム等についてケアマネジャーを含めて詳細な打合せを行い、車いすで使いやすい環境を検討した（コンセントは床上300mm、スイッチは床上1,000mmとした）。

廊下に関しても、視機能の低下に配慮してスカイライトウィンドウを設け、自然光を取り入れることとし、日除け及び光の拡散には固定障子を設け、日中は柔らかい明るさを得た。また、廊下壁の腰部分（床から450mm部分）はご本人の部屋と同様に車いすの接触を考慮して下地の強度を増している。現在はタイヤの接触部分に多少の剥がれがみられる程度とのことで、変わりなく利用されている。

トイレは、自立して使用できるようにご本人用の車いす用トイレ（図面内F部）を設けた。内法有効寸法1,700mm×1,700mmを確保した。便器や手すりの配置については、メーカーショールームで検証を行い決定した。現在も昼間と夜間ともに自立して使用されている。

洗面脱衣室（図面内G部）は、車いすでの使用を想定して洗面カウンターは検証により決定した高さとした。

浴室についても、車いすでの入室を想定した。ヘルパー1、2名の介護による入浴と、浴室内で車いすからシャワーチェアへ移ること、浴槽へは座位で跨いで入ることを想定して浴室内の浴槽や水栓金具の配置、座位位置、高さ等を検討した。また将来的にリフト利用の場合にも対応できるように天井下地を補強した。現在はデイサービスでの入浴と併用していると伺っている。

玄関、玄関ホール、ポーチについては、通院やデイサービスの通所で週3回の定期的な外出があり、外出の際には屋内用の車いすと屋外用車いすの乗り移りを行うことから、通行しやすさと乗り移りの環境に配慮した（図面内C動線）。車いすの移動しやすさへの配慮として、通路上にある引戸は全て引込可能とし有効寸法は1,000mm以上確保した。上がり框の段差は90mmに抑え、勾配1/12のスロープを設置した。床材は滑りにくい加工のタイルとした。

車いすの乗り移り場所は玄関ポーチに設定した。車いすの乗り移りには必ず介護者が付き添うことを前提として介護スペースを考慮し、ポーチ空間として1.0間×1.75間の広さを確保した。また、ポーチと駐車スペースとの段差をなくして自動車への乗り込みをスムーズに行えるような配置にした（図3）。

竣工引渡し後に、設計時に重視した点や、旧宅の改修では解決できなかった問題について改善効果が得られたか尋ねたところ、車いすでの移動がスムーズになり、自立して排泄できるようになった、介護しやすい家になった、と評価をいただいた。

■個別性を重視して納得いくまで検討

障がいのある方に配慮した住宅の設計では、障がいの個別性を重視する。ご本人の一つひとつの生活動作を理解して設計する必要がある。本事例のように既存の住宅で障がい対応の改修工事を行っている場合には、改修後に解決できず問題が生じた内容を把握して、解決を図る

図2　ご本人の部屋に隣接する広縁

図3　全景（玄関ポーチは車いす乗り移り用の広さを確保）

ための環境条件を分析する。ご本人の生活を専門的に把握しているケアマネジャー等にもヒアリングを行って介護計画を分析することも有効である。これらの基本情報を収集した後に、改めてご本人やご家族の要望を伺い設計を行う。

基本設計の過程では、設計者としての意見も伝えたうえで、設計方針を立案することが重要である。設計方針について合意を得られた後は、ご本人やご家族が納得のいくまでプランを検討する。本事例では、これらの過程を経て、車いすで1階のスペースを回遊できる動線の設計が実現した。

様々な障がいへの対応が求められる昨今では、ユニバーサルデザイン検証施設の利用は大変有意義であり、実際の動作のシミュレーションができたことで関係者すべてが使いやすさを確認でき、完成後の不安を低減できた。

また、将来、介護者自身も年を重ね新たな課題が発生することが考えられる。間仕切りの変更や福祉用具の追加変更に対応するために、下地の補強等の準備も必要である。

(原和男)

＜知っておきたい用語・解説＞

スカイライトウィンドウ（天窓・トップライト）：室内への採光や通風を目的として、建物の屋根部分に取り付けられる窓。

2-3 介護が必要になったら

2）車いすで暮らせるように1階店舗を住宅改修

```
概要
・所在地：東京都
・所有形態：持ち家（木造2階建て）
・延床面積：約160㎡
・設計：大宇根建築設計事務所
・年齢/性別：70代/男性
・身体状況：脳梗塞による右麻痺
・要介護度：要介護5
・ADL：移動/入浴/更衣/排泄…全介助
　　　 食事…自立
・利用福祉機器：車いす（住戸内外）
・家族構成：本人、妻（介助者）
```

■改修に至るまでの経緯

住まい手は脳梗塞で右麻痺になり、退院後には施設居住を考え、探していたが、思うような住まいを見つけることができなかったため、自宅で生活することに決めた。

入院前の住まいは、1階が店舗（図1）で、2階で生活をしていたため、車いすが使用できる住まいに住宅改修することにした。

「日常生活動作（ADL）」は、住戸内外で車いすを使用して移動しており全介助であった。入浴は、全介助で浴室から出る時はシャワーチェアで体を拭き、車いすに移乗後、再度体を拭く。排泄は、全介助で夜間には2回介助が必要であった。

□設計者と専門職の連携

住宅改修のアドバイザー制度を立ち上げた設計者が掲載されている新聞を娘さんが見つけ、改修を依頼した。

退院までに住宅改修の完成が求められたため、設計者は家族や病院等のスタッフの協力を得て、入院先に複数回行き、本人の身体状況を確認し、設計した。娘さんの知り合いであった施工者とは、別途打合せを行った。

アドバイザーである設計者が所属するNPO法人は、市から委託を受け建築職（施工者・設計者）や福祉職（ケアマネジャー）を対象に住宅改修の研修会を開催しているため、男性を担当していたケアマネジャーと設計者は研修会を通して顔見知りであったことから、住宅改修に関する設計者とケアマネジャーの連携がスムーズに行えた。

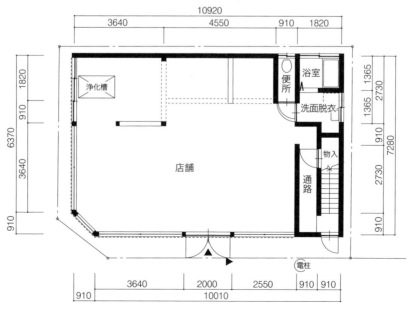

図1　改修前の1階平面図

■1階で生活が完結する改修

退院後に、自宅で生活できるようにするため、1階の店舗を住宅改修した（図2）。

□改修設計で配慮した点

今回の事例における、ご本人の現状から見込まれる退院後の身体状況や、介助力、住宅状況などから、住宅改修設計時に配慮した点を表1にまとめる。

□住宅改修の内容（表2）

玄関アプローチに、スロープを設置し、車いすでの出入りを可能にしている。浄化槽の上には建築物が建てられないため、玄関の配置が決まり、浄化槽の所を玄関アプローチとした。2階の階下は、雨よけの屋根を兼ねられるようにし、車いすのスペースを確保した（図3）。玄関には段差解消機を設置し（図4）、車いすで上がり框を昇降できるようにした。

トイレと洗面脱衣室は、車いすや介助者の動作を考慮し、スペースを確保するため、配置変更や壁の撤去で室を一体化し、車いすを使用した出入りが可能なスペースを確保した（図5）。便器の両サイドにはL型の手すりと可動式手すりを設置した。洗濯機は、当初便器の横を検討していたが、車いすスペースを確保するため、階段横に変更した。

洗面所は、車いすでも使用できるものにした。浴室は、面積拡大のほか、和洋折衷サイズの浴槽に変更し、浴室内の移動に合わせて設置した手すりには介護保険制度を利用した（図6）。

寝室は、トイレ・洗面脱衣室の横に配置し、将来天井走行リフトで移動することを想定し、ベッドから洗面脱

表1　住宅改修設計の配慮点

【移動】
・本人が車いすで住戸内を移動できるように、全部の部屋がつながっていること
・本人が車いすで移動する範囲が広いこと
　（＝介助者の負担を軽減すること）
・車いすで出入りできる有効幅員の確保
　・戸の有効幅員は900mm
　・3枚引き戸の有効幅員は約1,000mm
・外出も車いすのままで出入りできるようにする
【玄関】雨をよけられるスペースを確保する
【寝室】トイレ・洗面台とつながるようにする
【水廻り】既存の配管を活かした配置にする

表2　改修内容

玄関アプローチ		スロープ
玄関		手すり、段差解消機を設置
一体化	便所	手すり設置（L型・可動式）、便器の変更と配置変更、壁撤去
	洗面脱衣室	車いすで使用可能な洗面台
浴室		扉の変更、手すり設置、面積拡大、浴槽変更
LDK		台所設備設置、腰高収納
寝室		新設、天井走行リフト用下地、腰高収納
納戸		新設
1階全体		フローリング（床暖房）、各室新設、引戸設置（寝室―洗面脱衣室・玄関―居間・居間―寝室の有効幅員900mm）
外壁		塗り直し
外構		花壇を新設

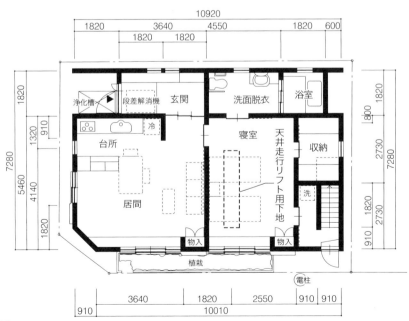

図2　改修後の1階平面図

衣室までの天井に、下地を入れた（図7）。

1階全体の住宅改修として、フローリング張りで、床暖房とした。戸は全て有効幅員900mm以上の引戸にし、車いすを使用して移動や出入りを容易にしたことで、本人は車いすに乗った状態で開け閉めができ、介助者は車いすの後方から前方に回り込んで行う戸の開閉介助が軽減された。

このように、本人の能力を活かすことで、介助者の負担を軽減する効果が得られた。

□移動しやすい配置で方向転換を最小限に

寝室の隣にトイレを配置し、寝室—トイレの動線を短くし、寝室から便器まで直進できるようにした。車いすで寝室から便器にアプローチすると、便器に座るための方向転換が必要になるので、方向転換を最小限にするため、車いすでアプローチした位置から90度方向転換できる位置に便器を配置した。トイレでは、車いすを用いてこれらの動作スペースを確保できる設計とした。手すりは、側壁にL型手すり、反対側には、寝室から車いすでのアプローチを考慮して可動式手すりを設置した。

□空間を有効に維持・確保するための収納

収納は必要不可欠であるが、置き家具が追加されるなど、ものがあふれると空間の確保が難しくなる。生活に合わせて必要な収納を確保しながら空間を維持できるように、寝室に収納空間を設けた。さらに、玄関・居間・寝室には車いすに座ったまま使用できる高さの造りつけ収納を設置した。

□将来に備えた天井走行リフト下地

車いすで移動が難しくなった時の移動を考え、介助者である妻の負担が最低限ですむ方法として、必要に応じて天井走行リフトが設置できるよう、補強材を入れることを提案し、設置した。

□廊下を設けず車いす移動の空間確保

玄関を1420mm×2100mmとし、居間への出入口の戸を3枚引戸で有効幅員約1000mm確保することで、車いすの回転スペースを確保し、出入りができるようにした。

■動作からみるおさえておきたいポイント

□寝室からトイレまでの動線とトイレに隣接した浴室の配置

寝室からトイレまでは、車いす介助で便器まで直進でアプローチできる配置にしている（図8-①a）。

夜間の際には、車いすへの移乗介助が間に合わなかったことがあったため、ベッドをトイレ・洗面脱衣室出入口前のギリギリに置き動線を短くする工夫をしている。それでも、トイレが間に合わないこともあり、その時は、そのまま隣接する浴室で洗身を行っている（図8-①b）。

図3　雨よけできる玄関アプローチ　図4　玄関昇降機

図5　一体化した洗面脱衣室とトイレ

図6　洗面脱衣室と浴室

図7　寝室と洗面脱衣室（奥）

このように、介護が必要になると様々な状況に対応できるよう、動作を考慮した動線と空間を配置することが重要である。

□**動作・車いすの空間・方向転換**

便器への移動動作は、本人がトイレ側壁のL型手すりにつかまり、立位を保持する。そのあいだに介助者は、車いすを便器横のスペースに移動させ、移乗介助の空間を確保する（図8-②）。その後、前方からの抱きかかえ介助で90°方向転換をし、立ち座り介助を行う（図8-③）。部屋に戻る際も介助者は車いすを取りに行き（図8-④）、車いすへの移乗を行う（図8-⑤）。車いすを方向転換し、トイレ・洗面脱衣室を出る（図8-⑥）。

このように、一連の動作をもとに、本人の力を引き出す物的環境（手すり）や、立ち座り介助がスムーズに行える空間を確保するために福祉機器が置ける空間、車いすで方向転換ができる空間を計画することが重要である。

（西野亜希子）

<知っておきたい用語・解説>

ADL：Activities of Daily Living の略で、移動・排泄・食事・更衣・洗面・入浴などの日常生活動作などのことをいう。

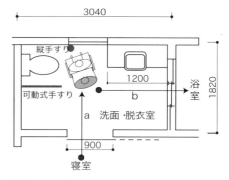

①車いすの移動動線と寝室・トイレ・浴室の配置

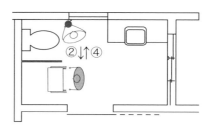

②④立位補助の手すり・介助動作の空間・車いすの空間

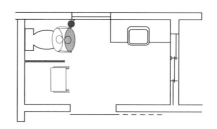

③90°の方向転換と立ち座り介助

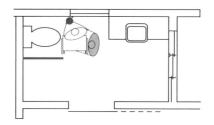

⑤車いすへの移乗

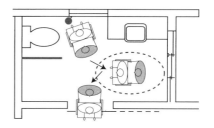

⑥方向転換と車いすの移動

図8　トイレ介助動作

設計 | 福祉 | 行政 | 研究者 | 本人

2-3 介護が必要になったら

3）認知症に求められる住環境と自宅での環境整備

■ 認知症に求められる住環境

□ 認知症の症状

認知症の症状には、大きく分けて「中核症状」と「行動・心理症状」がある。行動・心理症状は、BPSD（Behavioral and Psychological Symptoms of Dementia）と表現することもある[1]。

脳の細胞が壊れることによって直接起こる症状を「中核症状」と呼び、記憶障害や時間・場所・人物の状況を把握する能力が低下する**見当識**障害、理解・判断力の低下、実行機能の低下などが該当する。

また、その人のもともとの性格や、取り巻く環境や心理状態などの要因から、不安や焦り、うつ状態、幻覚・妄想、徘徊、興奮・暴力、不潔行為といった精神症状や行動上の問題を「行動・心理症状」と呼ぶ。このほか、原因となる疾患により違いはあるものの、麻痺などの身体症状が引き起こされる場合もある。

□ 認知症の人の生活上の困りごと

2017（平成29）年版の「高齢社会白書」に示された65歳以上の認知症患者の推定者と推定有病率によると、認知症の有病率は、年齢が高いほど高くなる[2]。認知症の人の多くは高齢者である。したがって、認知症高齢者の生活の困りごとには、認知症の症状によるものと、加齢に伴う身体機能の低下によるものが絡み合って発生する場合も少なくない。「認知症」という側面だけでなく、生活全体を捉えた住まいの環境が求められる点に特徴がある。

□ 認知症ケアと環境

認知症の人の住環境による支援においては、認知症の人ができないこと、行動・心理症状等の行動上の問題に着目をして、それに対応する環境整備に対応する製品や解決策の提案も行われている。もちろん、できないことなどの課題に着目した支援も重要であるが、認知症ケアの考え方はそれだけではない。

認知症であっても、すべての機能や能力が低下したり失われる訳ではない。残されている記憶や体に身についた動作、社会的な側面、感情を手がかりに保持されている能力を活かし、低下している能力を補いながら、一人の生活者として生きることを支援するケアが目指されている。住環境を整備する際にも同様の視点が求められるといえる。

□ 認知症の人への住環境整備のガイドライン

日本語で参照できる認知症の人への住環境整備のガイドラインに「PEAP（Professional Environmental Assessment Protocol）：認知症高齢者への環境支援指針 日本版3」[3] や「認知症の人にもやさしいデザインの手引き」[4] などがある。

PEAPは、施設で生活する認知症高齢者を想定した望ましい環境について、その考え方や具体的内容を示した指針である。アメリカで作成された環境評価者尺度の日本版を作成する際、日本の文化やケアを踏まえた指針として構成されたものである。①見当識への支援、②機能的な能力への支援、③環境における刺激の質と調整、④安全と安心への支援、⑤生活の継続性への支援、⑥自己選択への支援、⑦プライバシーの確保、⑧ふれあいの促進の8つの次元が示されている（図1）。そして、8つの次元の下に32項目の中項目、そして具体的な環境整備の例示となる小項目から構成される。表1には、次元及び中項目の一覧を示した。

また、認知症の人にもやさしいデザインの手引きは、

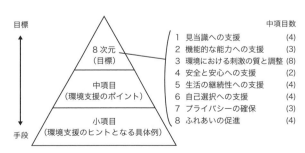

図1 「認知症高齢者への環境支援指針日本版3」の構成
（出典：児玉桂子ほか編『PEAPにもとづく認知症ケアのための施設環境づくり実践マニュアル』中央法規出版、2010、p.13,）

表1 「認知症高齢者への環境支援指針（PEAP）日本版3」の次元と中項目

次元	次元の概念	中項目
1. 見当識への支援	時間・空間・そこで行われていることを認知症のある人にわかりやすくする環境支援	1) 環境における情報の活用 2) 時間・空間のわかりやすさ 3) 居場所のわかりやすさ 4) 視界の確保
2. 機能的な能力への支援	認知症の人の日常生活動作や日常生活の自立を支え、さらに継続維持できるようにしていくための環境支援	1) 入居者のセルフケアの自立能力を高めるための支援 2) 食事が自立できるための支援 3) 調理、洗濯、買い物など活動の支援
3. 環境における刺激の質と調整	A．認知症の人の適応や感性に望ましい良質の環境の刺激を提供する B．同時に環境の刺激が過剰であったり、不適切なために混乱やストレスを招かないように調整する	A 環境の刺激の質 a-1) 意味のある良質な音の提供 a-2) 適切な視覚的な刺激の提供 a-3) 香りによる感性への働きかけ a-4) 柔らかな素材の提供 B 環境の刺激の調整 b-1) 生活の妨げとなるような騒音を調整 b-2) 不適切な視覚的刺激を調整 b-3) 不快な臭いの調整 b-4) 床などの材質の変化による危険への配慮
4. 安全と安心への支援	入居者の安全を脅かすものを最小限に留めるとともに、入居者、スタッフ、家族の安心を最大限に高める環境支援	1) 入居者の見守りやすさ 2) 安全な日常生活の確保
5. 生活の継続性への支援	慣れ親しんだ環境とライフスタイルを継続するために、個人的なものの所有や家庭的な環境づくりの2つの側面から支援する	1) 慣れ親しんだライフスタイルの継続への支援 2) その人らしさを維持するための支援 3) 家庭的な環境づくり 4) 地域の環境や文化とのつながりを図る
6. 自己選択への支援	認知症の人が居場所や好みを自己選択できるような環境支援	1) 生活の仕方や時間などを柔軟にする 2) 空間や居場所の選択ができる 3) いすや多くの小物があり、選ぶことができる 4) 居室の温度や明るさなど選択することができる
7. プライバシーの確保	認知症の人のニーズに対応して、ひとりになったり、他との交流が選択的に図れるような環境支援	1) プライバシーに関する施設の方針 2) 居室におけるプライバシーの確保 3) プライバシー確保のための空間の選択
8. ふれあいの促進	入居者の社会的接触と相互交流を助ける環境支援	1) ふれあいを引き出す空間の提供 2) ふれあいを促進する家具やその配置 3) ふれあいのきっかけとなる小道具の提供 4) 社会生活を支える

出典：児玉桂子ほか編『PEAPにもとづく認知症ケアのための施設環境づくり実践マニュアル』p.15（表1を一部改変）中央法規出版、2010

住環境をより過ごしやすい環境に整える30の具体的なポイントを示したガイドラインである。

基本的な考え方として、①記憶に頼らず行動できる空間づくり、②安心して自分で選べる居場所づくりを挙げている。具体的な5つの視点として、色の組み合わせ、サインと目印の活用、明るさの調整、親しみや安心感への配慮、安全な屋外空間の項が設けられている。

「PEAP」も「認知症の人にやさしいデザインの手引き」も、自宅で生活する認知症高齢者の環境整備に特化したものではないが、認知症の人への環境支援のポイントを理解する際のヒントに溢れている。

本稿では、PEAPの次元に沿って、自宅で生活する場合に起こりうる認知症の人の生活上の困りごととそれに対応する住まいの環境の具体例について紹介する。

■環境整備の事例

1. 見当識への支援

認知症により見当識が低下する人に対し、空間・時間・そこで行われていることを分かりやすくする環境支援を指している。例えば、日にちや時間を確認する方法は人それぞれであるが、カレンダーで確認することが多い人の場合は、日にちや曜日を識別しやすい書体やコントラストのはっきりしたデザインのカレンダーを選ぶことで見当識の低下を補った事例がある（図2）。

また、夜間にトイレに立つ場合、暗がりでトイレの場所が分からなくなることがある。こうした場合、トイレの照明をつけっぱなしにしておく、あるいはトイレへの

図2 日にちを確認するためのカレンダー

図3 洗濯機の操作手順がわかるよう番号を書いたシールをスイッチに貼っている

図4 インターフォン機器の通電を示すパイロットランプにテープを貼り隠している

経路に足元灯などを設置し光を用いて誘導することで迷わずにトイレに到着できるようにする事例が見られる。また、各部屋の入口に「トイレ」「お風呂」と貼り紙をして情報を補った事例や、トイレの便器の位置が分かりやすいよう白い便器に対し、ブラウンの床材や壁紙を使用することでトイレの便器を識別しやすくする工夫などがある。

2. 機能的な能力への支援

日常生活動作や日常生活の自立を支えるとともに、動作を継続する環境支援が求められる。認知症の人の現在の能力でできること、難しくなっていることを見極めることが重要になる。

例えば、これまで洗濯機の使い方がわからなくなった場合、洗濯機の操作を禁止したり誰かが代行するのではなく、操作板に操作する順番を示したシールを貼るだけで、洗濯機を使えるようになった事例がある（図3）。

また、身体機能の低下で、床座（床に直接座る生活スタイル）が難しい場合は、鏡の高さ、物の置く場所を認知症の人が取りやすい位置に変えることで身だしなみを整える、食器を取り出すことが可能になる。

3. 環境における刺激の質と調整

環境における刺激には、良い刺激と悪影響を及ぼす刺激の両方があり、これらの質と量を調整する環境支援である。

例えば、家電製品の電源が入っていることを示すパイロットランプは小さいが強い光に感じる場合がある。その光が気になって、何とかして消そうと試みたり不安に感じるような場合、ランプ自体を覆って目に入らないようにした事例がある（図4）。

また、家の中に差し込む光は季節や時間帯によって異なるため、時に眩しさにより不快に感じる場合がある。光が差し込むことが一概に悪い刺激になるわけではないため、カーテンやブラインドによって認知症の人に合わせて刺激を調整している事例がある。ポータブルトイレを使用している事例では、家の中に尿臭が篭らないよう1年中扇風機を使って室内の空気を循環させることもある。

一方、認知症の人の生活を彩る刺激もある。手に触れる家具やファブリックの素材を認知症の人が好きな質感のものとする、認知症の人が好きなものを飾るといったインテリアの工夫も刺激には重要な要素といえる。

4. 安全と安心への配慮

認知症の人、また高齢者への環境支援の中で、安全面の配慮は広く実践されている。安全と安心への配慮は、安全を脅かすものを最小限に留めるとともに、認知症のある人や介護者の安心を高める環境支援といえる。

高齢者一般の環境支援では、玄関マットやラグなどの敷物は転倒防止の観点から取り除いた方がよいと推奨される場合がある。認知症の人の場合、転倒につながる点に加え、床材の材質の変化や色の変化のある箇所が段差に見えたり、穴が空いているように誤認することがある。マットやラグの必要性を判断した上で、誤認につながるものは取り除くことも安全性を高めることにつながる。

また、衣類の着脱や靴の脱ぎ履きに時間がかかる場合、あるいは時間はかかるけれど自分でできる場合は、動作を安定して行うことができる環境支援が考えられる。例えば、衣類の着脱を行う脱衣室、靴の脱ぎ履きを行う玄関に椅子を設置しておくことで、安定した姿勢で自分のペースで動作を行うことを支援していた事例がある。

安心面については、例えば、日中家族が不在の場合で、緊急時に連絡できるよう家族の職場や連絡先、ケアマネジャーの事業所の電話番号を1枚の紙にまとめて記載している事例があった。その紙を認知症の人のいつも座っている椅子から見える食器棚に貼られていることで本人

が安心して過ごせることにつながっていた。

5. 生活の継続性への支援

慣れ親しんだ環境とライフスタイルを継続するための環境支援である。認知症の人の人生が感じられる写真や思い出の品を飾ることが自己表現につながっていた事例、趣味活動が続けられるよう道具やその配置、手順などを工夫した事例などがある。

6. 自己選択への支援

日常生活は選択の繰り返しともいえるが、認知症によって、できることが少なくなったり失敗を繰り返すことで、自信をなくしてしまい自分で選択することに消極的になる場合がある。認知症の人の自己選択を支える環境支援には、衣服の選択に迷わぬよう衣類の数を減らす、乱雑になりがちな引き出しではなく、棚やラックにかけて収納するといった事例がある。遂行機能障がいにより、調理の全行程を担うことが難しくなった場合でも、味付けは認知症の人が行うことができるよう調味料を1か所に並べて選べるようにした事例もみられた。そのほか、自宅の中で居場所といえる場所を複数設け、気持ちを切り替えたり、自分で過ごす場所を選ぶことができるようにする取り組みもみられる。

7. プライバシーの確保

認知症の人が、ニーズに応じて一人になれたり、他との交流が選択的に図れるような環境支援といえる。施設では様々な方法で取り組まれている要素である。自宅の場合、排泄用品などが裸の状態で置かれている場合も珍しくないが、尿パットなど排泄用品を家族や来客の目につきにくい場所に収納している事例があった。家族で生活しているゆえ気がつきにくいが、プライバシーに関する意識は人それぞれであり、認知症の人も同様である。

8. ふれあいの促進

認知症の人が社会的接触と相互交流の促進を図れる環境支援である。認知症が進行し、自ら友人を訪ねに行くことが難しい事例では、高齢の友人が困らないよう友人と家族のために手すりを設置し、変わらず人との関わりを保っていた。ふれあいの促進に関わる環境支援については、自宅の中だけでなく、地域の環境や資源もふれあいを支える重要な要素である。

（大島千帆）

参考文献

1) NPO法人地域ケア政策ネットワーク『認知症サポーター養成講座標準教材　認知症を学び地域で支えよう』2018、p.6
2) 内閣府「平成29年度版高齢社会白書」2017　https://www8.cao.go.jp/kourei/whitepaper/w-2017/zenbun/29pdf_index.html
3) 児玉桂子 ほか編『PEAPにもとづく認知症ケアのための施設環境づくり実践マニュアル』中央法規出版、2010、p.13～15
4) 福岡市「認知症の人にもやさしいデザインの手引き」2020　https://www.city.fukuoka.lg.jp/data/open/cnt/3/74905/1/tebiki-HPpdf.pdf?20221206091959

注
・本稿で用いる写真の一部は、筆者がこれまで訪問した住宅で実施されていた環境支援を再現した写真であり、認知症の人が生活する住宅の写真ではない。

＜知っておきたい用語・解説＞

見当識：現在の年月や時刻、自分がどこにいるかなど基本的な状況を把握することを指す。

| | 設計 | 福祉 | 行政 | 研究者 | 本人 |

2-3 介護が必要になったら

4）天井設置型の見守りセンサの活用事例
見守りセンサにより介護職員と利用者の距離感を適切に保つ

概要
- 所在地/形態：千葉県/特別養護老人ホーム
- 設置場所の広さ：約20㎡
- 設置場所・検知範囲：天井・部屋全体（約10畳）
- 検知対象：起床、離床、転倒・転落、呼吸に伴う体動
- 設置の効果：エビデンスに基づく安全確保とケアの質の維持・向上
- センサ：コニカミノルタ HitomeQ （ひとめく）ケアサポート
  https://www.konicaminolta.com/jp-ja/care-support/

■導入の経緯とシステムの特徴

　この特別養護老人ホームでは、利用される高齢者がベッドから起き上がる際などに転倒・事故を予防するため、ベッド横にセンサマットを敷いていたほか、ナースコールによる呼び出しを受け付けていた。しかし、センサマットで検出できるのは、利用者がマット付近で起き上がったり、立ち上がった状況のみであったため、状況確認のために介護職員がいち早く駆けつける必要があった。さらに、実際に行ってみると、特に危険はない状況（寝返りを打ったのみなど）も多かった。介護人材が集まりにくい状況でケアの質を維持するためには、少人数でも利用者への対応を効率化する方策が求められる。このため、見守りセンサシステムの導入がなされた。

　本センサシステムは天井に固定する行動分析センサ（図1）、居室に取り付ける呼び出し用ケアコールスイッチに加え、スタッフコーナーに配置するシステム管理サーバから構成される。天井に固定されるセンサは、行動分析とカメラ撮影の機能を持つ。行動分析の機能においては、起床、離床、転倒・転落に加えて、呼吸に伴う体動を検知可能であり、検知範囲は約10畳である（図2）。前述の検知が行われた場合、ネットワークを介して介護職員のスマートフォンにリアルタイムに通知される。

　通知内容は、利用者のADL（日常生活動作）ごとにパッケージ化されている。この通知を受け取った介護職員は、通知が届いた際の利用者の状況を、行動分析センサに内蔵されたカメラで記録された静止画・動画で閲覧できるため、駆け付ける必要の有無を判断できる。なお、このカメラで閲覧できるのは、通知された前後の約1分ずつであり（コール呼び出しも同様）、利用者のプライバシーへの配慮がなされている。さらに、カメラで撮影された動画はサーバ上に記録でき、改めての状況の確認・分析が可能になる。サーバ上には、他に利用者の移動量、睡眠状態の記録もでき、長期間（半年間など）における活動状況の変化などを見ることができるほか、ADLの自動判定機能なども可能となった。

図1　天井設置型の見守りセンサ

図2　天井設置型センサの設置例

■本システム導入後の状況

　検討段階では、カメラがあることに対する抵抗感もあったが、既に導入された施設を見学できたことで、監視カメラとは違うものであるとの認識に変わったと介護職員・施設管理者は述べていた。導入初期は慣れるのが大変だったようだが、メーカサポートがあることで安心して利用を継続できたようである。本システム導入により、事故発生時の客観的なエビデンスが得られる点が良く、利用者の安全のみならず施設側の信用をも守るものであるとの認識を述べていた。

　行動分析センサの取付け位置は、利用者の居室のみとし、トイレには設置していない。なお、居住スペース内の共用部には防犯カメラを取り付けてあった。稼働の際、利用者の家族には事故防止以上の目的では利用しない旨を説明し、同意を得ていた。

　本センサで検知して通知する項目は、利用者ごとに施設管理者側で**カスタマイズ**していた。特に、利用者が体調を崩した際などには微調整し、推移を見守っていた。この調整に伴って介護職員への通知の頻度は増したが、業務への悪影響はなかったとのことであった。特に、転倒以外の状況が検知され、介護職員が通知を受けた際でもカメラ映像を確認することで自分の目で状況がわかったため、駆け付ける必要性を判断できたとのことである。特に、新型コロナウイルス感染症（COVID-19）の感染防止対策が義務化されていた際、接触を最小限にする必要があったため、この機能が役立った。なお、本センサでの見守りが特に効果的である利用者は、体の痛みがある認知症がある方や、腰などに不安がある方であり、あまり動かれない方においてはそれほど必要ではないとのことであった。

　カメラで記録された映像は閲覧する以外に、事後分析の際にも使えるようになった。本システム導入前は、転倒などの事故の原因などは推測するほかなかったため、明確ではない根拠のもとでの対策しか立案できなかった。一方で、本システム導入後は、実際の事故の状況を目視で確認できるため、明確な根拠を持って事故対策などを行えたとのことである。

　さらに、スタッフコーナーにもパソコンを配置して管理者側も履歴動画を閲覧可能にしたことで、現場にいる介護職員だけでは容易ではない映像分析や夜間の行動・睡眠状況の分析を円滑に行うことができ、現場へのケアに関するフィードバックをできるようになった。具体的には、ベッドや家具の位置やクッション材の配置などの居室環境の整備、出入りの際の動線の考慮などに反映できた。加えて、新人介護職員における駆けつけ対応の改善などにも反映でき、利用者のペースに合わせて自然な関わりを行えるようになったようである。

　本システム導入後で唯一不安視された点は、介護職員がシステムに頼り過ぎてしまうために、一種の「勘」が失われる可能性がある点であった。特に、利用者の動きの兆候を掴む能力が鈍ってしまう可能性がある点を述べていた。介護職員の中には、介護職員が本システムなしでの介護を行うのが恐ろしくなった、と述べる者もいたそうであった。この点においては、見守り技術の発展・普及だけでなく、介護する側における技術の使い方やその延長での介護技術の高め方における発展も必要であるといえる。

■施設におけるシステムの受容と環境向上への貢献

　本システムの導入においては、その導入に理解のある施設管理者の存在が不可欠である。トップが新しいシステムの導入に抵抗感がないために、導入に踏み切りやすい。本件においては、メーカサポートの充実を施設管理者・介護職員ともに述べており、**技術受容**を行いやすい状況になっているといえよう。

　また、本システムの導入による人材獲得・維持という観点でも、副次的効果の可能性が述べられていた。実習で受け入れた学生や、中途採用の職員には、自分も働きたいとのリアクションが得られ、働きやすい職場として良い印象を与えられそうだとの意見であった。介護職は短時間における同時処理的な支援を利用者に行う必要がある。この負担を軽減し、作業効率化の支援システムが入っていて、なおかつ職員がスムーズに利用している状況は、介護職にとって働きやすい職場である。また利用者にとっても介護職に遠慮なしに支援を求められる場だといえ、結果的に見守りセンサは二者の距離感をより適切に保てるものと考えられる。

（三浦貴大）

＜知っておきたい用語・解説＞

・**カスタマイズ**：要件に合わせ設定を変更すること。

・**技術受容**（Technology acceptance）：利用対象者が技術を受け入れて利用していく状況やその過程。

設計　福祉　**行政**　研究者　本人

2-3 介護が必要になったら

5）可搬設置型の見守りセンサの活用事例
見守りセンサにより介護職員・利用者の負担を軽減する

概要
- 所在地/形態：千葉県/特別養護老人ホーム・ケアハウス
- 設置場所：ベッド付近、壁/突っ張り棒で固定
- 検知範囲/対象：ベッド付近（調整可能）/ベッド上における起床、離床、転倒・転落、体動の有無、ベッドからのはみ出し・立ち上がり
- 設置の効果：利用者・介護職員における精神的・身体的負担の軽減
- センサ：キング通信工業 シルエット見守りセンサ
  https://www. king-tsushin. co. jp/solution/wos_solution/

■ 導入の経緯とシステムの特徴

　この特別養護老人ホームでは、高齢者がベッドから起き上がる際などに、転倒・事故予防のための離床センサや呼び出し用ナースコールを設置していた。しかし、通知時に駆けつけた際の誤報が多かったことに加え、離床センサでは事故そのものは防止できない点を問題視していた。また、夜間帯は介護職員の休憩のタイミング次第で、事故防止対応が困難になる点が予想されていた。一方で、事故などの発生状況の分析に当たって、より詳細なエビデンスも必要であった。様々な問題がある中で、本施設では各社センサの運用しやすさを調査・比較の上、各種補助金を活用し、この見守りセンサシステムを導入することとした。

　本センサシステムの構成は、2-3-4のものと概ね同一ではあるが、異なる点がいくつかある。まず、行動検知・撮影を行う見守りセンサ（図1）が可搬設置型である。本センサでベッド全体を撮影できるよう、壁に設置もしくは突っ張り棒を設置して取り付ける（図2）。このセンサで、利用者がベッドから動いた場合に通知を送る仕組みとなっている。前述の検知が行われた場合、介護職員のスマートフォンにリアルタイムに通知される。通知された際の状況は動画で閲覧できるが、利用者のプライバシーへの配慮のためにシルエットとして記録される（図3）。なお、本センサには赤外線LED以外に撮像できる装置はないため、シルエットの動画像（**距離画像**）以外は記録されない。通知に際しては、検知された場所を赤枠で囲って表示できる。介護職員は、この動画をもとに利用者の状況を判断の上、駆け付ける必要があるかを決める。なお、本システムにおいては施設内にサーバの設置を行う必要はなく、その場合は動画をこの見守りセンサの中に残せる。この動画データに関しては、所定の日程ごと（約1か月など）に削除したり、古いデータから削除する設定にもできる。施設内サーバを設置した場合は、そちらに記録として動画を残すことができ、パソコンやスマートフォンなどで後から履歴を閲覧・分析可能である。

図1　可搬設置型の見守りセンサ（左：前面、右：背面）

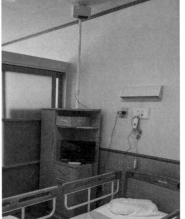

図2　可搬設置型センサの設置例

図3 シルエットとして記録された動画像の例

■本システム導入後の状況

導入にあたって、施設管理者・介護職員からはシステムへの抵抗感や使用感に対する困難さは報告されなかった。最近では情報機器を使える方が増えており、60歳代後半の職員でも問題なく使用可能である。利用者の親族からの設置に際しての抵抗感も天井設置型と同様になかった。記録内容がシルエット化される点を説明している点が効果的であった。また、利用者（導入以降5年で100人以上）からも、これまでに苦情はなかった。

見守りセンサの設置は、介護職員が行っている。まれに認知症のある利用者がセンサを固定した突っ張り棒を動かそうとすることがあるため、棚の後ろなど手の届かない所に突っ張り棒を設置するなどの工夫を行っている。

本システムによる通知は、車いすで自走される方が多く、特に移乗が難しい方でより多い。また、シルエットとして記録された動画像を個人端末（スマートフォン）で見られる環境が整ったことで、夜間帯における介護職員の精神的負担が小さくなったとの報告もあった。なお、シルエット画像から利用者の状況を判断する場合、静止画だけで行うのが難しいこともある点が介護職員より述べられた。ただし、動画として見れば、どの介護職員でも特に難なく判断できるとのことだった。なお、若い職員であるほど、シルエット動画の活用により興味を持つようであった。

記録されたシルエット動画は、利用者において転倒などの危険につながる動きがないかの確認に加え、環境整備にも活用した。特に、起き上がりに苦労している利用者に対しては、追加の手すりを足すなどの対応などが行えた。また、2023年4月時点では、本システムの個数に限りがあったため、シルエット動画をもとに他のセンサ（離床センサマットなど）での検知でも問題ない利用者であるかの判断根拠としても用いていた。

本施設において、この動画をケアにフィードバックする例はまだ発展途上だが、少なくともケアの質を維持・向上する上での基盤整備に本システムが役立っている点が述べられた。特に、駆け付ける頻度が減ったことで、各種対応が中断されずに作業時間が短縮できた。また、複数の通知が届いた場合でも、どこに先に駆け付けるべきかの判断をシルエット動画より判断できるため、介護職員にとって精神的にも身体的にも負荷が低減した。

さらに、本システムによって利用者への対応が記録される点が、介護職員にとっての意識付けにもつながるとのことである。「見られている」という意識を持つことで、利用者への対応をより注意して行うと介護職員は述べていた。

■精神的・身体的負担を減らす

本システムの導入には理解のある施設管理者の存在が不可欠である。また、本件においてもメーカサポートの充実を施設管理者・介護職員ともに述べており、技術受容を行いやすい状況になっていた。

また、本システムを導入したことで、従来使用していた接触型の体動検知センサ（ピンセンサ）の使用頻度を減らすことができた。このピンセンサは、利用者の体とベッドに固定されたセンサとの間にケーブルを挟むものであり、身体的負担は最小限ではあるものの、一種の身体拘束が起こりえる状態となっていた。シルエット見守りセンサにおいては、直接的ではないものの、一種の拘束は多少なりとも起こり得る。ただ、この拘束の程度を緩和でき、利用者の負担が抑制できると介護職員は述べていた。以上から、本システムの導入により、従来よりも利用者・介護職員の精神的・身体的負担を軽減可能といえる。

（三浦貴大）

＜知っておきたい用語・解説＞

距離画像：赤外線などの反射光を用いて計測した空間中物体までの距離を、濃淡で表現した画像。

2-3 介護が必要になったら

6）介護施設の新しい姿を示す木造・分棟型の計画
ケアタウン小牧　特別養護老人ホーム幸の郷

> **概要**
> - 所在地：愛知県小牧市
> - 事業主：社会福祉法人元気寿会
> - 設計：大久手計画工房、樽建築設計室
> - 施工：山旺建設（株）
> - 定員：特別養護老人ホーム100人、ショートステイ18人、デイサービス30人
> - 構造：①木造耐火2階建て×3棟、②木造準耐火2階建て×1棟（一部燃えしろ設計）
> - 延床面積：① 4,292m²　② 934m²

■施設種別の概要

□居室個室化とユニット化の流れ

特別養護老人ホーム（以下、特養）は1963年の老人福祉法制定時から存在する施設種別である。原則要介護3以上の重度要介護の高齢者が対象となる。

これまで段階的に居室面積の拡充などが行われてきたが、特に2000年の介護保険導入を機に施設のあり方に大きな変化がもたらされた。介護保険対象の施設（介護老人福祉施設）として位置づけられ、それまでの措置入所から入居者との直接契約による入居となった。このことは、各施設が利用者にハードとソフト両面から「選ばれる」施設づくりが求められるようになったことを意味する。

さらに2003年には、従来の4人室から個室の居室を原則とし、かつ10名程度の人数で一つの生活単位を構成する「ユニット型」と呼ばれる型が創設された。以降、制度上では多床室で構成される「従来型特養」と、個室でユニット型の「ユニット型特養」とが併存することとなる。現在ではユニット型が従来型の施設数を上回っているが、依然4床室主体の従来型施設も数多く存在する。

2022年10月1日現在、広域型の入居にあたり居住地に制限のない特養施設数は8,494施設、市町村により指定された事業者がサービスを提供し、その地域に住む住民だけが利用対象となる定員が29人以下の地域密着型が2,502施設である[1]。老人福祉法に基づく基準では、それまで「入所」と記されていた表現もユニット型施設では「入居」と改められた[2]。またユニット型特別養護老人ホームは、「入居者一人一人の意思及び人格を尊重し、入居前の居宅における生活と入居後の生活が連続したものとなるよう配慮しながら、入居者が相互に社会的関係を築き、自律的な日常生活を営むことを支援する」（第33条要約）ものとして定義され、介護の場である以上に居住の場としての位置づけが明確化されている。それに対して従来型施設は、「入所者の処遇に関する計画に基づき、可能な限り、居宅における生活への復帰を念頭に置いて、入浴、排せつ、食事等の介護等を行うことにより、入所者がその有する能力に応じ自立した日常生活を営むことができるようにすることを目指す」（第2条要約）ものとして定義され、介護のための入所施設の意味合いが強い表現になっている。それぞれ「入所」「入居」の用語の扱いからも、その意図と違いが分かる。

□施設整備上の基準

ユニット型の施設は、ユニットと呼ばれる生活単位（介護単位、空間単位）から構成され、そのユニットは「おおむね10人以下としなければならない」とされてきたが、2021年度の介護報酬改定により「原則として10人以下とし、15人を超えないものとする」とされた。居室は個室（10.65m²以上）で、ユニットは居室や「生活共同室」と呼ばれるリビング・食堂・キッチン空間、トイレや浴室等からなる空間で構成される（図1）。

■個別ケアを実践する特養

愛知県小牧市に所在するこの施設は2016年に竣工した定員100人の特別養護老人ホームである。延床面積は4,300m²と規模は大きいが、10人単位のユニット×10ユニットで構成され、さらに3つの棟に分棟（各棟2ユニット×2階建）配置されている（図2、図3）。各棟それぞれに独立した玄関を設け、棟単位で直接の出入りができるようになっている（図4）。各棟で生活、食事、入浴など基本的な生活すべてが完結できる。

またこの施設は、一人ひとりの個性と生活リズムを尊重した「個別ケア」をハードとソフトの両面から適切に実践している優れた施設として、厚生労働省によりユニットケアの実地研修施設として指定[*1]を受けている。

■おさえておきたいポイント

□分棟化と木造・木質化

大きな施設を一体ではなく分棟化して建設することで施設を住宅サイズに近づけることができる。また木造化することで、RC造や鉄骨造に比べて軽いため杭工事も不要となりベタ基礎で造られている。木造在来構法での建設により地元の工務店でも工事できる規模となり、地域経済の循環にも資する。積極的に県産材を活用することで、森林整備加速化・林業再生事業補助金を受けた。

分棟化し2階の床面積を300㎡以下としたことで内装制限を受けない建物となり、内装に木材・木質系素材を多用することが可能となっている。家庭的で柔らかな、温かみのある空間づくりにつながった[3]。

分棟化と木造化の計画は、中長期的に見た際の施設の変化にも対応しやすいものとなる。増改築における容易さに加え、例えば将来、一つの棟を別の建物用途（例えばシェアハウスや集合住宅など）に転用していくことも可能となる。

□地域に開く機能と街的な配置計画

居住用10ユニット、ショートステイ用2ユニットが3棟に分かれて配置されているほか、中央には事務機能、デイサービスセンター、地域交流機能を持った準耐火建築の建物（中央棟）がある。この中央棟では燃えしろ45mmを取ることで、無垢のヒノキの柱をそのまま化粧として見せている（図5）。

地域との接点となる前面にコミュニティカフェ、コミュニティサロン、日曜大工道具の貸し出しや菜園講習ができて、屋外には非常災害時の炊き出し機能をもつ工房（図6）、地域に開放されるレンタルスペースを配置することで、介護施設の中にある地域交流スペースというイメージではなく、地域・街の中に介護施設がある、というような印象を与える。居住棟3棟は、中央棟から外部空間を介してアプローチできる配置となっている。また、前面にピロティ空間を置くことで、立ち寄りやすい空間にするとともに、マルシェ（月1回開催の朝市）など地域イベントが開催しやすい構成となっている。4棟の構成と、そこからつくり出される景観は街そのもの、住宅団地のようでもある（図7）。

図1　ユニットの共同生活室（リビング）

図2　外観

図3　配置図

図4　ユニット玄関

図5　ふんだんに木材を活用した中央棟

図6　かまどを備えて炊き出し機能のある屋外

図7　複数の住宅が集合した街のような景観

と同時に柔らかい素材は転倒時の安全性確保にもつながっている。なお、建物の入口は自動ドアではなく、全て手動の引戸としているなど、施設感を出さない工夫が随所に見られる。

（石井敏）

注
* 1：一般社団法人日本ユニットケア推進センターによる選定施設。2023年3月現在、同センターにより全国70数か所の施設が研修施設として指定されている。

参考文献
1) 厚生労働省　令和4年介護サービス施設・事業所調査　https://www.mhlw.go.jp/toukei/saikin/hw/kaigo/service22/index.html
2) 厚生労働省「社保審─介護給付費分科会　第196回（R2.12.9）資料2」　https://www.mhlw.go.jp/content/12300000/000703101.pdf
3) 木を活かす建築推進協議会「木を活かした医療施設・福祉施設の手引き」2020

□暮らしと介護を両立させる平面計画

ややもすれば全ユニットが同じパターンでつくられることが一般的な平面計画だが、敷地形状や全体配置、ランドスケープの観点から各ユニットの平面と構成に変化を持たせている点も特徴的である（図8）。

各フロア2ユニット構成で、いずれも共同生活室を中央に置いて居室ゾーンを2つに分け、見通しが効きすぎないように角度をつけて居室ゾーンを配置するなど工夫が見られる。

浴室と汚物洗濯室はユニットの外側に配置し、両ユニットで使えるよう、また特別浴室（特浴）は棟ごとに1つ設けて共用できるようにしている。事務・休憩室は2ユニット両側からアクセスできる配置として、夜間勤務（2ユニットに1人職員）に対応した計画としている。職員が多くの時間滞在することとなるキッチンと事務・休憩室とを近接・隣接させている点も職員の介護動線や行為を十分に意識した細やかな計画である。

トイレは居室2〜3室で1か所の設置としている。共同生活室は食事とくつろぎの行為に応じた滞在を可能とするよう分散して配置されている。廊下はタタミ仕上げとなっているところもあり、住宅的な雰囲気をもたらす

> ＜知っておきたい用語・解説＞
>
> **ユニットケア**：10名程度の少人数を単位とした生活空間と介護単位の中で、個別ケアの実践を目指すケア。

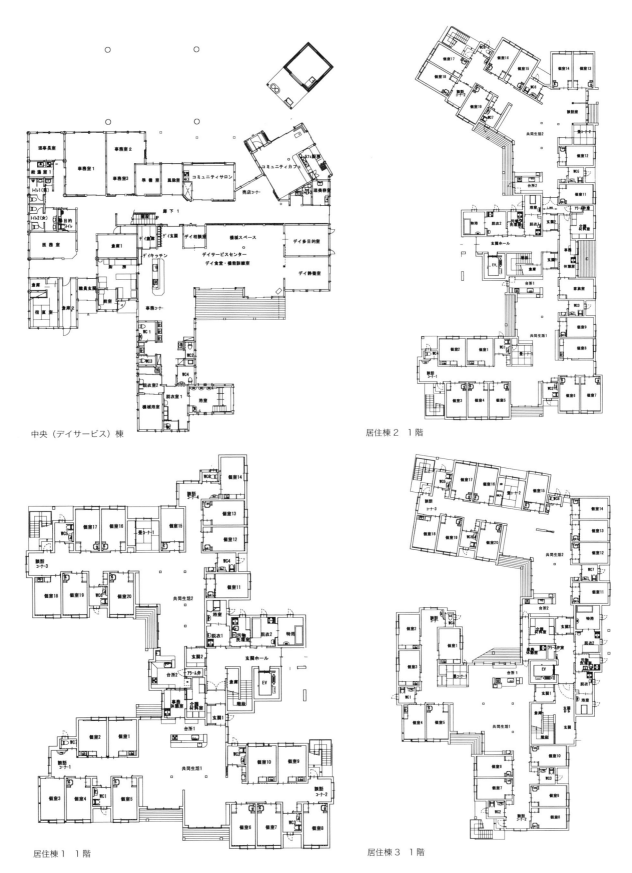

中央（デイサービス）棟　　　　　　　　居住棟2　1階

居住棟1　1階　　　　　　　　　　　　居住棟3　1階

図8　平面図

2-3 介護が必要になったら

7) 物理的環境が認知症を支えることを実証
認知症高齢者グループホーム　こもれびの家

設計　福祉　**行政**　研究者　本人

概要
- 所在地：宮城県名取市
- 種別：認知症高齢者グループホーム（認知症対応型共同生活介護）
- 敷地面積：11,514㎡
- 延床面積：392㎡
- 設計監修：外山義
- 設計・監理：東北設計計画研究所

■「こもれびの家」の価値と特徴

□ 特徴

「こもれびの家」は、認知症のための**グループホーム**（認知症対応型共同生活介護、以下 GH）である。認知症の人の居住、さらには高齢者施設全般の環境や空間づくりのあり方において大きな知見を提示し、一時代に大きな功績を残した。開設後 25 年以上を経た現在でもその建築空間的な質の高さは色あせることがない[1]。

めまぐるしく変わる厚生行政・制度の中にありながら、決して「古く」なることなく存在し続けられるこの暮らしの場には、認知症の人のための暮らしの環境の本質を備えた計画・設計がされていた。その価値が社会に還元されることを支えたのは、調査研究の知見を計画に反映させた計画者、計画者の意図を汲み取りながら意匠としてまとめ上げた設計者、さらにはその空間の質や価値を学術的な側面から実証してきた研究者、三者の長年にわたる取組みとその成果だった。

小規模な建築ながらも介護施設のあり方に与えた影響は大きい。「高齢者施設の建築は、つくられたその時に完成する作品ではなく、その後の長い生活の中で、利用者が時間をかけてつくりあげるものである」という設計監修者の思いが結実した事例である。

「こもれびの家」は宮城県で最初の認知症高齢者 GH として 1997 年 4 月の GH 制度化を見据えて県主導で計画された。現在、全国に 14,000 を超える GH が存在するが、当時は全国でも 10 数か所という状況だった。

2000 年の介護保険制度施行以来、民間事業者も参入可能となった GH 事業だが、現在ある GH の状況を見ると、その暮らしの場としての物理的環境の質は決して高いものとはいえない。認知症のある人が住む単なる集住の器として計画されているものが多いのが現状である。介護保険制度の中での運営や、建設費補助金（交付金）削減の中で建設コストを下げることを目指す動きは当然の流れでもある。しかし、空間など物理的な環境自体が認知症のある人にとって重要な要素であることを忘れたかのように開設・運営される昨今の状況は、GH の理念とその本質を考えると残念な状況でもある。

その原点をあらためて示す標としても、「こもれびの家」の価値を再認識することが期待される。

□ GH の設置基準

GH の設置基準としては、1 ユニットあたりの定員は 5 〜 9 名で、原則個室（7.43㎡ 以上）、その他に居間・食堂・台所・浴室を備えることとされている。2021 年度の介護報酬改定で、設置できるユニット数が「3 以下」に緩和された。

■ 計画の背景

□「こもれびの家」の計画

計画にあたっては、認知症のある人にとってどのような空間が望まれるのか、どのような平面計画が望まれるのか、どのような場をつくることで、認知症の症状を穏やかにし、また高齢者の生活の質を向上させることができるのかという、本質的な問いに正面から向き合い取り組まれた。「こもれびの家」以降に計画された先駆的事例の「お手本」[2]にもなった、空間が人と認知症を癒し和らげるということを立証した空間環境である。

大規模施設のアンチテーゼとして登場したこの GH は、従来の施設環境づくりの発想とは根底が異なる。施設を「暮らしの場」として計画した日本で最初の本格的事例の一つである。以降、大規模施設が個室・ユニットケアへと向かう流れをつくった。

□ 調査から得た課題と仮説

　設計監修者の外山は 1980 年代スウェーデンにおける調査研究での実践から、認知症高齢者の生活を支える場所として効果を発揮し始めていた GH にいち早く着目した。北欧で主流となっていた GH の空間は、個室の居室とグループメンバーが集うリビング（共用空間）が直接的につながる単純なホールタイプ（囲み型）の平面構成だった。日本に GH という概念が採り入れられる際にも、このような形態が GH の「型」として導入され、同様の平面構成で計画されるものが大多数だった。

　GH の制度化をにらみ厚労省（当時、厚生省）が全国社会福祉協議会に委託した調査研究事業（1995 年）の中で、当時の先駆的な 3 事例において空間利用の調査が行われた。その調査から、北欧で主流となっていた前述の平面構成が、必ずしも日本人のコミュニケーションや滞在の形に適した形態とはいえないこと、また、個室対共用空間という 1 対 1 の構成が、自発的に空間を選択利用することが難しい認知症のある人にとっては、その行動や行為に自由度を与えない、閉じた生活をもたらしてしまう要因になること、単純な空間構成からは単純な生活展開しか生まれ得ないこと、また空間の形や家具の配置が認知症高齢者の生活構成に大きな影響を果たすことなどの知見が得られた[3]。

■ 課題を解決するための取組み

□ 仮説の計画・設計への援用

　これらの成果を踏まえて、日本にあった GH のあり方を模索した。そのような中で宮城県のモデル事業として

図 1　外観

図 3　食堂に隣接するたたみの小上がりからの眺め

図 2　平面図

進められたGH計画に携わる。設計は東北設計計画研究所が受け、外山が設計監修という立場で関わった。計画における双方のやりとりの記録[4]からは、北欧から輸入された従来の形態ではない、日本の風土、そして立地する環境にあった、新しいGH像を目指して計画が進められたことが伺える。このような経過の中で出来上がったのが「こもれびの家」である（図1、図2）。

計画・設計では、前述の研究知見とそこから得られた仮説がベースとなって進められた。個と集団とをいかにしてつなぐか、また認知機能の衰えた認知症のある人が使いやすい、心地よい空間づくり、空間構成とはどのようなものか、研究成果で得られた課題を実践の中で解いていく試みがされた。こうして、従来のGHの空間づくり、高齢者の施設空間、環境のあり方を根本から問い直す認知症高齢者のための暮らしの場がつくりあげられた。

□仮説の検証・実証

以上のような背景・経過の中で、仮説を検証・実証し、初めてこの空間の意味や価値が明らかになるという理念のもと、各空間の実際の使われ方をつぶさに調査分析した。そこから次のような価値が見い出された[5]。
①居室と共用空間とを緩やかにつなぐ平面構成
②認知症のある人がごく自然に居心地のいい空間を見つけ、滞在できるように配慮された大小様々な居場所
③認知症の人の個性が空間の利用の仕方に反映することを支えた各空間要素
④環境への「なじみ」を支える環境

■おさえておきたいポイント

□他者と緩やかにつながる—リビング・いろり・和室

これまでのGHでは、その空間構成上、居室を出ると強制的に人と関わらなければならなかった。ここでは、様々な共用空間を分散配置するとともに、居室前に緩衝帯を設け、「集まる」形を限定していない。

□選択できる—小上がり(たたみ)・踏み込み・玄関・縁側・中庭

キッチン脇の小上がりでは、リビングでの様子を眺めたり、個人での利用、数人で交流している様子が眺められる（図3）。居室前の踏み込みにあるベンチは、一人でいながら廊下・中庭を通して視覚的に他者と交流する場でもある（図4）。居室で一人でいることとは異なる意味を与える。玄関や縁側など、多様な形で滞在する場所があり、多くの行為を生み出す（図5、図6）。人を感じながらも一人になる空間は、GHという共同生活だからこそ重要となる。

□五感を使い感じる

—キッチン・中庭・縁側・和室・小上がり・囲炉裏・廊下

キッチンはオープンカウンターで、調理に参加しない人も食堂から眺め、匂いや音を感じながら、自分の出番をうかがい自発的に参加することができる（図7、図8）。また「これから食事だ」ということをスタッフに言われなくても感じることができ、自立を促し日常生活のリズムを作る。リビングや廊下、縁側などは、屋外を眺めて自然や季節を感じたり、中庭を介してリビングや玄関の

図4　居室前の踏み込みにあるベンチ

図5　玄関の滞在スペース

図6　手すりとなる窓枠

図7　食堂

図8　五感に働きかけるオープンカウンターキッチン

様子を眺める場にもなっている。廊下には中庭からの心地よい陽光が差し込む。座敷の囲炉裏は冬を感じさせ、昔の記憶に訴える。空間そのものが五感に訴える。

□**自らコントロールできる個人を支える空間**—個室の居室

　全室個室で、居室の廊下側に面した利用者自らコントロールできる障子窓や、縁側を持つ居室、夫婦居住に対応した続き間の設置など伝統的な手法で公私の空間を作り出す。「他人」とともに住む形とは何か。空間の構成が大きな鍵をにぎる。

（石井敏）

<知っておきたい用語・解説>

グループホーム：障がいのある人のための少人数での集住の形態としては以前より存在した。1990年代に入り、北欧での実践などもあり日本でも認知症や高齢者のための住まいとして発展した。

参考文献
1) 厚生労働省ホームページ「「痴呆」に替わる用語に関する検討会」2004.6.21資料3　http://www.mhlw.go.jp/shingi/2004/06/s0621-5c.html
2) 外山義・石井敏ほか『グループホーム読本』ミネルヴァ書房、2000.3
3) 石井敏・外山義ほか「グループホームにおける生活構成と空間利用の特性　痴呆性老人の環境構築に関する研究」『日本建築学会計画系論文集』1997.12
4) 名古屋大学「協働の軌跡」編集グループ、山下哲郎ほか「協働の軌跡～外山義さんの業績を辿って」2003.11
5) 厳爽・石井敏・外山義ほか「グループホームにおける空間利用の時系列的変化に関する考察—「なじみ」からみた痴呆性高齢者のケア環境に関する研究（その1）」『日本建築学会計画系論文集』1999.9

コラム　災害後の高齢者の仮住まい

災害関連死という言葉がある。建物の倒壊や津波によって亡くなるのではなく、それらからはなんとか免れたけれど、避難中に体調を崩し持病を悪化させたり、生活再建中に絶望して自ら命を経ったりするケースなどを指す。つまり、発災からしばらく時間がたったあとに災害が原因で死亡することである。この災害関連死の人数を年齢別に見ると、若者より高齢者が多い。災禍は老若男女関係なく降りかかるが、以前のような日常を取り戻す再建の負荷は若者よりも高齢者に大きいことがわかる。特に生活の重要な要素の一つである住まいの喪失が与える影響は小さくなく、住宅の再建は福祉や介護と連携して進めていくことが求められる。

□阪神・淡路大震災

高齢化率が14.6%であった1995年に起きた阪神・淡路大震災では4.8万戸の仮設住宅が建設され、そのうち1886戸が「高齢者・障害者地域型応急仮設住宅」と呼ばれるものであった。Ⅰ類型（グループホームケア事業）とⅡ類型（生活支援員派遣事業）があり、ともにサポートが必要な高齢者や障がい者が入居の対象で、バリアフリーが考慮された住環境で生活援助員による生活支援を受けられた。平屋と2階建てがあり、運営や空間形式は現在のグループホームの考え方に近い。また、Ⅰ類型の一つである「グループハウス尼崎」では、介護状態や心身機能の異なる高齢者や障がい者等が自律的に協働居住を営み、介護保険制度の成立前にも関わらず、高齢者居住の嚆矢となった。

□東日本大震災

超高齢社会に突入したあとの2011年東日本大震災では、特に高齢者が多い地域で広範囲に被災した。そのため、「高齢者・障害者地域型応急仮設住宅」を踏まえた「福祉型仮設住宅」66棟が供給された。これ以外に岩手県遠野市と釜石市で建設された「コミュニティケア型仮設住宅」という挑戦的な事例も見られた（図1）。このプロジェクトは、阪神・淡路大震災で社会問題化した孤独死や災害関連死を踏まえ、これらができるだけ減ることを目指した。住民間交流を促す仕掛けが施され、仮設住宅居住者だけでなく地域の高齢者や障がい者等が福祉サポートを受けることができた。具体的には、屋内外において段差等のバリアを少なくし、住戸は路地に対しダブルアクセスする配置、路地に屋根付きデッキを挿入することで半屋内化し、居住者の居場所の一つとなることが意図された。「福祉型仮設住宅」と異なる点は、居室が集合した施設的なものではなく、あくまでも住戸が集まった集合住宅であったことである。

□熊本地震

2016年熊本地震では、一般の仮設住宅の多くでバリアフリーを考慮した設計がなされた。しかしながら、「1住戸の面積は30㎡以内」という当時の基準が各寸法を制限し、特に車いす利用者にとって大きなバリアとなっていた。そこで、仮設住宅建設の最終盤に計画された≪福富仮設住宅≫において、車いす利用者でもバリアなく生活できる仮設住宅が6戸実現した。この住戸面積は37.3㎡であり、翌年の仮設住宅の建設費基準引き上げと面積制限の撤廃という改正につながった。

□建設型から借上型へ

実は仮設住宅には2種類ある。これまで述べてきた「建設型」と、民間の賃貸住宅を国が借り上げて被災者の住まいとする「借上型」である。東日本大震災において、宮城県や福島県では「建設型」よりも「借上型」の仮設住宅のほうが多い。熊本地震では8割近くが「借上型」であった。一般的には既存の賃貸住宅のほうが仮設住宅よりも居住性は高く、「借上型」のほうが早く入居できる。しかし、付近にバリアフリー化された「借上型」仮設住宅を見つけることができないと、「福祉型仮設住宅」が必要となる。既存の賃貸住宅のバリアフリー化を進めるとともに、バリアがあっても「借上型」に迅速に改修できる仕組みと技術が必要となる。

（冨安亮輔）

図1　遠野市仮設住宅

第3章

事例から読み解く障がい者の住まい

3-1 障がい者の住まい

■本章の概要

「障がいがある」といってもその特性や一緒に住まう人など様々な環境によって、暮らしの基盤となる住まいに対する要求も異なる。障がいがある人を支援するのは、親であることが多く、本人より年齢が高い。そのため、本人の特性だけでなく、支援者である家族の加齢に伴い発生する住要求もある。また、障がいの特性によっては、自身のニーズを言葉などで伝えることが難しいこともある。その時は、家族や支援者、さらには専門職がそのニーズを汲み取り、環境に反映させることがより一層求められる。

そこで第3章では、**障がいがある人**に焦点をあて、障がいの特性ごとに住み慣れた地域や自宅でどのように暮らしているのか、事例をもとに工夫やヒントを読み解けるような構成とした。

さらに表1には、自宅を想定した「一人または家族と住む」ケースと、自宅以外を想定した「家族以外と住む」ケースを加えた。また、制度等を考慮し「18歳以上」、「18歳未満」と年齢による区分を設け、一人ひとりの状況に合った事例を参照しやすいようにした。

■本章の構成

障がいの特性により、住まいで配慮する点や工夫する点が異なる。このため本章は、肢体不自由者、視覚障がい者、精神障がい者、知的障がい者、発達障がい者向けの住まい等を紹介する。

まず2節では、肢体不自由者の住まいとして、自宅を大規模に住宅改修した事例【3-2-1】や、子どもの成長に合わせて住宅改修した事例【3-2-2】、障がいのある子ども向けに住宅改修した事例【3-2-3】を紹介する。成長過程に応じた住宅改修の事例もあることから、将来の住要求を見据えたケースとして、時間の経過に伴い変化するニーズを見通すことができる。

また、家族以外の人と集って住むグループホーム【3-2-4】や、公営賃貸住宅の事例【3-2-5】と、自宅以外の多様な住まいの選択肢を紹介する。つづいて3節では、視覚障がいのある人々の環境の工夫【3-3-1】を、4節では、精神障がいのある人々【3-4-1】や知的障がいのある人々【3-4-2】が家族以外の人と集まって住むグループホームでの暮らしを紹介する。最後に、5節では、発達障がいのある人々の住まいの工夫【3-5-1】を紹介する。

(西野亜希子)

> **＜知っておきたい用語・解説＞**
>
> **障がいがある人**：障害者基本法で、身体障がい・知的障がい・精神障がいなどの障がいがあることだけでなく、障がいにより日常生活や社会生活上の暮らしにくさによって制限を受けている状態の人のことを障がい者と定義している。障害者総合支援法では、難病の人も含め、障がい福祉サービスの利用が定められている。

表1 第3章の構成

	障がい特性					住まい		年齢	
	肢体不自由	視覚障がい	精神障がい	知的障がい	発達障がい	一人または家族と住む	家族以外と住む	18歳以上	18歳未満
2. 肢体不自由者の住まい									
1) バリアフリーはストレスフリー	○					○		○	
2) 子どもの成長で変化する住要求に対応した住宅改修	○					○		○	○
3) 障がいのある子どもの成長を促す住環境整備	○					○			○
4) 身体障がいのある人々が集まって住む	○						○	○	
5) 既存公営住宅改修による車いす使用者用住戸の整備	○					○		○	
3. 視覚障がい者の就労施設									
1) 視覚障がい者の就労施設における環境の工夫		○				○		○	
4. 精神障がい者・知的障がい者の住まい									
1) 精神障がいのある人々が集まって住むグループホーム			○				○	○	
2) 強度行動障がいを持つ人々のためのグループホーム				○			○	○	
5. 発達障がい者の住まい									
1) 発達障がい児（者）の住まいの工夫					○	○			

| 設計 | 福祉 | 行政 | 研究者 | 本人 |

3-2　肢体不自由者の住まい

1）バリアフリーはストレスフリー
車いすユーザーが住むマンションのリノベーション

概要
- 所在地：神奈川県
- 所有形態：持ち家
- 階数：3階建ての1階
- 設計：吉田紗栄子[*1]／齋藤文子[*2]
- 年齢/性別：40代/男性
- 家族：2人暮らし（夫婦）
- 症状：脊髄損傷（バイク事故による）
- 利用福祉機器：車いす
- マンションの築年数：1999年完成、築19年
- 延床面積：76m²
- リノベーション価格：800万円
- リノベーション期間：2か月

「車いすでの日常生活においてストレスなく過ごすことはなかなか難しいところがありますが、今の家に住んで5年ほど経ち、いわゆる普通の日常生活というものを実感できてます」

これはAさんからよせられた5年住んだ感想である。バリアフリーはストレスフリーの家なのだと実感した。

■設計者がマンション選びから参加

このケースでは、マンションを選ぶところから設計者が関わった。あらかじめAさんが目星をつけておいた物件を一緒に見に行った。

大手デベロッパーが手がけたこのマンションは広い敷地に10棟の建物が中庭を囲んで立っていた。各棟ごとにプランが違っており、Aさんの希望する住戸は3階建ての棟の1階部分76m²、専用庭も付いていた。屋内専用駐車場から勝手口に直接つながっているというのがこの住戸のポイントであった。通常は駐車場が離れていることが多い。その場合、雨天の時の車いすでの移動、乗り降りが問題になる。その点、このマンションの造りは理想的であった。

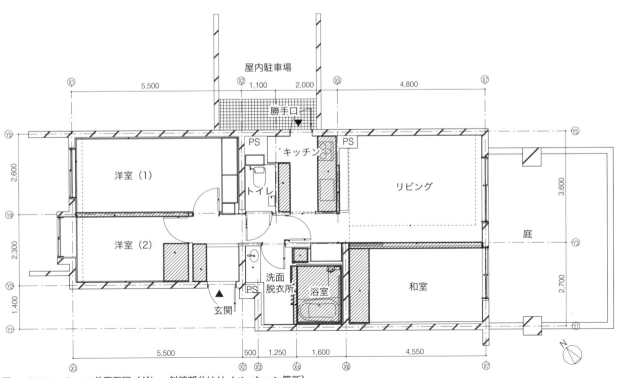

図1　リノベーション前平面図（グレー斜線部分はリノベーション箇所）

メインの出入口から住戸の玄関までも段差がなかった。上がり框に7cmほどの段差があるものの、これは何らかの方法で解決できると思った。内部は車いすでの移動にも問題はなく、Aさんの希望に沿ったリノベーションが十分可能と考え、購入を勧めた。

□**ホームページからの設計者選び**

Aさんは車いすに対応していないマンションに住んでいたため中古マンションを購入しリノベーションする計画をたてた（図1）。バリアフリー設計に詳しい設計者をネットで探していた時、（一社）ケアリングデザインのHPをみて連絡をした。たまたま（一社）ケアリングデザインで設計を担当した高齢者対応のリノベーション事例の見学会があったのでご夫婦で見学会に参加された。

バリアフリーにリフォームされた中古マンションが、車いすユーザーのAさんにはもちろん、健常者の家族にも配慮された暖かみのあるデザインであることを評価していただき、依頼を受けた。

■設計のポイント

□**平面計画**

今回のリノベーションでは間取り自体はそのままとし、間仕切りの撤去にとどめた。車いすで移動する場合、部屋を細かく区切らず、できるだけ広いスペースを取ることにしている。そうすることで車いすが壁や家具などにぶつかる心配をせずに動け、ストレスの軽減になると、以前設計した車いすユーザーの家で学んだ（図2）。

□**駐車場から勝手口へのアクセスの解決**

駐車場と勝手口の床までは22cmの段差があった。これをスロープで解決するには少なくとも3mくらいの長さが必要になる。そうすると車の乗り降りスペースがなくなってしまう。そこで段差解消機を導入した（図3）。駐車場にコンセントがなかったので、手動式をネットで購入した。

□**玄関の段差7cmの解決**

玄関の7cmの段差は直接的な解決（例えばスロープ）はせずそのまま残すことにした。

図3　駐車場床から22cm上がっている居住部分の床との段差を解消するためにつくったデッキと手動式段差解消機

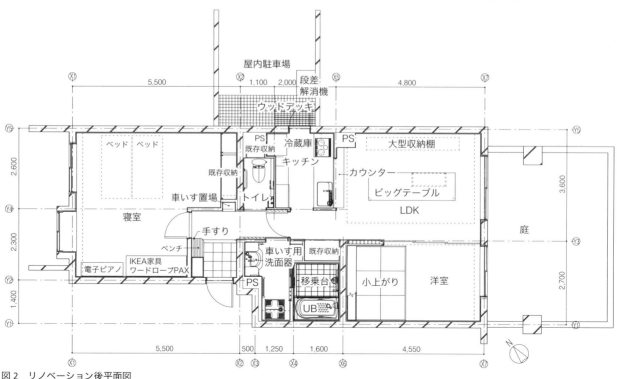

図2　リノベーション後平面図

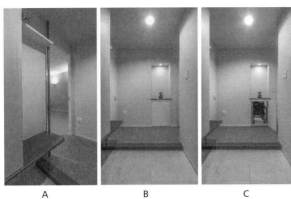

図4 玄関ベンチと飾り棚下の車いす置き場
A：車いすから造り付けベンチに移動。そのあと室内用車いすに移る
B：アルコーブ下の扉は車いす入れ
C：扉を開けて車いすを取り出す

図5 リノベーション前のリビング

図6 和室との間仕切りを撤去して広々としたリノベーション後のLDK

図7 和室を小上がりのある洋室に

その理由は、Aさんが玄関で屋外用車いすを室内用の車いすに乗り換えるので、この段差はそのままでよいと言われたことにある。その代わり造り付けのベンチにして（図4-A）、床から天井まで付けた手すりを使って屋外用車いすから室内用車いすに移るという動作になった。

室内用車いすの置き場は隣接する寝室のクローゼットの下の部分を使い、玄関側から入れられるようにした（図4-B・C）。

□**居間**

ベランダに面している2部屋を一体に使うプランとした。リノベーション前もLDK（図5）として使われていた洋室には長さ3mのビッグテーブルを入れた。これはAさんが見学したマンションの造りと同じにしてほしいという要望に応えたものである（図6）。

このビッグテーブルは、食事はもちろんのこと、テレビを見るにも仕事をするにも使うことができる。奥様が幼稚園の先生をしておられるので、教材をこのテーブルで作ることもあるという。その材料を入れる場所として、テレビ収納を兼ねた既製品のカップボードを壁に取り付けた。組み合わせが自由にできたため、高さ210cm、間口300cmの大きなものである。壁とカップボードを10cmほど離しそこに照明を入れた。

このアイディアは照明デザイナーの知恵を借りて実現した。壁を明るくすることでテーブルの上のペンダントの効果とともに明るさを確保した。

リノベーション前のキッチンとの間のハッチを大きく取り、キッチンとの一体感を図った。

また、居間に続く和室は洋室に変更して小上がりを作った。車いすからの乗り移りを楽にするための車いすの座面と同じ高さ45cmとし、布団などの収納も兼ねた。正面の戸棚の下は地板を貼り布団を敷けるスペースを確保した（図7）。

居間との間には障子風の天井までの引戸を取り付け、泊まり客がある時には閉めることができる。

□**キッチン**

新しくしたキッチンは特に車いすでの調理は考えなくてもよいとのことで85cmの高さとし、リノベーション前と同じ一列型のものを入れた。

ウォータークーラーを入れたいという希望があったため、家電置き場の隣にそのスペースを取った。勝手口は

駐車場に通じている。

□寝室

　北側に2室あった洋室の壁を撤去し1室とした。クローゼットはそのまま残し、前述の車いす置き場を作った（図8）。既製品のワードローブを入れても充分広いスペースを確保することができた。ここにトレーニングマシンを入れたいと言うAさんの希望を実現することができた。

□浴室

　リノベーション前と同じ寸法のユニットバスに交換した（図9）。車いすユーザーの入浴方法にはいろいろあるが、今回は洗い場に高さ45cmの移乗台（図10）を作り、脱衣室で車いすから台に乗り移る形をとった。このため、ユニットバス発注時に手すりの位置、水洗カランの高さ、シャワーホルダーの位置など45cm高い位置で使うことを想定して決める必要があった。費用は、**重度障害者居宅改善整備費助成制度**を使った。

□脱衣・洗面・洗濯スペース

　このスペースも、機器類の配置も、リノベーション前のプランを踏襲した。ただし、洗面化粧台は車いすで使えるよう下部のスペースがある型番とした。（図11）

□トイレ

　トイレもスペース自体は変更せず、開き戸を引戸に変え、手すりを設置した（図12）。

■リノベーションで
　おさえておきたいポイント

□中古マンションの条件

　住戸内部の課題解決はいく通りかのプランが考えられるが、立地やマンション自体の作りについては、既存の条件を変えることができない。したがって、中古マンションを選ぶ時にチェックする必要がある。以下の条件をクリアして、初めて住戸内のリノベーションを始めることができる。当事例では、すべての条件をクリアしている。

・最寄り駅からバスに乗らずに行けること
・坂道が少ないこと
・車を運転する車いすユーザーが濡れずに駐車場に行けること
・ゴミ置き場や郵便受けまでに段差がないこと
・住戸の玄関へのアクセスが容易であること

□住戸のプランの条件

・水廻りの位置
　通常マンションの場合はあまり水廻りを移動できない。したがって、車いすでのアクセスが可能なプランを作れるかどうかが重要である。

・ベランダへの出入りができるか
　最近のマンションは掃き出し窓がフラットサッシを使っているところも多いが、またがないとベランダに出られない物件が多い。解決法は考えられるが、どれもあまり推奨できるものではない。

図8　寝室側のクローゼットの車いす置き場

図9　段差のないユニットバス　　図10　移乗台

図11　車いす用洗面化粧台　　図12　トイレ　必要最低限の手すり

□**住み手の生活スタイルを明確にすること**

設計を始める前に住み手の暮らしの詳細を聞き出すことが重要と考える。住み手にとっては新しい環境でどう暮らしていくか、はっきりとイメージすることはなかなか難しいように思われる。

設計者は話を聞いたり、ショールームに行ったりした時の住み手の反応を通じて暮らしを具体的にイメージできるよう手助けをする必要がある。

□**災害時の対応を考える**

身体に障がいがある人の避難は多くの困難が伴う。車いすでの避難路を2か所確保できるよう（例えば玄関とベランダなど）計画する。

□**介護保険の住宅改修費や障がい者のための住宅改修費の助成制度を調べる**

地方自治体により助成内容が異なるので必ず障がい福祉課などに問い合わせること。着工前に申請が必要になる。

□**リノベーション内容を理解してもらうための方策**

平面図や展開図などの建築図面だけでは、なかなかリノベーション内容を理解してもらえない。できるだけ実物を見るようショールームに一緒に行ったり、スケッチや模型などを使ってわかりやすく説明する。

□**リノベーション期間中の仮住まい**

大規模なリノベーションの場合は仮住まいに移る必要がある。最低限の工夫で安全に暮らせるように仮住まいについても相談に乗る。

□**福祉用具の選定は設計当初から行う**

福祉用具の選定は、設計が終わってから福祉用具取扱業者が施主の要望に合わせて条件に合うものを決めることが多い。しかし福祉用具の色や形はバリエーションが少なく、必ずしも設計した空間に合うものを探せるわけではない。

設計当初から使用する福祉用具を選定することができれば、大きさ、形、色彩などがわかるので、福祉用具を使用する場所に必要な幅や高さなどの寸法の検討や、調和のとれた色彩計画なども考慮した設計をすることができる。

□**居心地の良い美しい空間づくりは施主とともに作っていく**

身体能力や体に無理や負担をかけない動作を優先して設計を行うと、どうしても機能や障がいへの対応が優先課題となり、直接的な対策を用いた空間になってしまうことが多い。

障がいに特化した対策を含め、どうすれば心と体をリラックスさせ、解放できる空間を作ることができるか、施主と行動を重ねながら決めていけるとよい。設計者は常に機能への配慮のみならず、美しさや快適さ、また居心地の良さを同時に考えていく必要がある。

（吉田紗栄子）

注
*1：(有)ケアリングデザインアーキテクツ一級建築士事務所（旧：(有)アトリエユニ）
*2：3110ARCHITECTS 一級建築士事務所（旧：齋藤文子建築設計事務所）

＜知っておきたい用語・解説＞

重度障害者居宅改善整備費助成制度：

重度障がい児（者）が在宅で安心して日常生活を持続するために行う住宅改造費の一部を助成する制度。障害者総合支援法に基づくサービスで、実施母体は地方自治体。そのためサービス内容は自治体ごとに異なるのでまず障がい福祉課など担当部署に相談し、資格や工事内容などを確認する。

住宅改造費は手すりの取付けや床材の変更、浴室トイレなどの改造が認められる。そのほか下肢・体幹機能障がい・四肢機能障がい1、2級などについては、移動リフター、階段昇降機、段差解消機、環境制御装置、コミュニケーション機器などの自立支援機器も対象となる場合がある。

改修を必要としている当事者が介護保険の対象となる場合は介護保険が優先されるので、先に介護認定を受ける必要がある。申請して許可が下りてからの着工となるので工事日程には余裕をもって臨むことが大切である。

3-2　肢体不自由者の住まい

2）子どもの成長で変化する住要求に対応した住宅改修

概要
- 所在地：東京都
- 所有形態：持ち家
- 階数：地上3階建て
- 設計：（株）飯野工務店
- 身体状況：両下肢・両上肢機能障がい
- 障がい名：脳性麻痺
- 利用サービス：通所サービス
- 家族構成：本人（20代）・両親・兄

■ 2回目の改修に至るまでの経緯

□ 1回目の改修

Aさんが中学生の時に、学校通学の利便性を考慮し、新築の建売住宅を購入した。屋外で電動車いす（図1）と、屋内で介助用車いすを使い分けて利用しているAさんが一人でできる環境を整えるため、転居前に1回目の住宅改修（以下、改修）を行った。

具体的には、玄関アプローチの階段をコンクリートスロープに改修（図2）し、車いすで出入りしやすくした。1階の寝室からダイニングキッチンがある2階への移動用に階段昇降機を設置した（図3）。設置には時間がかかり、入居後2週間は父親がAさんを抱きかかえ、階段昇降していた。トイレは壁を補強して手すりを設置し、座位の時に寄りかかる便座の蓋にはクッションを置いている。

寝室―脱衣室間をAさんが一人で座位移動できる動線を確保するため、寝室―脱衣室に開口部を設けて引戸を設置したが、施工者に設置意図が伝わらず、敷居に段差（バリア）ができてしまい、結局介助が必要となり、本人だけで移動できる環境は実現しなかった。

トイレ、脱衣室、居室の各開き戸は、180°開くように、ストッパーを外した。1回目の改修で、浴室の改修を検討したが、実施には至らなかった。

□ 子どもの成長で変化する住要求

引っ越してから5年後（Aさん20歳）には、Aさんが成長し体が大きくなったことで、母親は介助時の負担を徐々に感じるようになった。7年後（Aさん22歳）には、浴槽に抱きかかえて入浴する介助が困難になり、浴槽に入るのをやめた。さらに10年が経過するころ（Aさん25歳）には、玄関段差の介助や、抱きかかえて浴室出入口段差をまたぐことも大変になった。

Aさん自身も、介助者の負担に配慮しているようで、お風呂に入るのは段差がネックであることや、お風呂が狭いなどの環境面を理由に挙げ「入浴はあまりしたいと思わない」と、シャワーのみを使用するようになった。

このように子どもの成長により、介助者の負担感が増し、生活が変化したため、2回目の改修を行った。

図1　屋外用車いす

図2　玄関アプローチ

図3　階段昇降機

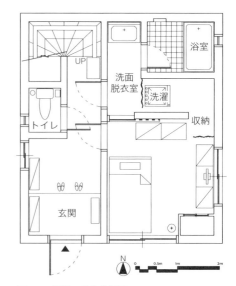
図4　2回目の改修前図面

□障がい者の暮らしに理解ある設計者選び

1回目の改修で、施工者にうまく意図が伝わらなかった経験から、障がい者の生活に理解があり、信頼できる施工者を選定したいと考えていた。しかし探し方がわからず、地域自立支援室に相談したところ、障がい者の住まいを設計した経験のある設計者を紹介してもらい、その人が設計したグループホームを見学し、設計を依頼することにした。

■一人でできることを増やすための改修

子どもの成長により生じた新たな課題に対し、2度目の改修で解決を試みている（表1、図4、図5）。

□玄関―廊下の段差をなくし一人で移動

改修前の玄関は、屋外で利用している電動車いすのフットレストと同じ高さの上り框（170mm）であったため、屋内用車いすに乗り換える際の立ち座り動作は問題なかったものの、介助は必要であった（図1）。

しかし、車いすの乗り換えがなければ、一人で移動できるため、図5-①のように玄関段差を解消し、玄関―廊下のレベルを同一にし、一人で移動できるようにした。玄関と廊下は、マットを敷き空間を分けている（図6）。

□車いすに座ったまま利用できる洗面台

2回目の改修前は、洗面台の前で立位を保持することが大変だったため、寝室に洗面器を持って行き、歯磨きなどをしていた。

改修後は、玄関正面に配置を変更した。車いすに座ったままでも洗面台を利用できるよう、足元に空間があり、車いすでアプローチできるものに変更した（図5-②、図6）ことで、歯磨きなどの洗面道具をセットすれば、本人ができるようになった。

□浴室の段差解消と面積拡大

1回目の改修の時に断念した浴室は、Aさんの成長に伴い、抱きかかえて浴室出入口の片段差（210mm）をまたぐことや、浴槽（560mm）に入ることが徐々に大変になり、浴槽に入らなくなっていた。

そこで、2回目の改修では、洗面台を撤去し浴室面積の拡大や、浴室出入口の段差解消、浴槽を変更した。さらに、**シャワー浴用シャワーを新設**し、浴槽に入らなくても身体が温まるようにした（図5-③、図7）。

□敷居撤去で座位移動が可能

1回目の改修で、施工者に引戸を新設する意図が十分に伝わらず敷居に新たなバリアができ、移動の自立が確保できなかった。

2回目の改修では、この敷居段差を解消したことで、A

表1　住宅改修内容の概要

	玄関アプローチ	スロープ
1回目	階段	階段昇降機設置
	トイレ	手すり設置、開き戸のストッパー撤去
	洗面脱衣室	開き戸のストッパー撤去
	寝室―洗面脱衣室	引戸新設
	寝室	開き戸のストッパー撤去
2回目	玄関	段差解消
	廊下	玄関と一体化
	浴室	出入口段差解消、面積拡大、浴槽変更、シャワー浴用シャワー新設
	洗面所	配置変更、車いす用洗面台
	寝室―脱衣室	敷居段差解消、戸の変更
	寝室	引戸への変更、収納増設、車いす用机新設

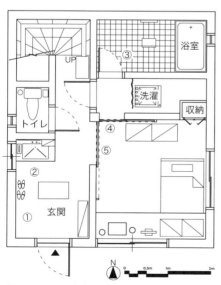

図5　2回目の改修後図面

図6　玄関―廊下を区分するマット（手前）と車いすで使用できる洗面台（左奥）

3-2　肢体不自由者の住まい　79

さんが座位で移動することができるようになり、介助者である母は、移動が楽になったと感じている（図5-④、図8）。

■おさえておきたいポイント

□暮らしの多様なシーンを受容する住まい

2回目の改修で寝室は、戸を引戸に変更し（図5-⑤）、かつ有効幅員を拡大し、車いすでの出入りを容易にした（図9）。就寝は、Aさんと介助者である母親が一緒に寝ているため、二人分の就寝スペースを確保している。

朝はリビング・ダイニングのある2階まで往復する十分な時間がないため、朝食は1階の寝室で母と一緒に食べている。そのため、車いすに座ったままアプローチできるカウンターテーブルを設け、「食事＝食事室」の1対1の関係だけでなく、多様な状況を受容できるように改修をしている（図10）。

このように住宅改修により、車いすの使用や、生活スタイルを受け入れられるように、住まいの環境を整えている。

□本人・家族の経年的変化と住要求

住まいの環境を整え、なるべくAさん自身が一人で生活できるようにしたいと考えている母親は、「1回目の住宅改修をした時に、子どもが成長し体が大きくなることや、自分自身が年を重ね、介助ができなくなるとは思わなかった」と、経年的な変化を想定していなかった。

子どもは成長し体型が変わり、介助者である親は年齢を重ね「できること」が変化する。特に年上である親が主に介助することも多い障がい児（者）の場合、経年的にニーズが変化することを考慮した設計が求められる。

□改修の設計者・施工者選びと相談先

1回目の改修は、週に1回、約1か月の打合せをしてから行った。Aさんが座位で移動できるようにするために、計画した寝室―洗面脱衣室間の開口部の新設は、施工者に意図が伝わらず、新たなバリアができ、一人で移動できる環境の実現には至らなかった。

この経験から、2回目の改修の設計者を選ぶ際には、障がいがある人の住まいを設計した経験があり、住まい手の生活の状況を理解し、改修の意図が伝わる設計者・施工者がよいと考えるようになった。

具体的な希望をもとに、地域自立支援室に相談し、設計者を選ぶことができた。

住要求は、住まい手の変化とともに、経年的に変化するため、住み慣れた自宅で暮らしを継続するには、地域自立支援室のように、継続的に相談できる場所が重要である。

Aさんは介助者である母や家族の負担に配慮し、母や家族はAさんを思い、頑張っている。「ちょっとしたコト」でも毎日積み重ねると、大きな負担になる。少しでも本人の持っている力を活かし、介助者の負担を軽減できる環境が、大切なものを大切にできる暮らしに繋がるのではないだろうか。

（西野亜希子）

＜知っておきたい用語・解説＞

シャワー浴：シャワーチェアなどに腰かけた状態で、シャワーを浴びて体を清潔にすること。身体を清潔にする方法にはシャワー浴のほか、湯船につかる全身浴や清拭などがある。

図9　変更した居室の引戸

図7　シャワー浴用シャワー

図8　寝室（手前）―脱衣室（奥）―廊下（左）の段差解消

図10　朝食で使用するカウンターテーブル（寝室）

| 設計 | 福祉 | **行政** | 研究者 | 本人 |

3-2 肢体不自由者の住まい

3) 障がいのある子どもの成長を促す住環境整備
家族にも配慮した段階的な改修

概要
- 所在地：東京
- 所有形態：持ち家
- 階数：地上2階建て
- 設計：（株）空間スタジオ　他
- 身体状況：四肢体幹機能障がい
- 疾患名、ADL（日常生活動作）：脳性麻痺、全介助
- 利用サービス：生活介護事業（福祉工房）他
- 家族構成：本人（女性・初回改修時5歳）、両親

■ 幼いころから大人になるまで

Aさんの両親は、Aさんの幼いころから成長と発達を促すために必要と思われる環境を整えてきた。例えば、排泄に関するトレーニングとして、生活リズムや表情などをみながら尿便意の訴えがなくても抱きかかえにより便器に座らせることなどを試みていた。また、両親は、Aさんの身体機能やこころの発達等の可能性を伸ばすためにもすぐに結果を求めずに、Aさんの成長に合わせて時間をかけてゆっくりと環境を見直すことを試みてきた。福祉用具の導入にあたっても、展示会場に足を運んだり自治体やメーカーに相談するなど、様々なところから情報収集をしてきた。

Aさん一家は、Aさんが5歳くらいまで社宅（集合住宅）に暮らしていた。しかし、成長に伴いトイレや浴室の空間などが手狭になったため、今後の成長と介助の容易性を考え、ある程度空間の広がりや将来の体重増加を考慮し、さらにリフトの必要性を感じ、住宅購入を検討した。幸いにも要望に適した中古戸建て住宅が見つかったためAさんが5歳の時に、住宅改修をしてから入居した。購入時の図面を図1に、購入後入居前に行った住宅改修図面を図2に示す。

現在23歳のAさんは、135cm・35kgで、立位はとれないが、座位は支えがあれば可能である。日常生活動作の全てに介助が必要である。

日中は2階のリビングでキャスター付きの座位保持椅子に座って過ごし、夜間は体位変換が必要なため、1階の6畳和室で母親と一緒に布団を利用し就寝している。

□ 住宅取得前の確認と段階的な住環境整備

中古戸建て住宅を購入するにあたり、トイレと廊下が広い物件を探した。両親の知人に建築関係者がいたため、物件を購入する前に、車いすに乗ったまま階移動ができるようホームエレベーターの設置が可能か確認した。さらに今後、天井走行式リフト類の設置が可能かどうかも含め検討した。その結果、これらの設置ができることが確認できたので購入を決めた。購入後、直ちにホームエレベーターを設置した。その他は今後の成長を見ながら段階的に住宅改修が必要になることを想定し、浴室の出入口の段差解消のためにスノコを設置し生活を開始し

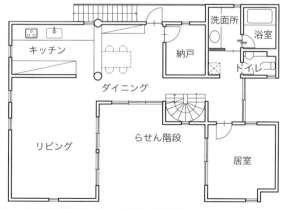

図1　中古住宅購入時　住宅改修前2階平面図

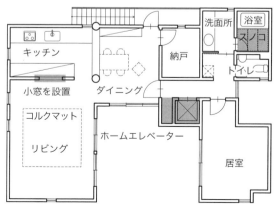

図2　入居前の住宅改修　2階平面図

た。

ある程度生活に慣れてきたが、体もさらに大きくなったため入居2年後（7歳頃）に、成長と発達にあわせた2回目の住宅改修として、浴室・脱衣兼洗面所とトイレの改修を行った（図3）。同時に浴室内洗面所間が移動できる天井走行式のリフトと1階の玄関に壁固定式のリフトの設置を行った。

■本人の成長を促し、介助者にも配慮した空間づくり

子どもの日常生活動作に適しかつ両親が介助するために必要な空間と福祉用具類を確保することが大切である。Aさんは日常生活動作のすべてに介助を必要とするため、住環境整備にあたっては本人の意思を尊重し、介助者にとっても無理のない生活動作や動線を考慮する必要があった。

□日中の居場所と起居動作

幼いころは、抱きかかえによる室内移動を行っていたが、体重が重くなってからはキャスター付きの座位保持椅子で介助による移動を行っている。座位保持椅子のキャスターは小径のため、小さな段差でも昇降が困難となるため、室内すべてで段差がない仕様となっている。

食事時間中や日中は、座位保持椅子に座っていることが多い。座位保持椅子は食卓や洗面台など使用場面で高さが変えられ、かつ介助者の身長や介助しやすい高さに合わせることができるように上下昇降機能がついている。生活の中で視線の変化や視界を広げることは発達には欠かせない要素となる。幼いころから起立台を利用し姿勢や視界を変化させたり、リビング（子ども部屋）にはコルクマットを敷き、床において寝返りやリラックスができるようにするなど、Aさんの発達を促す工夫をしてきた。また、母がキッチン内で家事をしている時にもAさんを見守れるように、リビングとキッチンとの間の壁に、小窓を設けて見渡せるように工夫した。

□階移動

生活の場が1階と2階に分かれているため、ホームエレベーターを利用して上下階の移動を行っている。ホームエレベーターは2人乗り用で、座位保持椅子と介助者1人がともに乗ることができる。

□入浴・整容

プライバシーに配慮し、洗面所内で着替えができるように洗面カウンターを撤去し、着替え台と車いす対応の洗面台を設置した（図4、図5）。

入浴の際の脱衣はキャスター付きの座位保持椅子で洗面所まで移動する。衣類の着脱は臥位姿勢（寝た姿勢）で行う必要があることから、座位保持椅子から着替え台に抱きかかえで移乗する。着替え台は衣装ケース2台を並べ、上面にはジョイントマットを二重にして敷き、介助者が腰痛を起こさない程度の高さ（約700mm）になるように工夫している。着替え台の広さはAさんの足先まで身体全体を乗せられるスペースを確保することは難しかったが、洗面台と高さをそろえることで、洗面台側に足を少し出す形で問題なく使用している。洋服を脱いでからリフトを利用し浴室の出入りを行っている（図5）。

洗体は姿勢を保持できるシャワー用車いすを利用している（図6）。着替え台からシャワー用車いすへは天井走行式リフトを利用して移乗し、洗体後、同じリフトでシャワー用車いすから浴槽への出入りを行っている。リフトや吊り具は、販売業者から試乗用のデモ機を借り、自宅で試乗してから購入した。リフトは浴室の出入りやト

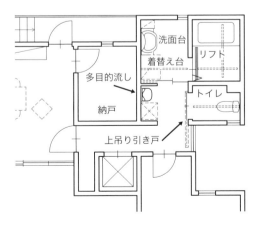

図3　2回目の住宅改修　2階平面図

図4　脱衣・洗面所

図5　洗面所の着替え台

イレまでの鴨居を越えることができるタイプとし、浴室内のレールは昇降位置の微調整がしやすいXYレール*1を天井スラブに固定している。

浴室の出入口の段差には、当初スノコを敷いて対応していたが、スノコは手入れ（清掃・乾燥）に手間がかかるためリフト設置と同時に洗い場床面の段差を解消した。浴室出入口の段差を解消することで、懸吊されたAさんの体を支えながら出入りする介助者の安全が確保され、シャワー用車いすの出し入れもしやすくなった。また、シャワー用車いすが洗い場内に入っても扉が閉まるように開き戸を折れ戸に変更した。

その他、Aさんの体調が悪い時や月経により浴槽に入れない時に配慮し、シャワー浴が可能なミストシャワーを設置した。

洗面所と廊下の出入口は二枚引き込み戸に交換し開口を広げ、整容・歯磨き等で使用する洗面台も車いす対応に交換している。さらに、介助者が横に立つことができるスペースを設けている。

□排泄

Aさんは尿便意を両親に意思表示できることから、基本的にトイレにおける排泄を行っている。トイレットトレーニングを始めた幼いころは、母がAさんの背後から抱えながら便器に座らせたり、ベルトなどを使って一人で座位を保てるように工夫した。さらに体が大きくなり排泄するまでの長時間を支えていることが困難になる3歳ころに、温水洗浄便座を取り外して座位保持椅子を置くなどして工夫をしてきた。その後さらに体重も重くなり、移動と便器上での姿勢保持ができるよう、姿勢保持機能の付いたトイレ用車いすを使用するようになった（図7）。

その他、Aさんの排泄時の衣類着脱は臥位姿勢で行う必要があるため、一旦、洗面所内にある着替え台を利用して、下着を脱いでからトイレ用車いすに移乗し、トイレ内に移動し排泄している（図5）。間に合わない時は、トイレ用車いすの座面直下に設置可能な専用バケツをセットして排泄している。排泄の後始末のしやすさを考えて介助者が専用バケツなどを洗いやすいようにトイレ正面に多目的流しを設置した（図8）。さらに、介助スペースを確保するためにトイレ内の手洗いカウンターを撤去し、開き戸から引戸に交換した。トイレの扉を引戸に変更する際に、有効開口を最大限に確保できるように、取っ手は引き残しがでないように埋め込み型の取っ手にしている。また、開き扉を引戸に交換する際には引き込み側に窓があるため、開口部の外側に戸枠を設け上吊り戸とした。

□外出

幼いころは抱きかかえて外出用の車いすに直接座らせることができていたが、体が大きくなってからは室内で使用しているキャスター付きの座位保持椅子から外出用の車いすに移乗する必要がある。そのため、玄関内に2台分の車いすスペースを確保している。さらに、玄関の上がり框には10cm程度の段差があるため壁固定式リフトを設置し、外出用の車いすと屋内用のキャスター付き座位保持椅子の移乗に合わせて段差解消を行っている（図9）。また、玄関ホール脇に長椅子を設置し、外出先から帰宅した際に荷物や毛布、姿勢保持用のテーブルなどを一旦置く場所として利用している。幼いころは、長椅子に寝かせて着替え（コートの脱ぎ着）をしたり、帰宅後排泄が間に合わない時は長椅子のうえで用を済ませるなど、成長に合わせて有効に活用してきた。

図6　浴室のミストシャワーと天井走行式リフト、シャワー用車いす

図7　トイレとトイレ用車いす

図8　介助者用多目的流し

図9　玄関リフト
（車いす間の移乗と段差解消）

■おさえておきたいポイント

　重い障がいのある子どもの多くは、ゆっくりと発達していく。一方、心や体を発達させるには多くの体験や五感を通した感覚刺激等が必要であり、そのための環境づくりは極めて重要である。さらに、適切な時期に適切な環境を整えることが子どもの成長と発達につながる。また、日常生活動作のすべてに介助を必要とする場合は、併せて介助者の立場での環境整備が重要となる。

　障がいのある子どもの親は、子どもの体重が増加しても、幼いころからの介助方法や抱きかかえによる介助を継続してしまうことが多い。介助動作は毎日の動作になるため、比較的早い時期から腰などに負担がかからない介助方法（**ノーリフティングケア**）を取り入れ、本人と介助者双方の身体的・精神的な負担を軽減する必要がある。一方で、乳幼児期には親と子どもの情緒的なつながりを深めるためにも抱きしめる、声かけをするなどができる環境（死角をなくし、様子がわかるような間取りや、すぐに近寄れるスペースなど）を整えることが大切である。そのうえで、子どもの体重がおおよそ20kgを超えたら、移動や移乗には福祉用具（リフトや車いす）を活用するなど腰痛予防に配慮していく必要がある。

　さらに、日常生活すべてに介助を必要とする場合は、介助者の使いやすさや掃除・メンテナンスのしやすさも重要である。介助動線が複雑であったり不安定な姿勢で動作を行わないように配慮する必要がある。

　中古住宅の場合は、リフォームができる範囲を事前に把握してから購入することが必須である。場合によっては耐震補強など同時に行う必要性も生じる。とくに、障がいのある子どもの場合は、成長と発達にあわせて段階的に住宅改修を行うことがあるため、リフトなど福祉用具の使用が想定される場合は住宅改修を検討する際に、福祉用具等の知識を有した設計者との関わりが重要となる。

　その他、福祉用具の選定等には、作業療法士や理学療法士など医療関係者との連携も欠かせない。本事例では、自治体の助成制度を活用したが、当時の医療機関において福祉用具の選定や住環境整備に精通する専門家が見つけられず、十分に協力してもらうことができなかった。住み慣れた地域に住み続けるためには、今後はさらに医療・福祉・建築間の連携を強めていく必要がある。

　本事例では成長と発達に対応しながら段階的に住宅改修を行い、様々な福祉用具を活用してきた。両親が、適時・適切な環境を整えていったことが、Aさんの成長と発達を促したと考える。また、日常生活動作のほとんどに介助を必要とするため、本人の意思を尊重しながら介助がより行いやすくなるように、排泄場所の介助スペースを確保、着替え台の高さを工夫、多目的流しを設置するなど、スムーズな介助動線に配慮した設計となっている。

　Aさんは、高校卒業後4年間は、自宅から福祉工房（生活介護事業）に通っていた。23歳となった現在は、地域での生活が継続できるように、平日のみ親元を離れて、福祉ホームを利用し、自立に必要な心構えや技術を学びながら生活している。日中は福祉ホームから福祉工房に通うなど、様々な支援を得て、新たな生活環境を整えている。

（植田瑞昌）

注
*1：レールが前後に、リフトが左右に移動でき、レールの可動域内であればどこにでも到達できる。

＜知っておきたい用語・解説＞

ノーリフティングケア：介護者の身体的・心理的負担を軽減するために、人力による抱え上げ・持ち上げ・不良姿勢などを排除したケアをさし、福祉用具の活用をはじめとする環境整備が重要である。介助される側の自立を促しながら、介助する側もされる側も無理なく生活を継続するためにも重要な考え方である。

設計　福祉　行政　**研究者**　本人

3-2　肢体不自由者の住まい

4) 身体障がいのある人々が集まって住む
重度身体障がい者グループホーム

概要
- 名称：重度身体障がい者グループホーム　やじろべえ
- 建物種別：東京都独自事業による障がい者グループホーム
- 延床面積：139.2m^2
- 所在地：東京都
- 所有形態：所有
- 階数：2階建て
- 設計：飯野建築工房一級建築士事務所

図1　重度身体障がい者グループホーム「やじろべえ」外観

■障がい者グループホームを開設するまで

　障がい者のサービスに関わる法律は、2006年までは知的障害者福祉法、身体障害者福祉法など、障がいの種類に分かれて作られてきた。そのため、居住のサービスも障がいの種類別であり、本稿で主題とするグループホーム（図1）については、知的・精神障がい者グループホームは制度として存在するが、身体障がい者が入居できるグループホームは存在しなかった。2006年に障害者自立支援法（2014年に障害者総合支援法に改正）が成立すると、知的・精神・身体の3障がいに加え、障がい児・難病者も含めた、障がいによる支援を必要とする人のためのサービスが一元化された。しかし、2006年時点では障がい者グループホームの利用者に身体障がい者は含まれず、2009年の厚生労働省告示によりグループホームの利用者に身体障がい者が含まれるのを待たなければならなかった。

　本事例の開設者であるA氏は、知的・身体の重度重複障がいを持つ息子の親であり、息子が施設や親の介助ではなく、地域の中で暮らしてゆくことを望んでいた。そのため、A氏は地域の有志とともに「障がい者の声を聞く会」という勉強会を始め、その活動の中で障がい者グループホームの存在を知ることになる。自分の息子に地域のグループホームで暮らしてほしいと感じたA氏は、グループホーム設立への活動を開始する。本事例の開設の4年前、2002年のことであった。

　障がい者グループホームを設立・運営するためには、いくつかの課題が存在する。まず一つ目は、すでに述べたとおり、当時、国の制度として身体障がい者が入居できるグループホームが存在しなかったことが挙げられる。

　他方で、東京都は2001年に「重度身体障害者グループホーム事業」を開始する。これは、「身体上の障がいのため家庭において日常生活を営むのに支障のある重度身体障がい者に対し、その日常生活に適するような居室その他の設備を低額な料金で利用させるとともに、日常生活に必要な便宜を供与し、もって身体障がい者の地域生活を支援する」ことを目的としたものである。国制度の障がい者グループホームとの大きな違いは、年間の事業費が定額（約1,400万円）で支払われることと、入居者のホームヘルプ利用が積極的に推奨されていることにある。この事業を知ったA氏は、この事業を活用したグループホーム開設の検討を開始する。

　開設・運営の次なる課題として、運営法人の問題があった。東京都の重度身体障害者グループホーム事業を活用する場合、グループホームの運営主体は社会福祉法人か特定非営利活動法人（NPO）である必要があった。そのため、運営法人を設立する、あるいはすでにある法人に運営を依頼する必要が生じた。一方で、このようなグループホーム設立とはまったく関係なく、先述の「障がい者の声を聞く会」は自治体から障がい者の地域生活を支援する事業の委託と、そのための法人格取得の依頼を受けたため、NPO法人ピアネット北が設立され、A氏はその理事長に就任していた。そのため、運営法人として

3-2　肢体不自由者の住まい　85

の法人格の問題も、無事に解決することができた。

最後の課題として、介助者の問題がある。A氏の息子であるB氏は、脳性麻痺による筋肉の強い緊張があり、生活のほとんどの動作で介助を必要とするとともに、食事や入浴の介助には特別な技術を必要とする。介護派遣事業所から派遣されるヘルパーの多くは、高齢者の介護しか経験がなく、このような特殊な技術を必要とされる介助に対応できなかった。つまり、ヘルパーを利用したくても、対応できるヘルパーが存在しなかったのである。そのため、親の介助に頼らざるを得ず、B氏や同じ状況にある人々は、親以外の介助によって生活する機会を持つことができなかった。これを解決するために、A氏は2001年、自宅近辺に2LDKのアパートを借りて、B氏や同じ通所先に通う知人・友人を含めた4組の家族で、障がいを持つ子どもたちとヘルパーとの体験生活を開始した。これによって、B氏らがヘルパーと過ごす生活に慣れるとともに、ヘルパーに介助技術を身につけてもらうことができるようになった。加えて、グループホーム着工直後の2006年には、A氏と関係者が居宅介護派遣事業所を立ち上げ、ヘルパーの養成と確保を開始した。

□ 所有方法の検討と設計者の参画

グループホーム設立にあたり、A氏や関係者がまず行ったのが、他のグループホームの見学である。これらの経験から、A氏はグループホーム設立にあたっては、コストやリスクを勘案して、土地・建物を取得するのではなく、賃貸するのが望ましいと考えるようになった。その際、選択肢としては、既存建物を改修する、または土地所有者に建物を建設してもらい賃借するなどの手法が考えられた。いずれの場合にも建築の知識が不可欠にな

ると考えたA氏は、本事例を任せることができる設計者を探し始める。その過程で、NPO法人ピアネット北の事務局長と面識のあった飯野建築設計工房所長の飯野氏に相談したところ、医療・福祉施設に実績があり、また本グループホーム計画に対して非常に深い理解があったため、本計画に参画してもらうこととなった。

■ 課題を解決するための取組み

□ 土地の確保

開設する上でもっとも困難を伴ったことに、土地・建物の確保が挙げられる。一般に東京都内でグループホームを建設するだけの土地を購入することは、多大な経済的負担を伴うため、A氏らはまず借地探しに取り組んだ。なお、東京都の重度身体障害者グループホーム事業では、グループホームの定員は最小で4名とされており、本事例では入居定員を4名、ないし体験入居的な1名を加えた5名とすることが、A氏の希望であった。この条件で土地探しを行う中で、非常に良い状況の土地が見つかり、半年ほど協議と基本計画の作成（図2）が行われた。この土地であれば、平屋での計画が十分に可能であった。しかしながら、土地の賃貸借契約の直前のタイミングで所有権者全員の同意を得ることができないことが判明し、この土地で進めることが頓挫してしまう。

その後、土地探しは継続して行われたが、結果として都内で土地を賃貸することは断念するに至った。これは、当時はNPO法人や「障がい者グループホーム」に対する認知が極めて低く、土地所有者に誰がどのような用途で土地を借りようと思っているのか、理解してもらうのが極めて難しいためであった。そして2006年に、複数

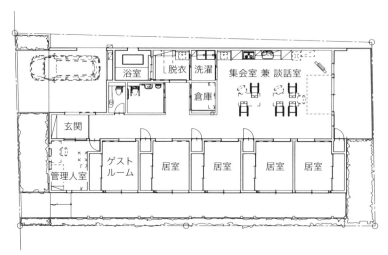

図2　土地を賃貸する前提で計画されたグループホームの平面図（実現せず）

のNPO法人理事による個人的負担と金融機関からの借り入れにより、116m²の土地を購入することとなった。

□**設計において配慮された事項**

建設用地が決定したことで、グループホームの具体的な設計が始まった。ここでA氏がグループホームの設計において特に重視したことは、①三方介助が可能な広い浴槽と、十分な広さを備えた洗い場のある浴室、②十分な広さのある脱衣室、そして③「家」としての雰囲気の3点である。

①について、入居者の多くは入浴動作のすべてに介助を必要とし、また不随意運動である強い緊張を持つ方もいた。そのため、浴槽と洗い場には十分な面積が必要とされた。②について、脱衣室では車いすからシャワーチェアへの乗り換えが行われ、また洗濯機や洗面台、収納棚などが置かれることになるため、十分な面積が求められた。③について、A氏はグループホームはあくまで「家」であり、建築的にも施設に見えないことが重要であると考えた。

加えて設計者は、これまでの経験からトイレには慎重な検討と確認が必要であると感じていた。本事例の入居者は大型の車いすを利用する方が多く、少しトイレが狭いだけでも使えなくなってしまう可能性があるからである。

これらの条件を、116m²という限られた敷地面積に落とし込むため、実際の設計においては1階に水廻り・リビングダイニングを集め、2階を田の字型プランとして居室を置くという計画が採用された（図3）。結果として、ホールや廊下の面積は最小限となり、浴室・脱衣室に十分な面積を振り分けることができた（図4、図5）。トイレについては、大型の車いすでも使用可能なサイズとされ、1階・2階で便器の配置を換えることで、左右いずれからのアプローチにも対応ができるようにされた。

上記以外の配慮点として、入居者が外出から帰宅する際、車いすを乗り換えることはせず、玄関ホールで介助者が車輪の泥を拭き取っている。このため、玄関ホールには十分なスペースが確保されている。また、室内で車いすを利用する際、車いすの衝突により壁や扉に傷がついてしまうことが多い。この対策として、施設などでは高い巾木やキックガードを用いることが多いが、いかにも「施設」という雰囲気が生じてしまう。「やじろべえ」では壁に集成材による腰高パネルを採用することで、強度を保ちつつも「普通の住宅」の雰囲気を壊さないようにしている。

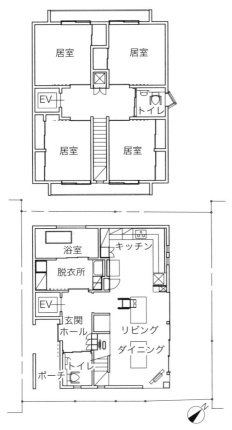

図3 「やじろべえ」各階平面図（1/200）

図4 三方介助が可能な浴槽

図5 十分な広さを備えた脱衣室

□開設後に生じた課題

　2006年に開設してから、「やじろべえ」では知的・身体に重い障がいを持ち、常時車いすを利用する4人の入居者が、閑静な住宅街の中で落ち着いた生活を送っている。開設後に建築面で生じた変化としては、2009年に浴室に入浴用リフトが設置されたことが挙げられる（図6）。これは、入居者の要望に対応したものだが、このような事態は設計時から考慮され、必要な部位には補強下地が取り付けられていたため、設置時に特に大きな工事が必要となることはなかった。また2015年には、入居者の入れ替わりに伴い、居室の1部屋と2階の廊下・トイレに据え置き式リフトが設置された（図7）。ここでも、特段大きな工事は発生していない。

　加えて、消防法の改正に伴い、開設当初には設置が求められていなかった消防設備を設置する必要が生じた。そのため2012年には自動火災報知設備を、2014年にはスプリンクラーを設置した。スプリンクラー設置の際には、配管を天井内に隠すなどの工夫を行い、なるべく室内の雰囲気を崩さないような努力がなされたが、一部配管が露出してしまった部分も存在する。スプリンクラーについては、現状では障がいが重度の方が入居する場合は設置が義務づけられているため、特に重度障がい者の入居が予想される場合は、設置を前提として計画を行うことが望ましい。

　建物以外の課題としては、ヘルパーや朝食・夕食の調理スタッフの確保が挙げられる。ヘルパーについては、A氏らが立ち上げた居宅介護派遣事業所からの派遣に加え、それ以外の事業所からのヘルパーも利用しながら、なんとか確保をしている状況である。また調理スタッフについては、継続的な確保が難しく、民間の調理サービスを利用したこともあったが、利用者からは不満の声が聞かれた。このような折、A氏らが開設した事業所が事業の一環として飲食店を開業し、知的障がい者の就労の場ともなった。この飲食店が、通常の飲食店業務に加え「やじろべえ」への配食を行うことで、食事提供を行っている。

　「やじろべえ」では、知的・身体に重度の障がいを持つ4人の入居者が、平日の日中は通所に通い、帰宅後はテレビを見たり、入居者によっては近所のスーパーに買い物に行くなど、思い思いの生活を送っている。入浴も毎日行い、地域での「普通の暮らし」が実現している。しかしながら、このような暮らしが成り立つのは、それぞれがヘルパーを利用することによりマンツーマンの介助が可能であるためであり、グループホーム内で原則ヘルパーを利用することができない国制度の障がい者グループホームでは、このような暮らしの成立は難しい。今後、国制度の障がい者グループホームでも、重度の障がいを持った人々を受け入れる体制の構築が急務であり、その意味で「やじろべえ」は貴重な先駆的事例であるといえる。

（松田雄二）

＜知っておきたい用語・解説＞

リフト：リフトとは、自力での移動や車いすへの移乗が難しい人の身体を「吊具」によってつり上げ、ベッドから車いす、あるいは車いすからトイレの便座などの間を移動させるもので、介助者の身体的負担を軽減させ、また介助される人の安全を確保することができる。天井に設置したレールを移動する「天井走行式リフト」、部屋に支柱を立てることなどにより設置したレールを移動する「据置式リフト」、キャスターによってリフト自体を移動させることができる「床走行式リフト」などの種類がある。

図6　新たに浴室に設置された入浴用リフト

図7　2階廊下に設置された据え置き式リフト

3-2 肢体不自由者の住まい

5）既存公営住宅改修による車いす使用者用住戸の整備

概要
- 所在地：兵庫県
- 所有形態：県営住宅
- 階数：階段室型住棟／地上5階
- 竣工／改修年：1976年／2012年
- 構造：鉄筋コンクリート造壁式構造
- BF対応：1階住戸へのスロープ新設
- 改修住戸面積：54.7m²／戸

■既存公営住宅のバリアフリー改修

　高齢者・障がい者人口は年々増加しており、バリアフリーへのニーズも高まっている。障がい者等が民間賃貸住宅への入居制約を受けることが多い現状では、公営住宅は住宅確保要配慮者のセーフティネットの中核となる。

　近年の公営住宅の建て替え時には、住棟のバリアフリー化および車いす使用者用住戸の整備が行われる。しかし、財源確保の課題等から一足飛びに建て替えができるわけではないため、高度経済成長期に建設された既存住棟の修繕、改修等による利用継続も必要となる。既存公営住宅の建設当時は、バリアフリーの配慮なく建設されており、住戸内外に多くのバリアが存在する。

　本事例は、兵庫県が既存県営住宅のバリアフリー改修を進めるために2011年に実施したモデル事業である。対象は1976年竣工のA団地で、改修実施時点で築37年が経過、地上5階建ての階段室型住棟9棟からなる（図1）。階段室へのエレベーター新設と外壁補修工事に加えて、1階空き住戸（2住戸）を車いす使用者用住戸への改修が行われた。

　公営住宅は、整備時に入居者が未定であるため、個別ニーズに対応する住環境整備とは異なる部分がある。多様なニーズを持つ車いす使用者（肢体不自由者）にとって暮らしやすい住環境となるよう、共通のニーズへの基本的対応に加えて、入居後に手すりの追加など個別ニーズに応じたカスタマイズがしやすいよう配慮した。

　著者は、兵庫県のモデル事業計画に、兵庫県立福祉の

図1　A団地改修前　バルコニー側の様子

図2　バルコニー側の新設共用廊下へのスロープ

まちづくり研究所の専門研究員として参画した。車いす使用者用住戸の改修案の検討には、理学療法士、作業療法士および自走式車いす使用のスタッフの協力を得た。壁式構造のため、プラン変更に制約がある中で少しでも暮らしやすくなるプランを模索した。

　対象者となる、車いす使用、杖使用、麻痺の有無などの状況ごとに、住棟内外の生活動作について当事者の検証に加えて、理学療法士・作業療法士による疑似動作による移乗・介護動作等の検証をもとに改修案を検討した。

■車いすで暮らしやすいプランの検討

□1階住戸までの段差解消

　階段室型住棟の1階住戸へのアクセスは、階段を数段上らなくてはならない。A団地は、起伏のある地形に沿

って建っており、敷地内にも高低差が存在する。地盤面と1階住戸までの高低差は敷地内の起伏を含めて1.6m程度と比較的大きい。この高低差を解消する必要がある（図2）。1階バルコニー側に共用廊下とスロープ等を新設して段差解消を行う。車いす用住戸はアクセス方向からバルコニー側が玄関となる。バルコニー側からのアクセスに対応して、門扉・郵便ポストを設置している（図3）。

住戸内が見える等のプライバシーへの配慮から、バルコニー側の新設共有廊下は、既存バルコニーから2.2mの離隔距離を確保する。このバルコニー側の新設共用廊下は、今後1階に新たな空き住戸が生じた際に同様の整備ができるように、横並びの3住棟に連続して設置された。利便性を考慮し、スロープを両端と中央部の3か所、歩行者にも配慮して階段を2か所設置した。

高低差1.6mは、勾配1/14では22mの長いスロープとなる。この距離は自走式車いすでの移動には負荷が大きいことから、端部に1か所段差解消機を設置して、高低差移動の選択肢を確保した。しかし、段差解消機は、安全確保の観点から、使用の際に安全バーの開閉、鍵の開閉などが必要となり気軽に使いにくいという課題が残った。そこで翌年の別団地での既存改修事業では、階段室側に新設するエレベーターが1階バルコニー側の新設共用廊下の高さにも着床する対応により、段差解消機の設置が不要となっている。

□ 住戸の間取り：2タイプ

既存住戸の間取りは、3DK（54.7m²）で小さい部屋に分かれていた（図4）。居住人数を1〜2人と想定し、車いすが動きやすいスペースを考慮してできるだけ広い一体空間が確保できるよう計画した。壁式構造のため、住戸内の構造壁（図中の厚い壁部分）は撤去しないという制約の中で進めた。モデル事業として対象の2住戸は異なるプランとした。

・プラン1：LDK一体型（図5）

既存住戸北側の和室と洋室をワンルーム化して一体化し、キッチンを入れてLDK空間とするプランである。南側の洋室を寝室とすると、日中の生活の場と寝室を分離できる。2人暮らしの場合、洋室にベッド2台の設置は困難である。

・プラン2：DK独立室型（図6）

既存住戸南側の和室をダイニングキッチンとするプランである。北側の2室をワンルーム化してリビング兼洋室とする。ベッド2台を北側の部屋に設置可能である。

図4　改修前住戸プラン（3DK）

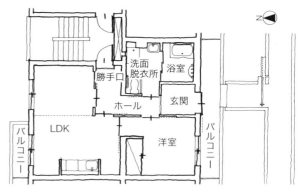

図5　改修プラン1：LDK一体型

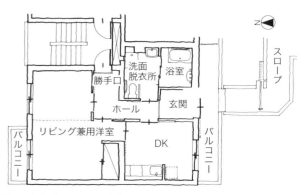

図6　改修プラン2：DK独立型

図3　バルコニー側の新設共用廊下と門扉・ポスト

食事空間と寝室空間を分離した生活ができる。

2つのプランに共通して、北側のワンルーム化した部分には、個室減少の対応として暮らし方に応じて簡易的に仕切ることができるよう、天井に仕切り取付け用の木枠を設置した。ベッドを北側ワンルーム空間に置いた場合でも、就寝時や一人で過ごしたい時に空間を視覚的に分離可能となる。

□**浴室**

浴室は、車いすでの動作および入浴介助動作、入浴関連の福祉機器の利用パターンを考慮した。浴槽短辺側に壁まで500mmの空きスペースを確保したことで、短辺側と浴槽横側の2方向からの介助が可能である（図7）。この500mmの空間は、自立入浴の際には、移乗台を設置して、車いすからの移乗に利用できる。入浴リフトの設置も想定して、浴室内にリフトの支柱を後から固定できるように、事前に壁と床に補強を入れている。

浴室内の手すりは、浴槽まわり、水栓まわりの必要最低限の設置とし、浴室壁面全体に追加手すりが設置できるよう下地補強を入れている。手すりは入居者の個別ニーズに応じて柔軟に追加設置ができる。下地補強は、コンクリートパネル900mm×1800mmを横使いで床面から600mm～1500mmの高さに設置すると、横手すり、縦手すりの設置に対応できる。

□**キッチン**

県営住宅仕様の車いす対応の既製品キッチンが設置されるが、このキッチンは使用者の視点からは多くの課題がある。本事例とは異なる県営住宅の建て替え事例での車いす使用者用住戸の入居者の使用実態調査の結果（図8、表1）からみえてきた課題を紹介する。

・キッチンカウンターが高い

キッチンカウンターの下部に膝がしっかり入るようにすると、既製品（シンク深さ180mm）では調理作業を行うには天板が高く作業がしにくい。このためキッチンカウンターではなく、背後に置いた机の上や、膝の上にイージーテーブルを置いて調理している。この解決にはキッチンカウンター自体の改善も必要となり、水はね防止の泡沫水栓を採用する等によりシンク深さを浅くする工夫が求められる。

・昇降式キッチンカウンターは操作負担が大きいと有効に使えない

昇降操作のハンドルが重くその都度高さを変更する負荷が大きいため、立位のヘルパーの作業しやすい高さで固定したままとなっている。高さ調整が気軽にできれば、立位の家族・ヘルパーと車いす使用者とのキッチン共用が可能となる。

・収納スペースの確保

キッチンカウンター下に膝が入るスペース確保のため下部収納がないこと、加えて固定式吊り戸棚は車いす使用者のみでは下段しか届かないため、収納スペースが不足する。結果として物がキッチン周りにあふれて置かれ

表1　車椅子使用者のキッチン使用実態調査の概要

調査日	2015年12月
調査方法	自宅訪問にて聞き取り調査
調査対象者	日常的に調理を行う車椅子使用の県営住宅居住者2名（男性）
調査対象者の概要	Aさん：70代、一人暮らし、週1回ヘルパー来室。6輪型車椅子。1日2回調理 Bさん：60代、一人暮らし、毎朝ヘルパー来室、手動車椅子、1日2回調理
キッチンカウンター概要	共に同じキッチン使用 カウンター　D525、L1,800、H790 カウンター下　高さ605mm、奥行き260～400mm

図7　浴室ユニット内の様子

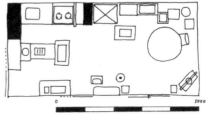

図8　車いす使用者用住戸：Bさんのキッチン

てしまい、車いすでの動作空間が制約される。対策として、邪魔にならない場所にその都度移動できる可動式キャスター付き収納の活用、調理作業用の机も物を置く台として利用する。他に、フックを活用したぶら下げる収納の工夫も見られた。設計時に収納スペースを現状より増やす計画が望まれる。加えて、後から設置される収納家具類の配置を想定することも不可欠である。

・配膳や調理の工夫：

配膳に使うキャスター付きワゴン、上部の棚から物を取り出すためのリーチャーなどの**自助具**を活用し調理を行う。これらの工夫も知った上で、キッチンの設計提案を行うことが望まれる。

□玄関・勝手口

バルコニー側に新設した玄関の引戸は操作性の高い大型の取っ手とした。ドアスコープは立位と車いすのいずれでも覗ける高さとして上下2段に設けている。玄関ドアの取っ手側の袖壁は150〜200mm程度確保できるとよい。袖壁前の空間に車いすのフットサポートが入ることで、自然な姿勢で取っ手を持つことができ、ドアの開閉操作がしやすくなる。可能であれば、袖壁部に縦手すりを設置できれば、片手で手すりを持ち、もう片手で玄関ドアの開閉動作を行うと、反動で車いすが動くことがなくなるため、開閉操作の負担が軽減できる。

玄関内には、電動車いす等の充電用のコンセントを設置している（図9）。住宅内では杖歩行や伝い歩き、または自走用車いすを使用するが、屋外では電動車いすを使用するなど、屋内と屋外の移動手段が異なるケースは多い。移動手段が同じでも、屋内と屋外で車いすを使い分ける場合もあり、屋外用電動車いす等の玄関での充電対応は重要である。玄関での車いすからの立ち上がり、室内用車いすへの移乗を想定して、玄関ホールに縦手すりを設置している。

本事例では、階段室側の元玄関は、靴を脱ぎ履きできる最低限の土間部分のみを残して、立位の同居者が使用できる勝手口としている。それ以外の元玄関部分は床を貼ったことで、既存玄関ドアの付属ポストに車いす使用者でも手が届くため、このポストも利用できる。バルコニー側に新設された玄関ポストを利用するには、屋外に出る必要があるため、特に雨の日は面倒との声が居住者より聞かれている。

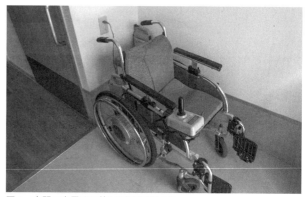

図9　玄関で充電する簡易型電動車いす

■ **不特定の居住者への配慮**

公営住宅は居住者が特定できないため、基本的なバリアフリー対応で整備する部分、入居後に個別ニーズに応じてカスタマイズできる余地と最小限の負担で対応できる準備がポイントとなる。

カスタマイズは、手すりを後から設置できるように、洗面・脱衣室と浴室およびトイレの壁面全体に下地を入れておくとよい。浴室には、入浴介助機器設置を想定して事前に床と壁の補強を行う。事前に、つくりこみ過ぎるとその整備が不要な場合には、必要な移動空間、動作空間の邪魔になることもある。

基本的なバリアフリー対応として、車いす使用者対応のキッチンカウンターを採用するが、同居家族が立位でのみ調理する場合、車いす使用者の使用と同居家族およびヘルパーの立位での使用が共存するケースがあることも念頭に置いておきたい。

移動・動作のためのスペース確保から、小面積の住戸改修では部屋をワンルーム化することも多いが、生活の中で設置される家具配置を想定した計画を行うことに加え、ワンルーム対応として視線を遮る簡易な間仕切りを追加できる木枠の設置など、気持ちよく暮らすための配慮が併せて望まれる。

（室﨑千重）

<知っておきたい用語・解説>

自助具：障がいなどにより困難となった動作を可能な限り自分で行えるように補助し、日常生活をより快適におくるために工夫された道具。建築のみではなく生活を支える道具類の活用も重要である。

3-3 視覚障がい者の就労施設

1）視覚障がい者の就労施設における環境の工夫
五感活用で過ごしやすい自立の場

概要
- 所在地：埼玉県
- 階数：地上2階建て
- 施設形態：就労継続支援・相談支援事業所
- 構法：木造在来構法
- 延べ面積：312 m²
- 主な設計者：吉田紗栄子・直町常容子・桑波田謙・武者圭・正木覚
- 施工：千葉工務店
- 施主：NPO法人 視覚障がい者支援協会・ひかりの森
- 特徴：見て・聞いて・触って・嗅いで移動しやすいストレスフリーな環境

図1　施設の外観

■就労の場における課題と改善に向けた動き

施主であるNPO法人「ひかりの森」の代表者は、50代の頃に網膜色素変性症を発症して失明し、見える人生・見えない人生の双方を体験されてきた。失明された時に、新たな挑戦を行おうと、朗読ボランティアの人たちとともに「ロービジョン友の会アリス」を立ち上げた。この会は、音声読み上げソフトを用いたパソコン学習や自主歩行訓練などの活動を、**視覚障がい**のある当事者が中心になって行っていた。一方で、その活動を通じて、ともに活動した視覚障がいのある当事者が、時に新たな就労する場を見つけられないことに気づいた。地域で当事者が働いて自立できる場を作るべく、当初は近隣のテナントなどを借りようとしたが、視覚障がいのある就労者の出入り・避難などの観点から適切な場所を選定できなかった。このため、視覚障がいのある方が就労しやすい施設を建築する必要があった（図1）。

□設計者が関わった経緯

法人側で住宅用地を決めたが、設計・工事の流れについては法人内での結論がなかなか出なかった。2020年11月頃、バリアフリー建築に関する内容で設計者の吉田氏がテレビ出演したのを見ていた職員が問い合せ、翌年1月に正式に設計を依頼した。この頃、世界的に物資供給が不安定だった影響のため、納期を3か月延長した後、建築プロジェクトが開始された。基本設計に2か月、実施設計に2か月の後に入札という逼迫したスケジュールであった。

基本設計に際しては、視覚障がいのある当事者に平面図の間取りを分かってもらうのに苦労した。ニーズ確認に当たり何度も電話で問い合せたほか、設計図（図2）の線に細いスポンジを貼り付けて伝えたり、設計を前倒しで行って模型を早めに作って触ってもらったりした。施主は「設計者は平面図を書き、間取りを作る人としか認識しなかったので、まさか何度も足を運んでくれるとは思わなかった」と言う。

実際に設計を進める上で、これまでにバリアフリー建築をともに行ってきた専門家でチームを組んだ。最初に、環境デザイナーである正木氏に声をかけ、外観や建物配置などのイメージスケッチなどを構築してもらった。また、公共施設・医療施設の環境デザイン・設計に豊富な実績のある桑波田氏に視覚環境の設計を、サウンドクリエータで視覚障がい当事者でもある武者氏に室内音環境に関する設計・制御を依頼した。この中で最も現場での調整が必要となったのは、音環境の設計だ。基本設計の段階では天井の高さを地点ごとに変える以上はできなかった。

■課題を解決するための取組み

□基本設計

本施設は、視覚障がい者が五感を意識的に活用することで過ごしやすい環境として設計された。特に、ロービジョンの方が見やすく、全盲の方が聞いて場所の変化がわかり、両者ともに点字ブロックや壁などの目印を触って歩けるよう配慮した。壁などの触感を制御するため、木材の触感を考慮して施工できる業者を選定した。結果として、木材の心地よい香りが感じやすい環境ができたことで、匂いも一種の手がかりにできた。また、この業者は県産材の利用に長けており、COVID-19流行の影響から価格高騰した外国の木材に頼る必要がなかったことから、スケジュールの遅れや追加料金の発生なく、引き渡しを無事に行えた。

施設の1階は就労継続支援のための作業室、2階は相談支援のための部屋や事務室を主とする（図2）。入口は1階に2か所あり、一方は2階の相談室に直接向かえるものである。利用者の身体状況に合わせ、階段もしくはエレベータで移動できる。

□エントランス

エントランスのスロープは、車いす利用者が問題なく進めるような設計に加え、ロービジョンの方が見て歩け、全盲の方が白杖で伝い歩きしやすいようにした。また、スロープ中央部に一種の**エスコートゾーン**を設けた（図3）。アプローチ側も視覚的なコントラストを明瞭にした。さらに、木材の活用により、生活道路との色合いの区別や、その上を歩いたり、白杖で探った時に触感の違いが起こるようにした。入口の扉は自動ドアであり、押しボタンにタッチすると開くようにしている。なお、扉付近にはスピーカーが設置してあり、音量が小さくても周辺部に響くよう設計したメロディを流せる。この機能により、初めて来所する視覚障がい者が近隣まで辿り着いた後、迷わず円滑な入館が行えるよう工夫している。

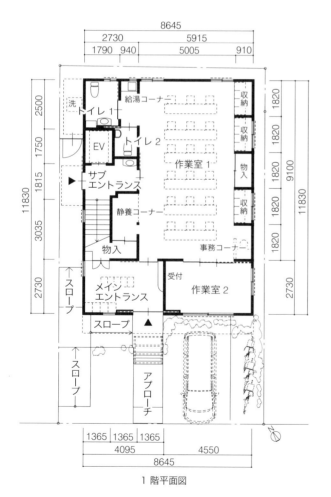
1階平面図

2階平面図

図2　各階平面図

□ 玄関部〜1階作業室

　施設に入館すると木の香りが広がり、視覚情報なしに無事に入館できたとわかる。同様に木材で組まれた下足場の靴箱や壁には、一様に床から約80 cmの所に濃青色のラインが、木の触感を活かした壁板の上に引かれている（図4）。ロービジョンの方はこのラインを見て、全盲の方は触って、室内の伝い歩きを容易にできる。なお、床も点字ブロックの敷設に加え、作業場と移動ゾーンとの色分けがなされており、触覚的・視覚的に現在地を把握しやすい。

□ トイレ・洗面台

　廊下とトイレは、ドアの存在に加え、床の色でもゾーニングされている。また、トイレを示す木製のピクトグラムは壁から浮き出ており、それ自体を触って男女用・多目的の区別ができる（図5、図6）。トイレ内は手すりが壁の色と区別しやすいよう色分けされているほか、押しボタンを大きく作ってあり点字付きである。

　洗面台においても、洗面器と天板の素材が異なるため、見て触って手を洗う場所がわかる（図7）。なお、車いす利用者も使えるよう、洗面台の下部にスペースが取ってあり、高さも調整されている。

□ 階段

　階段は視認性の工夫がされており、廊下の床と踏み板、壁の色が異なるほか、蹴込み板・踏み面が区別しやすいよう光が当たる（図8）。なお、危険防止の兼ね合いから、蹴上げの高さを若干低くした。さらに、階段・踊り場ともに足音が出やすく作ってあり、音の響きで現在地を把握できるようになっている。偶然ではあるが、「懐かしい音」と評価される利用者もいるとのことである。なお、

図5　トイレ入口部（左：外観、右：壁から浮き出ているピクトグラム）

図6　トイレ内　　　　図7　素材で判別できる洗面台

図3　エントランス（左：スロープ、右：アプローチ）

図4　作業室までの動線（左：下足場から作業室、右：作業室内の移動のための壁・床のブルーライン）

図8　視認性と足音の出やすさに工夫がされている階段

一般には足音は抑えるものであるため、施工者は作るのに苦労されていた。

□ **2階廊下・相談室・フリースペース**

2階の廊下は床材が異なる箇所があり、壁と同様に色も分けられている（図9）。緑色の箇所は階段・エレベータの付近であり、木材色（フローリング）の箇所はフリースペース、青色のカーペットの箇所は相談室に通じている。ロービジョンの方は主に色の違いを、全盲の方は主に足音やその響き、触感の違いを手がかりに現在地が掴める（図10）。相談室の床も青系のカーペット張りだが、廊下の床の模様と触感が多少異なっており、空間の違いを掴める。

フリースペースは天井の高さが場所ごとに違い、声などの響き方が異なるよう設計されている（図11）。

■ **当事者との試行錯誤で必要なバリアフリーを選択**

本施設の施工に際しては、ユーザ特性の理解・その特性に対応できる専門家同士の協働・視覚障がいのある施主への空間伝達を踏まえて設計案を確定させた上で、施工に際しての床材・設備・照明を施主と試して決定する過程に工夫があった。特に、試して決定する過程においては、ショールームでの検証に加え、施主との対面打合せの際には当事者による触覚・視覚を通じた体験を行えるよう工夫した。

また、施工現場で決める要素が多かった点に苦労があった。音が出る階段や響き方などは試行錯誤を行わざるを得ない側面があり、臨機応変の対応が求められた。さらに、バリアフリー法の規定を満たす必要があるため、役所での確認申請が多く発生した。例えば、廊下の幅は手すりを付けた後で1,200 mm要するなどの項目を満た

図11　フリースペース

す必要がある。本件で特に問題だったのは多目的トイレの各種要件であった。特に、簡易型ベビーベッドが入らない点が役所から問題視された。しかし施主側は、本施設は就労支援を目的とし、子連れで来られる人はおらず、逆にない方が良い点を強調したため、事なきを得た。

以上の点から、バリアフリー法で定められた項目が、必ずしも使う側の視点に立った運用がされているとは限らない。単にチェックリストに基づいてバリアフリー状況を判断するだけでなく、現場の状況に基づき臨機応変に必要性を判定できるスキームの構築が求められるだろう。

なお、本施設の課題点は、盲導犬利用者のための工夫が不十分であった点である。特に、盲導犬の排泄場所を作っていなかった。類似目的の施設を作る場合は注意するべきだと考えられる。今後、超高齢社会が進展していく日本では、恐らく視覚に何かしらの障がいを持つ人が増えていくだろう。今やバリアフリーは当たり前のものとなり、法律面でも「高齢者、障害者等の移動等の円滑化の促進に関する法律」が令和年間でも改正・施行され、ハード面のみならずソフト面に関する条文が充実した。

この状況では、環境による自立支援だけでなく、支援者が支援を行いやすい環境も求められる。よって、個別化されたニーズを的確に掴み、臨機応変に設計・施工に落とし込んで課題解決を行う柔軟さも必要であろう。

（三浦貴大、西野亜希子、吉田紗栄子）

＜知っておきたい用語・解説＞

・**視覚障がい**：視力や視野などの視機能に障がいがあり、見ることが不自由（ロービジョンなど）もしくは不可能（全盲など）の状態

・**エスコートゾーン**：触覚的に横断の手がかりとできる、路面性状を故意に変えた面列。主に横断歩道上に設置される。

図9　2階廊下　　図10　相談室

| 設計 | 福祉 | 行政 | 研究者 | 本人 |

3-4 精神障がい者・知的障がい者の住まい

1）精神障がいのある人々が集まって住むグループホーム

概要
【事例A】
構造・階数：木造3階建（1階：居室3室、2階：居室3室、3階：交流室・世話人事務スペース）。
居室面積：11.59m² ～ 12.42m²（1K）
【事例B】
構造・階数：RC造3階建（1階：交流室・事務所、2階：居室3室、3階：居室3室）
居室面積：22.50m² ～ 22.79m²（1K）

障がい者グループホームは、「長期入院を余儀なくされ、戻る家を失ったり、退院後自宅に戻ることも困難になった人たちの暮らしの場」、「親亡き後の不安に応える暮らしの場」として有効な資源である[1]。一定の支援や介護を受けながら地域の中で暮らしたい、地域の一般のアパート等での自立生活に移行するまで通過地点として利用したいというニーズにも応えるサービスである。

障がい者グループホームは、2006年度に障害者自立支援法のサービスとして位置づけられ、入所施設や精神科病院等からの地域移行を進めるために整備が進められてきた。障害者総合支援法施行前は、身体障がい、知的障がい、精神障がいといった障がい種別ごとに異なる法律に基づきサービスが提供されてきたが、障害者自立支援法の元では、障がい種別に関わらず共通の制度の下に障がい福祉サービスを提供する体制となった。さらに、2013年4月から「障害者の日常生活及び社会生活を総合的に支援するための法律（以下、障害者総合支援法）」が施行され、知的障がい、精神障がい、身体障がいに加え難病患者等も障がい福祉サービスの対象となった。したがって、本事例で取り上げる事例についても、「精神障がいのある方が集まって住む」とタイトルを掲げているが、制度上は精神障がいのある方のみを対象とした住まいではない点に留意されたい。

■サービス提供や入居期限

グループホームの利用者は障がい程度の軽い人から重い人まで混在する状況になっており、利用者の重度化・高齢化への対応も求められている。グループホームにおけるサービスの提供については、事業者自らが行う「介護サービス包括型グループホーム」、外部の居宅介護事業者に委託する「外部サービス利用型グループホーム」「日中サービス支援型グループホーム」がある。また、自治体により位置付けや家賃補助の有無など異なる点があるが、入居後一定期間（概ね3年以内）に単身生活へ移行できるよう取り組む有期限の「通過型」グループホーム、入居期間の定めのない「滞在型」グループホームがある[*1]。

■本稿で取り上げる事例

本稿では、東京都内において複数の障がい者グループホームを運営している法人が運営する2つのグループホームを取り上げる。いずれも東京都の設定した区分で、入居期間のない滞在型として指定されているグループホームである。本稿では、2つの事例における入居者の暮らしや行われている支援から、精神障がいのある方の生活の場の選択肢の一つであるグループホームに求められる環境を検討する[*2]。

□事例A

最寄駅から徒歩圏内、見晴らしの良い高台に位置し落ち着いた雰囲気の地域である。最寄駅には商業施設やス

図1 事例Aの外観

ーパー、自治体の窓口も設置されており、利便性が高い。

居室には、キッチン、トイレ、洗面設備、浴室があり、各住戸で独立した生活が可能である。建物の外観は、一般の単身向けアパートと大きな違いのない外観で周囲に溶け込んでおり、大きな看板等も見当たらない。上下階の移動は、外階段を使用する。各住戸は、白を基調とした壁紙や木材により、清潔感や明るい雰囲気が感じられる内装が印象的である（図1）。

入居定員は6名である。入居者の年代は30代が最も多い。今後、アパート等で一人暮らしを目指している方を主な対象とするグループホームである。定期的に就労や日中活動を行っている入居者の割合が高い。

□事例B

交通量の多い都道に面し、鉄道駅2駅にアクセス可能な立地である。最寄駅から徒歩圏、もう一つのアクセス可能な駅はバスを利用する。バス停はグループホーム至近であり、バスの本数も多い。最寄駅には、飲食店が多数とスーパーもあり、利便性に優れる。周囲には鉄骨造の建物のほか、商業ビルや一戸建ての住宅も立ち並んでいる。

居室の設備は、キッチン、トイレ、洗面設備、浴室であり、各住戸で独立した生活が可能である。上下階の移動は、外階段を使用する。建物の特徴は、建設当初から精神障がいのある方が入居することを想定して建設されており、入居者同士のトラブルや音による不快な刺激からくる影響を少なくするため、遮音性の高い構造とした点が特徴である（図2）。

事例Bは、複数のユニットから構成されるグループホームの1ユニットという位置付けである。生活面がある程度自立しており、他の入居者と協力し合いながら生活を送れる方、身体合併症のある方を対象としており、入居定員は6名である。入居者の年代は50代が最も多い。

就労や通所の事業所を利用している人のほか、療養中の入居者もいた。

図2　事例Bの外観

■障がい者グループホーム入居者の生活

入居者は一人ひとりの生活スタイルに合わせ、独立した生活を営んでいる。日中は各種活動や就労のため不在の人も少なくなく、退勤後や休日などは思い思いに過ごすというスタイルである。食事の調達、住戸の清掃、物品の管理を自分で行う入居者もいれば、入居者自身が難しい場合は、食事の提供や清掃を世話人に依頼することもある。

グループホームのスタッフである世話人は、日中は交流室や事務所などに滞在し、入居者の状況確認や相談業務等、後述のような様々な支援を行っている。いずれの事例も、夜間にはグループホーム内に世話人は滞在せず、夜間支援体制（常時電話対応可能、緊急時にはすぐに駆けつけられる体制）を整え対応している。また、安否確認や状況の確認のため、1日に1回は、世話人と入居者が顔を合わせる機会を設けている。入居者にとっては、困り事や相談を持ちかける機会になり、世話人にとっては、健康状態や状況の変化をいち早く気づく機会になる。

■障がい者グループホームにおける支援

各居室での家事支援など生活支援全般、服薬管理や健康管理、通所通院への送迎や付添、金銭管理の支援、行政手続き等のサポートなど、入居者一人ひとりの生活に応じた支援を行う。

精神障がいのある人の場合、体調の波があったり、症状が強く出て住戸から自ら出ることが困難になる場合もあり、関係機関と連携しながら、一人ひとりの状況に合わせた支援が行われている。

また、グループホームは共同生活の場であり、入居者とスタッフとの関わりだけでなく、入居者同士の関わりの場でもある。入居者と相談しながら季節ごとのイベントを実施したり、食事会の企画・運営など入居者同士の交流の場を作っている。

近隣住民との関係づくりやトラブルが生じた際の対応や調整も、世話人の大事な役割の一つである。例えば、地域における生活では、ゴミ分別のルールに応じたゴミ出しが求められるが、ルールを守ることが難しい場合は、近隣とのトラブルの原因になる場合もある。事例Aでは、

ゴミの回収方法が変更された際には、ゴミの出し方のルールを分かりやすく示したチラシを作成し、口頭で伝えるだけでなくチラシを手渡すほか、交流室にチラシを掲示していた。

■障がい者グループホームの環境と生活

□共有スペース（交流室）

設備基準では、交流室は「従業員を含めた事業所関係者が一堂に会せる食堂・居間」と表現されている。事例A、事例Bいずれも、日常的な食事の提供は行われていない。

図3　事例Aの交流室
インテリアとして障がい者アートの絵画が飾られている

図4　事例Aの交流室
世話人の事務スペース。入居者の利用空間でもあるため、個人情報に関わる書類は鍵のかかるキャビネットに保管されている

図5　事例Bの交流室

月に1回夕食会を設け（参加は任意）、入居者や支援者（スタッフ）がともに夕食を囲む。交流室には、スタッフの事務スペース、台所、テーブル、ソファやローテーブル、テレビなどが設置されている。交流室の入口の鍵は入居者も所持しており、夜間や休日など支援者（スタッフ）不在時にも、入居者は自由に交流室を利用することができる。DVDの視聴や、食事をすることもできる（図3～5）。

□各住戸（プライベートスペース）の環境

住戸内の清掃や、物品の管理は基本的には事例A、事例Bともに入居者が行っていた。食費は自己負担となり、各自調達する。訪問看護等の外部サービスを利用するほか、住居の清掃や調理などは世話人に依頼する場合もある。

□事例Bの入居者の住戸と生活（図6、図7）

事例BのグループホームのDさん（50代、統合失調症）は、病院ではない生活の場を強く希望し、退院後、グループホームでの生活をスタートした。身体合併症もあるため、日中活動はしておらず、グループホームの居室内で過ごす時間が長い。居室で、入院中には口にできなかった大好きなラーメンを自分で作り、食べることを楽しみにしている。

■今後の障がい者グループホームの環境への示唆

□高齢化・重度化への対応

入居者の高齢化や重度化に伴い、障がい者グループホームについても、基本仕様として身体機能の低下に対応するバリアフリー化を進めることが求められる。特に入居期限のない滞在型グループホームの場合、入居当初は問題がなくとも、年月を経ることにより、上下階の移動や住戸内の段差によりグループホームでの生活が難しくなる場合も十分に考えられる。一方で、事例からも明らかなように障がい者グループホームの利用者は多様であり、就労や日中活動の場、飲食店や最寄駅へのアクセスの良さなど立地条件も地域生活を継続する大きな条件の一つであった。暮らし続けられる住まいとしての性能と、立地条件や住みやすさの両面から入居者の生活を捉えることが求められる。

□交流室の使われ方の変化

本稿で取り上げた障がい者グループホームは、入居者のそれぞれの生活リズムやスタイルを尊重した一般の集

図6　事例Bの居室内
玄関の扉は密閉性が高く、扉を閉めると外部の音はほとんど聞こえない。反面、扉が重く開け閉めが大変という入居者の声も聞かれた

図7　事例Bのキッチンのガスコンロ
大好きなラーメンを調理するコンロ。写真下段には備え付けのコンパクトな冷蔵庫があるが、備え付けの冷蔵庫は使用せず、以前の住まいから持ち込んだ使い慣れた冷蔵庫を使用している

合住宅に近い形態といえる。新型コロナウィルスの流行による生活スタイルの変化や情報通信サービスの発展・普及により、かつては交流室で行った映画視聴やゲームをすることが自室でも可能になっている。入居者の状況に合わせた交流室の用途や必要な備品、空間構成の検討が必要である。

□**住戸の仕様**

　精神障がいのある方の場合、体調の波があったり、症状が強く出ることにより、普段できることが難しくなったり、急に隣戸の音が我慢ならず思わぬトラブルが発生する場合がある。事例Bのように、各住戸の遮音性を高めることは、入居者同士のトラブルを未然に防ぐ効果があるだろう。また、住戸内については、メンテナンスのしやすい仕様にすることも求められる。体調や気分の波により整理整頓や清掃ができない状況になることもある。汚れの落ちやすい壁紙や、掃除のしやすいトイレや浴室により、一時的に部屋の掃除が滞ったとしても、元の状態に回復しやすくなる。

　また、本稿の事例に限らず、何らかの支援を受けながら生活を営んでいる方の場合、カレンダーや予定表、お薬カレンダーを使っている事例が少なくない。住戸内に家具が少なく物を飾るようなスペースがない住戸もある。壁に穴を空けなくとも物を飾ったり、掲示できる仕様により、その人らしさの表現への支援につながる可能性があるのではないだろうか。

（大島千帆）

注
*1：令和4年4月現在、東京都については、おおむね3年以内に単身生活へ移行できるよう取り組む「通過型」グループホーム、それ以外のグループホームを「滞在型」グループホームとして、指定を行っている。通過型は有期限、滞在型は無期限の違いがある。グループホームで生活をしながら、就労等の日中活動をするために生活面での基盤づくりを支援する。「通過型」「滞在型」を区別しているのは東京都のみ（2023年8月現在）であり、東京都以外では一般的に障がい者グループホームは「滞在型」と位置付けられている。

*2：掲載する入居者の状況等は、2023年3月時点のものである。

参考文献
1) 増田一世「精神障害のある人への居住支援の歴史とグループホーム制度の課題」『精神障害とリハビリテーション』23（2）、pp.102-106、2019

＜知っておきたい用語・解説＞

障がい者グループホーム：障害者総合支援法における障害福祉サービスの1つ。制度上の名称は「共同生活援助」。障がいのある方が少人数で共同生活を送る場で、世話人あるいは生活支援員と呼ばれる支援者が生活をサポートする住まいである。

| 設計 | 福祉 | 行政 | 研究者 | 本人 |

3-4 精神障がい者・知的障がい者の住まい

2）強度行動障がいのある人々のためのグループホーム

概要
- 名称：レジデンスなさはらもとまち
- 建物種別：障がい者グループホーム
- 延床面積：427.8m²
- 所在地：大阪府
- 所有形態：所有
- 階数：2階建て
- 設計：(株)二井清治建築研究所

図1　障がい者グループホーム「レジデンスなさはらもとまち」外観

■強度行動障がいのある人々への支援

　本事例の運営法人である社会福祉法人北摂杉の子会は、大阪府高槻市を中心に、知的障がいや発達障がいのある人々が生まれ育った「地域に生きる」ことを理念に掲げ、様々な支援を続けてきた。その活動は幅広く、施設入所支援・生活介護を行う障がい者支援施設や障がい者グループホーム（共同生活援助）などの居住支援から、生活介護や就労継続支援B型などを行う複合施設、就労継続支援B型事業所、児童デイサービス・発達障がい療育等支援事業所、児童発達支援・放課後等デイサービス事業所、訪問看護ステーションなど、児童から成人、就労から生活介護、通所から住まいまで、障がいのある人々の地域生活を支えるための多様な側面に及んでいる。

　北摂杉の子会は、障がい者支援施設（萩の杜）を開設した当初から、特に重い知的障がいのある方や、行動上の課題のある自閉症の方の支援を展開してきた。特に、重度知的障がいと自閉症を併せ持つ方に見られる「**強度行動障がい**」という状態への支援については、豊富な支援の実績と知見の蓄積がある。その一環として、強度行動障がいのある人々を対象とした障がい者グループホーム「レジデンスなさはら」を、2012年に開設した。これは、北摂杉の子会の通所施設を利用していた方々とその家族から、本人と家族の高齢化のために住まいのニーズが示され、それに応えたものであった。本稿で紹介する「レジデンスなさはらもとまち」（図1、図2）は、同様の経緯で2019年に開設された障がい者グループホームで、こちらも強度行動障がいのある人々を対象としたグループホームである。

□豊富な経験のある設計者の参画

　本事例の設計者である二井清治建築研究所は、障がい者施設や高齢者施設を多く手がける設計事務所であり、社会福祉法人杉の子会の運営する生活介護事業所「ジョブサイトよど」や、生活介護・自立訓練・就労移行支援・就労継続支援B型・短期入所（日中一時支援）・相談支援を行う複合型施設「ぷれいすBe」などの設計を手がけている。上述の障がい者グループホーム「レジデンスなさはら」の設計も、二井清治建築研究所の設計によるものである。

　障がい者グループホームは、一般に軽度から中程度の、ある程度、自立した生活を送ることができる知的障がいのある方が入居することが多い。他方で、強度行動障がいのある方の場合、障害支援区分はもっとも支援を要する6であることが多く、支援と環境の両面から繊細な配慮が求められる。建築的には、一般の障がい者グループホームに見られるような、既存住宅をそのまま利用する、あるいは最小限の改修を行って障がい者グループホームとするような手法では、求められる支援に対応できないことが多い。本事例でも、設計者は「レジデンスなさはら」等で培ったノウハウと知見をもとに、強度行動障がいのある人々の生活と支援について、きめ細かな設計を行っている。

■刺激を減らしたオーダーメイドの設計

□強度行動障がいとは

強度行動障がいは、障がいの特性（特に重度の知的障がいと自閉症）と環境の要因（情報のわかりにくさなど）の相互作用で生じると考えられており、その人の特性の理解と、その特性に合わせた支援と環境の提供が効果的であることが知られている。

□入居者特性の把握と設計のポイント

環境的な配慮を行う際の基本として、入居者像をあらかじめ把握することが求められる。本事例の場合、入居者はすべて北摂杉の子会が運営する通所施設の利用者であったため、グループホームの設計に先立ち入居者が決められ、それぞれの特性に応じた設計が行われた。この、事前に入居者の特性が把握されているということを前提として、グループホームの設計に際し特に重要視された事柄は、「一人ひとりの障がい特性にあわせたオーダーメイド設計」と、「刺激を減らす環境設定」の2点である。

□オーダーメイド設計

障がいの特性によって、居室にどのような配慮が求められるのかは、大きく異なる。聴覚刺激に過敏な入居者であれば、居室の防音が重要になる。視覚的刺激に敏感な入居者の場合、一般のカーテンでは朝の光で目が覚めてしまうこともあり、遮光カーテンを採用することが睡眠環境の改善につながることがある。また、居室の中で

図3　壁のクロスをめくってしまう方のための壁を板張りとした居室

図2　1階・2階平面図

跳びはねることがある入居者にとって、他の入居者の生活に影響を与えないためには、床にクッション材と防振マットを敷くことが有効となる。

本事例で採用された工夫の一例として、壁のクロスをめくってしまう入居者に対しては、壁を板張りとし、クロスをめくることがないようにすることで、落ち着いた生活を送ることができるようにしている（図3）。聴覚過敏がある入居者には、壁にグラスウールを充填した遮音パネルを採用し、遮音性を高めた居室も作られた（図4）。また窓ガラスを割ってしまうおそれのある入居者に対しては、外側の窓を強化ガラス、内側の窓をポリカーボネートとした二重窓を採用し、窓が割れてしまわない工夫を施している（図5）。

他方で、これらはこのような配慮を行わない居室と比べるとコストが高くなり、設計者としてはどこまで導入すべきか、悩ましい。本事例においては、事前に入居者が決まっていたため、居室の内装やインテリアについて標準仕様とオプション仕様を設け、ご家族にアンケートを行い、入居者それぞれに合わせた居室の仕様が決定された。その際、居室のオーダーメイド対応にかかるオプション費用も示され、オプションを採用した場合の費用は入居者（と家族）が負担した。

□**刺激を減らす環境設計**

強度行動障がいのある入居者にとっては、視覚・聴覚的刺激に対して著しく過敏であることがあり、そのために様々な生活リズムの乱れや、場合によっては危険な行動が生じてしまうこともある。そのため、この「レジデンスなさはらもとまち」では、徹底して感覚的な刺激を減らす環境設計が取り入れられている。

まず、居室と居室の間には押入が配置され、隣室の音の影響が最小限になるように配慮された。浴室・トイレについては、1番館・2番館ともに各階に設置され、入居者がフロアを移動することなく、生活が完結できるようにされている。さらにトイレは各フロアに小便器のみのトイレを含め3か所設置され、入居者にトイレの順番待ちが発生せず、またトイレにアプローチする際に入居者の動線が交錯しない計画とされた。加えて、入居者が集まって食事を行う食堂は設けられず、入居者はホールに置かれた個別のテーブル、あるいは個室内で食事を行っている（図6）。

他人の存在に極めて敏感で、それによって行動に影響が出てしまう入居者に対しては、共用部を通らず直接外

図4　防音性向上のため、壁にグラスウールを充填した遮音パネル・シナ合板仕上げを採用した居室

図5　外側の窓は強化ガラス、内側の窓はポリカーボネートとした居室の二重窓

図6　ホールに置かれた個別のテーブル。入居者はこのテーブルまたは個室内で食事を行う

部から出入りすることができる出入口（前室）が設けられた（図7）。これにより、この居室で生活する入居者は、他の入居者の存在を意識せずに生活を送ることができるようになり、ストレスが大幅に低減した。この入居者の居室は、家族からの要望で押入にクッション材を貼って「クールダウンスペース」として使えるようになっているが、グループホームに入居してから現在まで、行動が落ち着いているため、使用していないとのことである。

他の入居者と分けた前室を設けるまではないが、そ

図7 2番館の2階に設けられた直接外部からアクセス可能な出入口（前室）

図8 2番館の2階廊下に設けられた、視覚刺激を低減するためのパーティション

図9 スタッフ室に設けられた、直接外部から出入りできる出入口

れでも他の入居者の存在がストレスになってしまう入居者に対しては、グループホーム開設後に廊下にパーティションが設置され、生活に必要な空間を区画して他の利用者が見えないようにされた（図8）。これも視覚刺激を減少させ、ストレスを軽減させるための工夫である。

さらに、入居者によっては職員の動きもストレスとなるため、スタッフルームや厨房には外部から直接出入りができる出入口が設けられた（図9）。これにより、職員が共用部を通過する頻度が減少し、入居者に対する視覚・聴覚刺激の低減が意図された。

□「予防的工夫」の重要性

　強度行動障がいのある入居者の生活環境を考える場合、危険な行為（例えばテレビを壊すなど）が起こった後に、それを防ぐための対策（例えばテレビを撤去するなど）を行うと、短期的にはその行為はなくなるが、長期的にはストレスの低減にはつながらず、同様の、あるいは形を変えた様々な行動が発生してしまう可能性が高い。本事例で紹介した様々な建築的工夫は、そもそものストレスを生じさせない（例えばあらかじめテレビにカバーを設置して保護するなど）ような、「予防的工夫」と呼ぶことができる。これらの予防的工夫によって入居者の行動が落ち着けば、職員の負担も軽減され、支援に余裕が生じる。また、虐待の防止や職員の離職防止など、長期的な好循環が生じることも期待できる。

（松田雄二）

参考文献
1) 独立行政法人国立重度知的障害総合施設のぞみの園『令和元年度強度行動障害支援者養成研究（基礎研修）受講者用資料』2019

＜知っておきたい用語・解説＞

強度行動障がい：自傷、他傷、こだわり、もの壊し、睡眠の乱れ、異食、多動など本人や周囲の人の暮らしに影響を及ぼす行動が、著しく高い頻度で起こるため、特別に配慮された支援が必要になっている状態[1]。

3-5 発達障がい者の住まい

1) 発達障がい児(者)の住まいの工夫

概要
・所在地：神奈川県
・所有形態：持家戸建て
・階数：2階
・設計協力：横浜市総合リハビリテーションセンター

重度知的障がいを伴う自閉スペクトラム症の子どもの住環境整備の事例である。2階ベランダからの転落防止のための環境整備やふすまを破る行為への対応、子どもの興味関心の高いキッチン内への侵入に対する**構造化**の例など、子どもの行動特性に配慮した住環境整備をbefore-after形式で紹介する。

■住宅改修の経緯

Aさんは5歳男児、重度知的障がいを伴う自閉スペクトラム症の診断を受けている。現在、地域療育センターに週5回通っている。発語はほとんどなく、人への意識は低い。家の中を走り回ったり飛び跳ねたりする行動を好む。階段の手すりやタンスの上など、高い場所に登る行動も頻繁にみられる。Aさんのコミュニケーションの手段は、親の手を取って物を指したり、取らせたりしようとする行為（クレーン現象）で行うことが中心である。イラストや絵カードの理解度は低く、親が実物を見せることで行動を促している（例：リュックサックを見せて一緒に外出する）。双子の弟にも同様の行動特性がみられるため、在宅生活上の困難度は非常に高い。

4歳の時、親が目を離したすきに2階ベランダから誤って落下。右足首を骨折した。落下時、頭部の真横に朝顔の支柱があり大変危険な状況であった。その転落事故をきっかけに親は、地域療育センターに相談し、筆者(横浜市総合リハビリテーションセンター・設計者)がAさんの行動特性に配慮した住宅改修の相談を担当することになった。

■住環境整備の実際

一般的に知的障がいや発達障がいのある人たちの困りごとに関する相談では、「何かができないこと」についてではなく、「本来やるべきこととは違うことをやってしまうこと」に関する内容が多い。本人ではなく、家族や周囲の人が困っている場合が多いのが特徴である。本人にとっての不便さや使いにくさが問題となる身体障がいのある人たちとは対照的に、知的障がいや発達障がいのある人の場合は、危険なことや家族に心配や迷惑をかけることが問題となりやすいため、どうしても家族や周囲の人たちの視点からの相談や助言が多くなり、本人は困っている当事者ではなく、トラブルメーカーの位置づけで見られかねない。

しかし、視点を本人の側に移してみると、問題の多くは、本人にとって理解できないことがあることに起因している。例えば、手持無沙汰で何をすればよいかわからない場合、目に入った物を手に取りたくなるのも無理はない。手に取っても、それが何で、どのように使うものなのかがわからず、誰も使い方を教えてくれなければ、本来とは異なる使い方をしても仕方ない。

そのような障がい特性に配慮した支援が必要であるため、横浜市では、普段から子どもの様子を理解している専門職と一緒に家庭訪問をする住宅相談のシステムが構築されている。本稿の事例の場合は、地域療育センターの保育士と一緒に家庭訪問を実施し、母親からも状況を聞き取りながら実際の現場を確認し、解決方法を探った。

保育士や母親のヒアリングの結果、子ども（Aさんと双子の弟）の安全対策を重視するとともに、親の介助（育児）ストレスの軽減を図ることを住環境整備の目的とした。

主な住環境整備の内容を図1にまとめた。

①2階居室の掃き出し窓のクレセント錠の交換

相談の発端となった2階ベランダからの転落を防止するために、ベランダに面する居室の掃き出し窓のクレセント錠（締め金具）をキー付きの防犯錠に交換した。2階はすべての窓をキー付きクレセント錠に変更したため、万が一、Aさん一人で2階で過ごすことがあったとして

①2階窓：キー付きクレセント　　①2階窓：格子戸　　②1階和室：押入（改造前）　　②1階和室：押入（改造後）

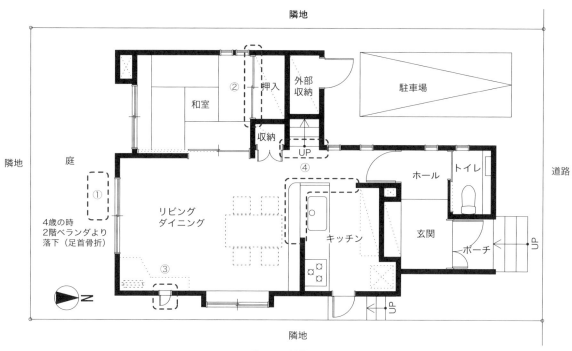

1階平面図兼敷地図

③1階リビング：縦滑り出し窓（改造前）　　③1階リビング：縦滑り出し窓（改造後）　　④1階キッチン・階段（改造前）　　④1階キッチン・階段（改造後）

図1　間取りと改造前後の様子

も、ベランダからの転落事故は防げるようになる。また家族の生活が不便にならないように、クレセント錠は同一キー仕様（一つの鍵ですべてのクレセント錠の施開錠ができる）にしている。

キー付きクレセント錠は、キーをかけ忘れてしまうと安全対策の意味がなくなることや、一方で、クレセント錠を施錠した状態で火災が発生した時の避難経路の確保の問題など、導入する際のメリットとデメリットを親に丁寧に説明し、納得してもらった。

②掃き出し窓に格子戸の設置

2階のベランダに面する掃き出し窓に格子戸（木製・鍵付き）を設置した。格子戸の具体的な使い方は、引き違い窓の片方の窓を開け（網戸状態）、格子戸を閉めるだけである。引き違い窓のもう片方の窓は固定（FIX）にすることで、格子戸が閉まっていれば、掃き出し窓からベランダに出ることはできない。片方の窓をFIXにすることで、採光の確保や費用の軽減（格子戸を引き違いにしなくてもよく、一本引きの格子戸で対応できる）につながる。

格子戸導入は、子どもが部屋にいる時でも、通風や換気を確保できることが最大のメリットである。キー付きクレセント錠は常に窓が締められた状態になるため、夏場などエアコンの風が苦手な人には、格子戸の方が快適である。

このように窓の鍵をキー付きクレセント錠に交換することと格子戸を設置する二重の安全対策により、Aさんはベランダへ一人で出ることはなくなり、転落事故防止につながった。親も安心して過ごせるようになったという。

③押入れの建具を交換

Aさんは、押入れのふすまをビリビリとやぶり、内部の桟まで折ってしまう行動がみられた。親は何度もふすまを張り替えたが、ふすまを破る行動には際限がなく、経済的な負担も大きかった。そのため、ふすまの表面が合板仕様の建具に変更することにした。また、Aさんには押入れの中身をすべて外に出さないと気がすまない行動特性が見られたため、合板仕様の建具の戸に鍵を設置した。

このことにより、Aさんはふすまを破ったり、押入れの中身を外に出す行動はなくなった。親のストレスも減り、Aさんを叱る回数は激減したという。

④リビングの縦滑り出し窓に面格子設置

リビングのテレビ台の脇に縦滑り出し窓があり、Aさんはその窓を開け、おもちゃやテレビのリモコンなどを外に落とす遊びをしていた。その行動があると毎回、親が外に捨てられたものを拾いにいく必要があり、親はいらだちを隠せない様子であった。

さらに、窓を全開するとAさんの頭が入ることがわかり、Aさんは窓から身を乗り出す行動も頻回に見られ大変危険であった。

この縦滑り出し窓への対応は、まず窓が全開しないようにビスで開閉位置を調整できるように工夫した。さらに、Aさんが身を乗り出さないように面格子（木製、鍵付き）を設置した。その結果、Aさんは外にものを落とせなくなり、親は毎回外に出て、落ちたものを拾いに行く必要性がなくなった。

⑤階段登り口に引戸設置

階段の登り口には、引戸（鍵付き）を設置し、自由に1階から2階に移動できないようにした。こうすることで、1階で親と一緒に過ごすことができる。親がキッチンやトイレ、浴室を使っている状況でも、子どもが勝手に2階に行ってしまうという不安は払拭された。

⑥キッチンの出入口とカウンター部分に格子戸設置

キッチンは、お菓子や冷蔵庫、食材、水（蛇口）など、Aさんにとって興味や関心が高い場所である。改造前はキッチンの出入口にベビーゲートをしていたが、何度も開けようとしたり、よじ登って落ちそうになったりしたことがあった。ダイニングのテーブルに登ってキッチンのカウンター部分からキッチン内部に入ってくることが何度もあったという。子どもが家にいる間、親はキッチンで家事をすることがほとんどできず、強いストレスを感じていた。

そこで、キッチンの出入口には、格子戸（木製・鍵付き）を設置した。キッチン内は熱がこもりやすくなっているため、格子戸にすることでキッチン内が快適な温熱環境になるよう配慮した。カウンター部分には引き違いの格子戸（木製・鍵付き）を設置し、Aさんが自由にキッチン内部に入ることができないようにした。

改修当初は、Aさんは格子戸を叩いたり、登ったりするのではないかと推測されたが、そのような行動はみられなかった。パニックになることもなかったという。母親は、子どもが家にいる時でもストレスなく家事ができ、大事なものはキッチン内に置くようにするなどの工夫に

より、生活がしやすくなったという。高い満足感を得ている様子であった。

その他にもコンセントカバーの設置や階段横の収納扉の鍵の設置などを実施した。

■行動特性と住環境整備の分類

知的障がいや発達障がいのある人を対象とした住環境整備では、高齢者や身体障がい者と同様に、まずはその人の障がい（特性）の理解を心がけることである。特に重要なことは、知的障がいや発達障がいのある人たちは、興味の偏りや行動パターンに固執することがあり、他の人からは「こだわり」として認識されることがある。この「こだわり」を容認できない環境では、問題行動として受け取られることがある。その場合、現在の住環境が本人の行動特性に適合していないために、家族や近隣住人が不快と感じる行動を誘発していると考えるとよい。本事例のように、住環境が変われば行動や生活は変わることを視野にいれ、まずは現在の住環境や考え方を見直すことが大切である。

現在の住環境や考え方を見直す方法として、本人の行動を整理分類することから始めると良いだろう。

例えば、家の中を走り回る、飛び跳ねる、大きな声を出す、無断で外出するなどの行動を示す場合、一般的な住宅や家族のみの介助体制で対応することは難しい。本人の行動によって直接あるいは間接的に家族、地域住人の生活に影響を及ぼしていることが多いからだ。

住環境整備を考える時、例え障がいが重度であっても、丁寧に本人の行動を整理、分類すると目安や方向性がつけやすくなる。分類例は、行動により生じる問題ごとに次の3つが挙げられる。

①本人自身の危険につながる行動

自傷行為や無断で外出するなど、本人自身の安全に関わる行動は最優先に対応するべきである。緊急時は、本人の腕をつかむことによって直接または一時的にその行動をやめさせることも必要であるが、住環境整備により、その行動自体を顕在化させないことができる。

本事例では、2階からの転落防止のために窓のクレセントを交換したり、格子戸を設置したりした。また、キッチン内への無断侵入に対しては、出入口やカウンター部分に格子戸を設置することで対応した。そのほかに、床や壁に頭や身体の一部をぶつけたり、ガラスを叩いて割ったりする行動がみられる場合は、クッション性のある床材や壁材に変更し、ガラス部分は飛散防止フィルムを貼るとよいだろう。あるいはアクリル板など割れにくい素材に変更する方法もある。

②経済的な負担につながる行動

本事例では、押入れのふすまを板戸に変更することで、ふすまの紙を破る行為を住環境面からなくすことができた。このように、部屋の中にある物などを壊す行動を防ぐためには、まず本人にとって刺激となるものを取り除くことが重要である。なるべく生活空間に興味関心が高いものを置かないようにすることも大切であるが、生活上どうしても必要な場合は、その行動による問題（被害）を最小限に抑える工夫が求められる。

例えば、テーブルやいす、ベッド、たんす類は、たとえその上に乗っても、きしみ音などが少なく安定した構造の家具類を配置する。身体にカーテンを巻きつけて引っ張りながら遊んでいる行動が見られる場合、カーテンの吊り元を面ファスナー仕様にしておくなどである。

③家族や近隣住人の精神的負担につながる行動

本事例では、リビングの縦滑り出し窓からモノを落とす行為に対して、窓を勝手に開けられないように面格子を設置した。その他に、特にマンションでよく相談があるのは、大きな声を出したり飛び跳ねたりする行動である。大きな声など、空気を伝わる音については、二重窓への変更や壁に吸音性のある断熱材などを入れておくと、一定の遮音効果が期待できる。一方、本人が走り回る音や飛び跳ねるような重い音を発する場合、住宅の構造に関連するため、じゅうたんを敷いたり床の仕上げを変更したりするだけでは十分な遮音効果は期待できない。飛び跳ねる場所やその時間を設定するなど家庭内のルールづくりを支援者とともに検討するほうがよい。日頃から近隣住人との良好な関係を築いておくことも大切である。

分類①〜③の行動が互いに関連する場合もみられるが、本人や家族からの相談内容をもとに行動を整理し、どの行動から対処すればよいのか優先順位を明確にすることから始めるとよい。

ただし、環境の変化を好まない人もみられ、住環境整備後の行動パターンの予測が立てにくいことも事実である。はじめのうちは試行錯誤を繰り返すかもしれないが、本人の持っているこだわりの特性をうまく汲み取りながら生活しやすい環境や家庭内のルールを構築していくことが望ましいだろう。

また特に大事なことは、鍵や格子戸などを設置して、

本人の安全対策を重視するだけではなく、本人の意思や気持ちを尊重し、外に出たい時は一緒に出る、冷蔵庫の中のジュースを飲みたい時には提供するなど、1日のスケジュールや約束事を本人と一緒に決めて、きちんと本人の行動を保障する仕組みをつくっていくことである。安全対策と行動保障。この考えは、発達障がいのある人たちの住環境整備の非常に重要なポイントである。

（西村顕）

参考文献
1) 野村歓、橋本美芽、植田瑞昌、西村顕『OT・PTのための住環境整備論（第3版）』三輪書店、2021
2) 本田秀夫『発達障害 生きづらさを抱える少数派の「種族」たち』(SB新書)、2018
3) 西村顕、本田秀夫『知的障害・発達障害のある子どもの住まいの工夫ガイドブック』中央法規、2016

＜知っておきたい用語・解説＞

構造化：自閉スペクトラム症を代表とする発達障がい児（者）の支援では、1970年代に米国を中心に「TEACCH（ティーチ）：Treatment and Education of Autistic and related Communication handicapped CHildren（自閉症とその関連する領域にあるコミュニケーション障害の子どもたちの治療と教育）」という教育と福祉の包括的な援助システムが開発され、今では世界の多くの国々で実践されている。そのTEACCHプログラムの中には、「構造化（Structure）」という考え方がよく登場してくる。構造化とは「生活をしやすくするための援助」の一つの手段であり、「構造化された指導」「物理的な構造化」「スケジュールの構造化」など、その範囲は学校での過ごし方から日常生活の身辺自立の支援に至るまで、幅広い使われ方をされている。具体的には、絵カードや写真を使い、本人のスケジュールや行動パターンを順番に並べて提示することや、視覚的な情報を制限するために、パーテーションなどを活用した空間設定などである。

第4章
人と人のつながりを生む地域の実践

4-1 地域でつくるつながり

■本章の概要

暮らしにおいて、地域・社会・人とのつながりを持つことは重要である。そこで第4章では、勉強会等の地道な取組みや、紹介する事例の前身となる活動で、丁寧にニーズを汲み取り、人や環境などの潜在的な地域の力を活かし、つながりをつくる取組みについて「活動の目的と特徴」に基づいて紹介する。

また、ニーズの多様化に伴い、様々な主体による取組みが活発になることが見込まれるため、表1で「自治体」「産・官・学・民連携」「大学」「非営利団体」「共同住宅/自治会」「住民」の実施主体による分類を示した。

このように地域における主体的な暮らしを選択する、またはより自分（たち）らしい暮らしを実現する際の参考となるよう、「活動の目的と特徴」または「実施主体」のいずれからでも事例を参照できるようにした。

■本章の構成

本章は、5つの「活動目的と特徴」で構成されている。2節「地域の支え合い」では、住民が主体となり自助・互助に取り組んでいる事例【4-2-1】や、自治体が主体的に地域交流を促すための取組み事例【4-2-2】を紹介する。

3節「通いの場づくり」では、日中に通う場をつくることで、顔見知りをつくる取組みの例として、自治体【4-3-1】や大学【4-3-2】が主体の事例を紹介する。

4節「多世代交流」では、共同住宅の多目的な共用空間を活用した事例【4-4-1】、共用キッチン等の空間と住まい方の仕組みを組み合わせた事例【4-4-3】、大学生が住むことで支え合いを促す事例【4-4-2】、NPOが主体となりエリア内に想定される居住者別の建物を建てた事例【4-4-4】を取り上げ、多世代交流の仕掛けを紹介する。

5節「住民参加」では、制度にあるサービスが揃っていない地域で、住民が主体となりその代替サービスをつくっている事例【4-5-1】を紹介する。

6節「多様な活動とサービス」では、特定NPO法人が主体となり、制度を活用したサービスを提供する拠点を地域内に複数設けている事例【4-6-1】、同じく特定NPO法人が、制度外サービスと制度内サービスを組み合わせながら地域にサービス提供拠点を複数設けている事例【4-6-2】、産学官民連携でサービス提供や、地域の居場所づくりに取り組んでいる事例【4-6-3】を紹介する。【コラム】では、震災で仮設住宅に居住する高齢者が地域で暮らすことをサポートした事例を紹介する。

(西野亜希子)

<知っておきたい用語・解説>

互助：地域包括ケアシステムにおいて、費用負担を裏付けされない自発的なもの。相互の支え合い。

表1　第4章の構成

	実施主体					
	自治体	産・官・学・民連携	大学	非営利団体	共同住宅/自治会	住民
2. 地域の支え合い						
1) 自助・互助による住民が主役のまちづくり					○	◎
2) 地域交流のまちづくり	◎	○				
3. 通いの場づくり						
1) 小学校区ごとの小規模多機能型居宅介護施設の整備	◎	○				
2) 学生が運営に参画するコミュニティ拠点			◎		○	
4. 多世代交流						
1) 共用空間を活用し多世代で支えあって暮らす					◎	
2) 大学生が支え、支えられる団地のくらし	◎		○		○	
3) 協働する住まい				○	◎	
4) "ごちゃまぜ"で暮らす				◎		
5. 住民参加						
1) 住民主体のサービスづくり						◎
6. 多様な活動とサービス						
1) 地域居住を多様な世代・サービスで支える	○			◎		
2) 多様な制度外サービスを提供				◎		
3) 団地再生事業における交流の場づくり	○	◎				

4-2 地域の支え合い

1）自助・互助による住民が主役のまちづくり
神奈川県・横浜若葉台団地

概要
- 所在地：神奈川県横浜市
- 所有形態：持家（マンション）・公社賃貸住宅
- 建て方：集合住宅（中層・高層）
- 宅地開発・住宅供給事業者：神奈川県住宅供給公社
- 開発概要：1973～1988年開発／約90ha／都市計画法「一団地の住宅施設」・商業施設や各種公共施設、公園緑地、自転車・歩行者専用道路等
- 住棟：高層主体73棟の集合住宅（うち、分譲住宅が69棟）

■年月を経た住宅地の変化

開発から一定の年数が経過したニュータウンや住宅団地では、一斉に居住者の高齢化や人口減少・一人暮らしの増加等により、地域活力の維持や高齢期の安定居住の継続が課題となっている。

特に、大都市周辺の住宅地では、高齢者数の急増と高地価の中、新たな施設整備が追いつかず、要支援・要介護期を迎える高齢者も地域の中で自立生活を継続していくことが求められる。

このため、介護保険等による公助・共助とともに、地区特性に応じた地域包括ケアシステムと住民が主体となった取組みが重要になる。

横浜若葉台団地は、そうした課題に対し、自助・互助による取組み・まちづくりを実践してきている。

□住宅地の特徴

横浜市旭区の横浜若葉台団地（以下、若葉台）は、1979年に入居開始の大規模な集合住宅地区（約90ha）である（表1）。都市計画法「一団地の住宅施設」に基づき、高層主体の集合住宅（分譲・賃貸）と日常生活に必要な公共公益施設が整備され、歩車分離の動線計画を持ち、自然地形や樹木を活かした緑豊かな住宅地となっている。

団地の中央地区には、スーパーマーケットを核とした商業施設・公共公益施設等が計画的に整備され、団地内には総合病院や診療所、周辺にも医療・福祉・高齢者居住施設などが立地している（図1）。

表1　若葉台の概要（2023年4月時点）

当初計画	戸数：約7,500戸、人口：約27,000人、2中学校、3小学校
現在	戸数：6,302戸（賃貸7棟790戸：1983年入居、分譲66棟5,186戸：1979～2000年入居）、1中学校、1小学校、1特別支援学校、1私立高校、スポーツ・文化活動拠点
主な施設	商業施設（スーパーマーケット・一般店舗・銀行）、スポーツ・文化施設、公共公益施設（地区センター・保育所1・幼稚園1・認定こども園2・消防出張所・郵便局等）、医療施設（総合病院1・診療所9等）、地域ケアプラザ、若葉台まちづくりセンター、都市公園　等

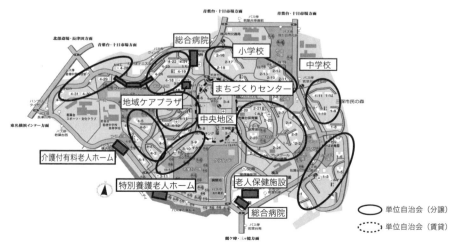

図1　若葉台現況図（2018年5月1日現在）（出典：横浜若葉台ホームページ（https://wakabadai-kc.or.jp/about/areamap/）をもとに加筆）

■ 超高齢社会に対応するための取組み

□ 住宅地の変化と課題

若葉台は入居開始から40数年が経過し、成熟期を迎え、落ち着いた住環境を形成している。一方、居住人口は1992年の約20,700人をピークに減少を続け、2022年9月末、約13,400人（世帯数約6,700世帯）である。同時に高齢化も進展しており、70～74歳が2,000人超（65歳以上は全人口の53.9％）を占めている（図2、いずれも横浜市統計）。65歳以上の要介護認定率は11.6％と、全国平均18.0％を下回っており（2017年3月）、健康のまちとして注目されている。しかし、今後5～10年間は後期高齢者の急増が想定される。

また、住宅地は都市計画法「一団地の住宅施設」により土地利用や施設用途、住戸数等が厳密に定められていること、丘陵地であるため、敷地・道路の高低差が大きいこと、エレベーター停止の少ないスキップフロア型住棟が多いことなどから、居住者が自立した在宅生活を継続するための課題は多い。

□ 地区ぐるみの取組み

若葉台では、前述のように、急スピードで超高齢社会を迎えたが、それに対し、空間単位別、テーマ別の住民組織・活動がある。

空間単位別には地区（団地）レベル（1中学校区・日常生活圏域）－単位自治会レベル（10自治会）－近隣レベル（住棟や階段室等）の3段階がある。それぞれの空間単位別に自助・互助の取組みをみる。

＜地区（団地）レベル＞

若葉台は、小中学校の統合により、現在は1中学校区・1日常生活圏域となり、連合自治会のエリアと重複している。このため、地域ケアプラザ（横浜市独自の地域の福祉・保健の支援・交流拠点：市内143か所（2022年6月時点））や宅地開発・住宅供給・施設整備・管理等すべての主体である神奈川県住宅供給公社とその外郭団体である（一財）若葉台まちづくりセンター（以下、まちづくりセンター）等が地区全体をカバーして活動している。こうした専門機関と常に連携しながら、住民自治を担う若葉台連合自治会は、地区のまちづくりの中心的な役割を果たしており、機関誌やブログによる情報発信、イベントの開催や支援、行政や関係機関とのパイプ役として活動をしている。また、若葉台の関係者全員で共有するまちづくりの指針（マスタープラン）となる「横浜若葉台みらいづくりプラン（2017年）」の策定や広報、事業の進捗管理等を「横浜若葉台マスタープラン策定委員会（事務局：まちづくりセンター）」が担っている。

さらに、住民主体の活動団体として、文化・スポーツ振興に関する団体、地域福祉の実践を行う団体の2つのNPO法人がある（図3）。

このうち、地域福祉活動を行う認定NPO法人若葉台は、地区の様々な資源や公的補助金等を活用しながら、住民による福祉活動の事業主体となっている。その活動内容をみると、障がい者・高齢者・子育て世代等の居場所やコミュニティづくりを主としながら、最近は一人暮らし高齢者の増加等を背景に、個別支援にも活動範囲を広げている。例えば、商店街の空き店舗を活用した地域交流拠点「ひまわり」（図4）では、自治会等との連携による交流活動のほか、地域の医療機関や福祉事業所等と連携しながら、住民主体の介護予防・生活支援サービス（通所・訪問・見守りサービス）を実施している。

一方、同じ商店街の空き店舗を活用したわかば親と子の広場「そらまめ」（図5）では、週6日、会員制で赤ちゃんから就学前の子ども・その家族が安心して集えるよう、居場所づくりや一時預かり等を実施している。

さらに、商店街内の書店が撤退したあとの空き店舗を

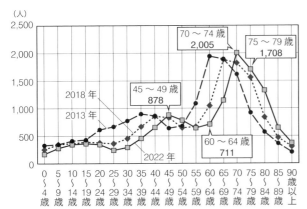

図2　若葉台地区の5歳階級別人口の変化（横浜市：いずれも9月末時点）

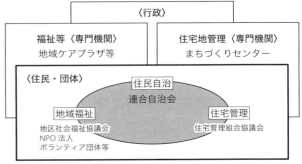

図3　地区（団地）レベルの活動団体

活用し、2022年8月、高齢者や子育て世代に加え、障がいのある人など多様な方たちを対象とした多機能の交流拠点「Wakka」を開設した。ここでは、新しいスタイルの書店、中高生等の居場所となる多様性活動・作業所スペース、ワーキングスペース等を有し、様々な世代が集うことができる空間となっている。

＜単位自治会レベル＞

地区（団地）レベルの住民主体の団体のもと、各単位自治会に住民自治・住宅管理・地域福祉の3種類の活動団体が存在し、独自の互助活動を実施している（図6）。例えば住民自治の分野では、連合自治会の構成員として10の単位自治会があり、それぞれ約200〜900世帯程度の居住者（会員）がいる。ここでは一般的な自治活動のほか、専門部会（例えばシニア福祉部など）や自治会活動に協力する組織を設け、自治会役員の負担を増やさず新たな課題にも対応するよう工夫している。また、民生委員・老人会のほかマンション管理組合とも情報共有等の連携を図っている。その中で、住棟単位の交流や向こう三軒両隣による見守りなど、複層的な互助を生むような取組みを実施している。

＜近隣レベル＞

一方、一人暮らしの高齢者の日常生活における自助・互助等の実態を事例調査からみる。高齢者の強い自立意識のもと、別世帯の家族による支援や有料サービスの活用等の自助や近隣住民との付き合い、自治会・住棟等の活動への参加、民生委員の見守り、地区ボランティアによる送迎・調理等の地域の互助を活かしながら、自立生活を継続する様子がわかる（図7）。

■おさえておきたいポイント

若葉台のような計画的に開発された住宅地では、居住者の一斉の高齢化や世帯の縮小・人口減少が見込まれる。

図4　にぎやかな地域交流拠点「ひまわり」

図5　商店街の中にある「そらまめ」

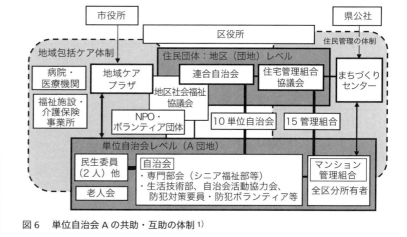

図6　単位自治会Aの共助・互助の体制[1]

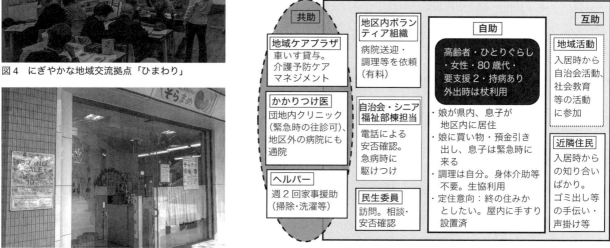

図7　一人暮らしの方の自助・互助・共助の例[1]

そこで高齢者等が自立した生活を送るため、自助を引き出し、住民同士の互助により、安心して生活を継続できることが、今後ますます求められる。その実現に向けたまちづくりのポイントを挙げる。

□**関係機関・団体の協力によるまちづくり**
　（住宅地のエリアマネジメント）

まず、住民が地区の現状や課題等に関心を持ち、一人ひとりがこれからのまちづくりに協力して取り組むことが必要である。若葉台では、「オール若葉台」の考えのもと、各課題に対し、活動目的の異なる地域団体や専門機関が協働できる体制が構築されている。これは、長年にわたる住民による地域情報の収集や広報（機関誌の発行等）や団体間で協議する場の形成等がなされていることが大きい。

具体的には、地区（団地）レベル・単位自治会レベル等の空間別に存在する住民自治・地域福祉・住宅管理の3つのテーマごとの住民団体と、それらを支える専門機関（地域ケアプラザ・まちづくりセンター・行政等）がそれぞれ明確な役割を持ち、主体的に活動しつつ、まちの変化に対し、随時協力していく体制が構築されていることによる。

このように、住民が主体となった住宅地ぐるみの「エリアマネジメント」のもと、多様な組織が協力できる体制づくりがポイントとなる。

□**同世代コミュニティから多世代コミュニティへ**

計画的に開発された住宅地では、開発時期ごとに住民属性（年齢・世帯構成・所得等）が類似している。このような同質性の高いコミュニティであるがゆえに相互の見守りや支え合い等の住民同士の協力や各種団体間の連携や活動への合意形成が容易であると思われる。しかし、時間の経過とともに高齢化が一斉に進むことから、次世代へのバトンタッチが今後は必要となる。

若葉台も入居第一世代が後期高齢者となる中、積極的な子育て支援を実施している。例えば、子育て世代の住宅への入居促進、学校行事への協力、登下校時の見守り、住民主体の親子の居場所づくり、それを通じたネットワークづくり等、住民も参加しながら多くの子育て支援を進めている。また、障がい者も含めた多世代多機能の交流活動拠点の整備等、様々な人にやさしいまちづくりを進めている。

このように、同質性を活かしたコミュニティから、多様な世代・属性の人たちから構成されるコミュニティに変化させていくことが住宅地の活力の維持に向けて重要なポイントとなる。

□**空間管理を活かした都市型のつながりづくり**

都市では集合住宅に居住する高齢者が増加している。若葉台のように集合住宅で構成されたまちでは、住戸－階段室・EV－住棟－団地－地区といった空間の構成ごとにコミュニティが形成され、それぞれでの単位で集積規模に応じた見守りや支え合い等の互助的な活動が行われている。また、マンションには、全ての区分所有者から成る管理組合があり、合意形成しながら共同で住宅管理活動を行っている。

さらに若葉台では、地区（団地）レベルでマンション管理組合協議会を設け、マンション管理の共同化を図っている。その事務局を担うまちづくりセンターは神奈川県住宅供給公社が所有する団地中央地区の商店街や賃貸住宅等の管理も行っており、空き店舗の活用や高齢者向け賃貸住宅の供給・子育て世帯の入居促進等、歩調をあわせて実施することが行いやすい。

このように、住民が共同で住宅を管理する経験や住宅地全体の空間管理の体制を活用することは、集合住宅地区における自助・互助を促す上で重要なポイントとなる。

（佐藤由美）

参考文献
1) 佐藤由美「大規模団地における超高齢社会への対応－横浜若葉台団地における高齢者の自助・互助の実態とまちづくりの課題－」都市計画論文集 Vol. 54, No. 3、pp.870-877、2019

＜知っておきたい用語・解説＞

エリアマネジメント：特定のエリアを単位に、民間が主体となって、まちづくりや地域経営（マネジメント）を積極的に行おうという取組み。現在、大都市の都心部、地方都市の商業地、郊外の住宅地など、全国各地でエリアマネジメントが実践されている。

| 設計 | 福祉 | 行政 | 研究者 | **本人** |

4-2 地域の支え合い

2) 地域交流のまちづくり
横浜市寿地区

概要
- 所在地：神奈川県横浜市
- 所有形態：公設民営（指定管理者制度）
- 階数：地下1階地上9階建て（3階以上は市営住宅）
- 名称：横浜市寿町健康福祉交流センター
- 設計：㈲小泉アトリエ
- 敷地面積：2,647.82m²
- 延床面積：2,529.94m²（センター部分）
- 広場：約700m²

■ 地区の概要

　横浜市寿地区は、横浜市中区寿町を含む東西200m、南北300mのエリアである。戦後、横浜港の港湾労働者のための宿泊所街として発展し、最盛期には8,000人以上の労働者でにぎわった「日雇い労働者のまち」であった。しかし、オイルショック後から徐々に労働市場機能を失い、住民の高齢化や生活保護受給者が増加し、現在は「福祉ニーズの高いまち」に変容している（図1～3）。

　寿地区には、2022年11月1日現在、115軒の簡易宿泊所があり、5,403人が宿泊している。そのほとんどは男性であり、高齢者数は2,988人、高齢化率は55.3％で、高齢者の3割以上(982人)が要介護認定を受けている。1～3級の身体障害者手帳を保持している者も271人いる。生活保護受給者は1989年度の26.9％から2022年には94.5％（5,105人）に増加している[1]。

　簡易宿泊所とは、旅館業法に基づく「簡易宿所」のことで、「ホテル・旅館」よりも構造設備基準が緩和されている。一般的な簡易宿所は、1室3畳程度の広さで、共同のトイレ・炊事場がある。かつてはシャワーなどの入浴設備のないものが半数以上を占めていたが、宿泊者の高齢化に伴い、2000年頃から簡易宿所の新改築が活発になり、建物のバリアフリー化やシャワー設備の整備が進んでいる。

　寿地区内には、簡易宿泊所の宿泊者や住居のない人などを対象とする以下のような施設が存在する。

①横浜市寿生活館

　1965年開所。住居のない者及び簡易宿泊所宿泊者等の生活相談及び公衆衛生に関する機能補助や、青少年の育成を図る目的で横浜市が設置。町内会館、女性・児童

図1　寿地区の街並み

図2　美化活動により整備された緑地

図3　炊き出しのための設備を持つ公園

施設、会議室・娯楽室、洗濯室、シャワー室などを備える。

②寿福祉プラザ相談室

1965年に地区内の横浜市の相談窓口として設置され、2004年に現在地に移転。住居のない者及び簡易宿泊所宿泊者等の生活各般の相談に対し、関係機関等と調整・連携し対応することを目的とする。

③寿町総合労働福祉会館（図4）

1974年開所。福祉施設と職業紹介施設、市営住宅を包含した総合的施設。国、県、市の合同で整備された。

④横浜市ホームレス自立支援施設「はまかぜ」

2003年開所。市内の路上生活者等で自立への支援を必要とする者に対し一時的な宿泊場所の提供、生活相談及び就労支援等による自立の支援を目的とする。

上記施設のうち、③の寿町総合労働福祉会館は、地域住民の生活環境や福祉の向上等に重要な役割を果たしてきたが、耐震性の問題から市単独で建て替えることとなり、寿地区の今後を見据えた検討が行われることとなった。

一方、寿地区では、地域・関係機関・行政のネットワークにより、従来から環境美化活動や地域イベント、防災活動等が行われていた。また、中区地域福祉保健計画のうち、寿地区の地区別計画の目標設定や実施にあたり、「ことぶきゆめ会議」と呼ばれる推進委員会が開かれるなど地域と行政の協働によるまちぐるみの取組みが進められてきた。

■横浜市寿町健康福祉交流センター

寿町総合労働福祉会館の再整備の実施にあたって、横浜市は検討会を立ち上げ、「寿町総合労働福祉会館再整備基本計画」を策定した（図5）。

再整備にあたって課題として挙げられたのは以下の3点である。

①地域住民の医療・生活衛生及び憩いの場となっている会館の現状機能のうち、今後も必要となるものを継続するとともに、高齢者・障がい者等にも配慮した環境を整える必要がある。

②就労支援や健康づくり、介護予防支援等のサービスを提供していく機能が不可欠である一方で、住民がサービスの受け手となるだけでなく、自ら社会参加できる力を呼び戻し、または生きる活力を生み出せる新たな支援の仕組みが必要となる。

③将来、来街者が増え、まちのイメージも変わっていくために、地区外に発信していける新たな支援サービスを展開する拠点が必要となる。

ただし、まちの急激な変化は望ましくないため、地域住民と意見交換を行いながら進めることとし、寿地区のまちの方向性を、「高齢者をはじめ誰もが安全・安心に住み、お互いに支えあいながら交流しやすい開かれたまちづくりを緩やかに進めていく」と想定した。

基本計画に示された再整備の基本コンセプトは以下の通りである。

①ラウンジを中心とした地域交流スペースづくり

図書コーナーや娯楽スペース等の機能を持たせたラウ

図4　建て替え前の寿町総合労働福祉会館

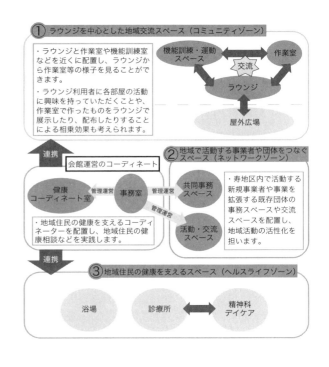

図5　各機能の整備計画のイメージ図
（出典：横浜市「寿町総合労働福祉会館再整備基本計画」（概要版））

ンジの整備。ラウンジと連動する屋外広場の整備。ラウンジに地域活動が日々行われるスペース（機能訓練・運動スペース、作業室）を隣接整備。

②地域で活動する事業者や団体をつなぐスペースづくり

寿地区内での活動を希望する事業者・地域団体の書庫やミーティング、交流のスペース（活動交流スペース）の整備。寿地区内で活動をする新規事業者や事業を拡張する既存地域団体のための共同事務スペースの整備。

③地域住民の健康を支えるスペースづくり

地域住民の健康を支えるコーディネーターの拠点（健康コーディネート室）の設置。寿地区住民の医療・健康を支えてきた診療所の継続開設。障がい者でも使いやすい工夫をしたバリアフリーの浴場の整備。

④地域の活性化に寄与する世帯向けの住まい

現在入居している世帯向けの住戸の整備とともにファミリー世帯向け住戸の新規整備。

事業手法については、通常は民間の資金やノウハウを活用した**PFI方式**が導入されることが多いが、本施設の整備・運営については、寿地区の将来の変化に柔軟に対応していく必要があり長期間の事業契約が難しいこと、地区を支えてきた多数のNPOやボランティア団体などとの意見交換や連携が事業進行に不可欠であること、などを理由に事業者に施設整備から長期にわたる運営を包括的に委任する事業手法はなじまないとされ、直接発注方式で行われることとなった。

設計は公募型のプロポーザルで、横浜市にある㈲小泉アトリエが選定され、2019年5月に竣工した。運営は**指定管理者**が行っている。指定期間は5年間で、第1期（2019年度から2023年度まで）の運営団体は、公益財団法人横浜市寿町健康福祉交流協会である。

事業者には、寿地区の保健医療の充実に関すること、市民の健康づくり及び介護予防の取組みに関すること、市民の自立した生活の支援に関すること、市民の生活環境の向上に関すること、市民の社会参加の促進に関すること、市民相互の交流の機会の提供に関すること、といった事業が課せられている。

センターは、1階が多目的室、作業室、調理室、ラウンジ、図書コーナー、管理人室、2階が診療所、精神科デイケア、健康コーディネート室、活動・交流スペース、一般公衆浴場、授乳室、事務室、横浜市ことぶき協働スペース（指定管理外）からなり、屋外には広場、屋外トイレ、防災備蓄倉庫、駐車場、駐輪場を有している（図6、図7）。地下は機械設備室である。屋上には太陽光パネル、広場には防災用トイレなどの設備が設置されている。3～9階は80戸からなる市営住宅で、単身者向け以外に3DKを配置している。29戸が戻り入居者用、51戸が新規募集である。

1階のラウンジは数区画に分けられ、区画ごとに、飲食、娯楽、テレビ、情報資料の提供などの機能を持たせている。また、図書コーナーには約1万冊の蔵書を収容し閲覧・貸し出しを行っているほか、アート作品を展示するなどしている。

多目的室、調理室、作業室は、建て替えに伴い新たに導入された機能で、寿地区をはじめ市民に貸し出し可能な施設となっている。多目的室は卓球場として開放した

図6　横浜市寿町健康福祉交流センター外観

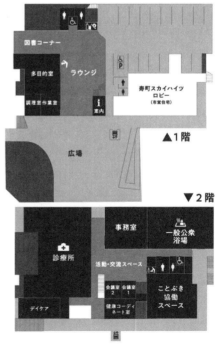

図7　横浜市寿町健康福祉交流センター平面図

りもしている。2階の活動・交流スペースも貸し出し施設で、会議室2室とオープンスペースがある。貸し出し施設の利用料は、地域住民による健康活動や福祉活動、住民相互の交流を目的とするものであれば無料であるが、それ以外の場合も有料で使用することが可能である。

2階の診療所には、内科、精神科があり、精神科には精神科デイケアが併設されている。新型コロナウイルスワクチンの接種もここで行われ、地域住民だけでなく、地区内にある横浜市ホームレス自立支援施設「はまかぜ」の入所者やホームレスの人々にも実施された。

健康コーディネート室では、地域住民の健康づくりや介護予防につながる活動が実施されている。広場に面した軒下空間に接する出入りしやすい位置に配置されており、「まちの保健室」のように日々の相談を受け付けたり、血圧計など各種健康測定機器を活用した健康チェックを行ったりしている。また、訪問による個別支援や出張健康相談などのアウトリーチ活動も行っている。

一般公衆浴場は、旧寿町総合労働福祉会館から営業を続けてきたもので、横浜市浴場協同組合の協力を得て運営されている。

ことぶき協働スペース（図8）は、NPO法人横浜コミュニティデザイン・ラボが運営している。事業運営の基礎として6つの事業部門（「スペース運営」「団体連携・交流」「ボランティアコーディネーション」「情報編集発信」「プロジェクト創出」「調査研究」）を持ち、地区内外の各種団体や事業者等と連携して地域支援やまちづくりを推進している。

■おさえておきたいポイント

横浜市寿地区では、従前から多数のNPOや団体が存在し、協働による地域づくりが行われていた。横浜市寿町健康福祉交流センターは公共建築物であるため、行政主導でその整備がすすめられたが、準備・計画・設計・運営の全過程にわたって、これまでの経緯を反映し地域の特性が活かされている。「福祉ニーズの高いまち」の拠点として、健康づくり・介護予防、地域交流などを軸に据え、多様な機能を備えたセンターの整備を実現している。

設計のポイントとして設計者が挙げているのは、「まちの縁側」と自然エネルギーによる環境制御の工夫である。「まちの縁側」は、広場に面する奥行きの深い軒下空間を利用したもので、誰もが気軽に訪れられるような空間を創出している。自然エネルギーについては、屋上に立ち上げられた数本の通風塔や、市営住宅の住戸間に設けられた通風・採光のためのエコスリットなどが見られる。また、設計するにあたって、設計者は地域との意見交換を行い、「みんなの居間」として長く使われることを意図している[2]。

いざ運用してみると、設計時には想定していなかった状況や課題が現れるため、見直しや改善も行われている。たとえば、1階のラウンジ・図書コーナーでは、相談窓口としての機能を高めるため、全体を見渡せる半円形の貸し出しカウンターが新設されている。一方、「まちの縁側」に設置した木製のベンチは、トコジラミの被害にあったため、木材部分が撤去されている。

センターが竣工されてから1年も経たないうちに全国的に新型コロナウイルス感染症が流行したため、本来のセンターの目的である地域交流や事業者・団体のつながりをつくる活動はまだ本格化していないが、今後の展開を期待したい。

（阪東美智子）

参考文献
1) 横浜市ことぶき福祉プラザ相談室　令和5年度業務概要
2) 横浜市ホームページ「公共建築写真集」

図8　横浜市ことぶき協働スペース

> **＜知っておきたい用語・解説＞**
>
> **PFI**：公共施設等の建設・維持管理・運営等を、民間の資金・経営能力及び技術的能力を活用して効率的かつ効果的に実施し、市民サービスの向上やトータルコストの削減を図る事業手法。
> **指定管理者制度**：地方自治体が設置する「公の施設」の管理運営について、民間事業者に委ねることを可能とする地方自治法上の制度。

設計　福祉　行政　研究者　**本人**

4-3　通いの場づくり

1）小学校区ごとの小規模多機能型居宅介護施設の整備
大牟田市

概要
- 所在地：福岡県大牟田市
- 運営主体：社会福祉法人、医療法人、営利法人
- 要介護認定者数：約 8,000 人（2017 年 1 月）
- 小規模多機能施設の利用者数：約 400 人（2017 年 1 月）
- 日常生活圏域数：20 圏域（小学校区）
- 小規模多機能型居宅介護施設数：24 か所

■ 認知症の人とともに歩むまちづくり

　福岡県南西部に位置する大牟田市は、三井三池炭鉱の石炭資源をもとに石炭化学工業で栄えた都市である。石炭産業の発展により、市街地の形成や人口流入が進み、1959 年には総人口 208,887 人の都市に成長した。しかし、1950 年代から 1960 年代にかけてのエネルギー革命の影響で石炭産業の衰退と閉山が進み、地域内の有力企業の倒産とともに、工場などの雇用状況も悪化し始めた。1960 年代以降は、総人口の約 40％が周辺都市及び大都市へ流出し、2010 年には過疎地域自立促進特別措置法の改正とともに過疎地域に指定された。

　現在（2024 年）の総人口は 106,145 人で、継続的な人口減少が毎年進んでいる。進学や就業などの理由で若年層や若い労働人口が大都市へ流出する中、大牟田市の高齢化率は 38.1％（2024 年 6 月時点）で、全国の 29.2％（2024 年度高齢社会白書）や福岡県の 28.1％（2024 年）を大幅に上回っている。現在のこのような状況は、約 20 年後の全国の高齢化率の推計値に近いとされている。

　以上の社会背景による人口減少に伴い急速な高齢化が進んでいる中で、2005 年には「認知症の人とともに暮らすまちづくり宣言」が行われ、医療、介護、福祉の分野においてそれぞれの地域の連携をはかり、地域で認知症の人とその家族を支え合うためのまちづくりを目指しながら先進的な取組みが行われてきている。

　2005 年度に策定された「老人保健福祉計画・第 3 期介護保険事業計画（2006 ～ 2008 年度）」では、地域包括ケアシステムが導入された。それまでの地域活動や地縁行事などが小学校区単位で行われていたことから、小学校区が日常生活圏域として設定されている。2018 年現在、20 の日常生活圏域が、地域包括ケアシステムや介護予防事業の整備単位として用いられている。ここでは小学校区ごとに日常生活圏域を設定し、地域包括ケアシステムを整備している大牟田市の事例を紹介する。大牟田市では利用者の選択に応じて「通い」を中心に、利用者の自宅への「訪問」や短期間の「泊まり」を組み合わせることによって可能な限り自宅を中心に自立した日常生活を目指す**小規模多機能型居宅介護施設**（以下、小規模多機能施設、図1）が主に整備されている。

■ 小学校区単位の日常生活圏域設定

　地域包括ケアシステムは、「医療や介護のみならず福祉サービスを含めた様々な生活支援サービスが日常生活の場（日常生活圏域）で適切に提供できるような地域で

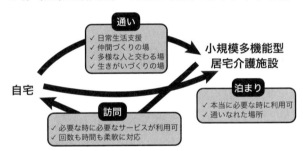

図1　小規模多機能型居宅介護の概要

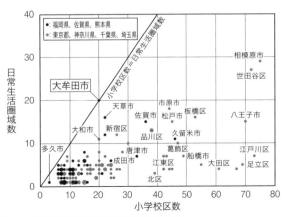

図2　小学校区数及び日常生活圏域数の比較

4-3　通いの場づくり　121

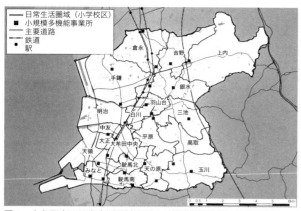

図3 大牟田市の日常生活圏域及び小規模多機能施設の整備状況

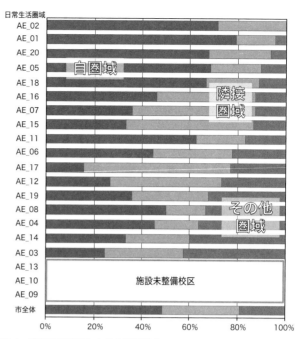

図4 施設設置校区における利用割合

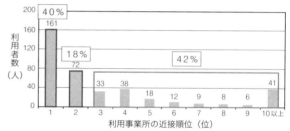

図5 利用事業所の近接順位

の体制」と定義されている。その整備の基準となる空間的範囲として、日常生活圏域が挙げられている。介護保険法では、この日常生活圏域を「地理的条件、人口、交通事情その他の社会条件、介護給付等対象サービスを提供するための施設の整備状況その他の条件を総合的に勘案して定める区域」と規定している。その範囲の広さとしては、「おおむね30分以内に必要なサービスが提供される日常生活圏域（具体的には中学校区）を単位として想定」とされており、具体的には保険者である市区町村に委ねられており、地域の状況を勘案して設定および運用ができる。なお、具体的な範囲として挙げられている中学校区についても教育の整備単位である校区を高齢者の生活整備単位として用いることが適切かどうかについての指摘もある。

福岡県及び周辺地域と首都圏の各市町村において、小学校区数と日常生活圏域数を量的に比較したものを図2に示す。この図から大牟田市のような小学校区ごとの日常生活圏域の設定は、比較的細かい設定となっていることがわかる。更に生徒数の減少に伴い学校の統廃合によって小学校数が減っていくという変化には、日常生活圏域を変更することで対応している。その他の自治体では2～3小学校区に対応するおおむね中学校区を用いることが多く、特に首都圏の小学校数の多い地域では中学校区よりも広い範囲を日常生活圏域として設定している。

2018年1月現在、20小学校区に24か所の小規模多機能型居宅介護施設がおおむね1校区ごとに1か所ずつ整備されている（図3）。生徒数に基づいた小学校区の特性上、JR九州・西鉄大牟田駅を中心とした市街地周辺の住宅地では比較的狭い圏域で設定されている一方で、西側の工業地区や東側の農村部では広い設定となっている。

■日常生活圏域を越えた事業所の利用

図4は、日常生活圏域ごとに小規模多機能施設を利用する人たちの居住校区の割合を示す。市全体を見ると、事業所の設置されている圏域内に居住する利用者が最も多く、約48％を占めている。隣接する圏域からの利用割合は約32％であり、圏域を越えた利用割合は約19％である。市全体の利用者の約80％が、自身が居住する圏域（以下自圏域）または隣接する圏域から来ていることがわかる。しかし、圏域外の利用者が半数以上を占めており、当該圏域内でサービスが完結していないことがわかる。また、住宅地の割合が最も少ない圏域では、農地が広がるため、自圏域からの利用率が20％以下であり、圏域外からの利用がみられる。一方、市街地に立地する圏域では、周りに他の事業所が比較的近い距離にあり、利用者は他の施設を選択できるため、自圏域または隣接する圏域を超えた利用者が35％以上となるなど、圏域による地域差もみられる。

図5は、利用者が自宅から何番目に近い事業所を利用しているかを示す。自宅から最も近い事業所を利用する割合が40%と最も多く、2番目に近い事業所の利用は18%であった。一方、それ以上に離れた事業所を利用する割合も42%であり、必ずしも事業所利用において近接性が優先されるとは限らない。自宅から近い事業所の利用定員や他の利用者との人間関係、必要な際に家族がすぐに対応できるといった利用者側の理由もあるが、一方で、施設と利用者が遠く離れている場合、頻繁な訪問や送迎が難しいことがある。サービス範囲外からの利用希望には、小規模多機能事業者連絡会を通じて他の事業所に紹介することもある。しかしやむを得ない場合は泊まりのサービスを提供することもある。

■小規模多機能施設の立地と移動時間の関係

　施設の立地条件を検討する際に、利用者と施設間の半径何百メートルといった直線距離を用いることが多い。立地適正化計画の検討においても高齢者の徒歩圏は半径500mが代表的な例である。しかし、主に車による送迎や移動が行われる場面では、直線距離だけで移動時間は測れない。例えば、道路網が細かく整備されている市街地に比べて郊外部での移動にはより時間がかかることも多い。さらに、送迎を含むサービスの場合、利用者にとって長時間の移動は身体的及び心理的な負担となる可能性があることを考慮する必要がある。また、介護給付の算定単位となるサービス提供時間に対して、小規模多機能型居宅介護サービスでは、要介護度に応じた利用料が定額に設定されているため、時間の尺度はサービスの品質にも影響を与える要素となり得る。

　これらの点を踏まえて、小学校区単位で施設整備を進めている大牟田市の特徴を把握するため、利用者と事業所間の車移動に要する時間を「移動時間」として評価した。

　図6は、市内24か所にある全ての小規模多機能施設の利用者（計約400人）の住まいと、利用している各事業所との位置関係から計算した送迎車の移動時間の分布を示す。全利用者の時間距離の平均は約6分であり、利用者が最も多く分布しており、最長で約20分以内の範囲で訪問や送迎に対応できることがわかる。

　各事業所の立地条件は異なるが、それぞれの施設が同じ時間内の範囲でサービスを提供すると仮定した場合、大牟田市ではそれぞれの事業所から約7分圏内を担当すれば市の全居住地の約93%がカバーできることがわかった。なお、7分で車での訪問や送迎をカバーできるサービス提供範囲は小学校区を越え、他の事業所の提供範囲と重なることとなる。当然ながら、実際の場面でも校区を越えることは少なくないものの、事業所の立地によって同じ移動時間の範囲内でも要介護認定者の密度が異なることは覚えておく必要がある。

　図7は、近隣利用者の8割をカバーする時間の「利用実態」と、事業所周辺の要介護認定者の密度を事業所の「立地条件」として示す。全体的に、要介護認定者数が多い立地条件にある事業所では、短い移動時間でサービスを提供できていることがわかる。一方、密度の低い立地条件にある事業所では、比較的長い移動時間でサービスを提供していることが見て取れる。

■介護予防を目指す地域交流施設の併設

　大牟田市では、地域住民同士の交流を深めるために、校区ごとに1～4か所の地域交流施設が設置されている。これらの施設は地域の高齢者を中心に、老若男女を問わず誰でも利用できる集まりの場として機能しており、基本的な方針は、「自由に利用できる」ことである。地域交流施設は、週に5日以上の開設が条件で、利用料は基本無料である。

□日常的な交流と相談の場

　これらの地域交流施設は、市の介護予防事業の拠点と

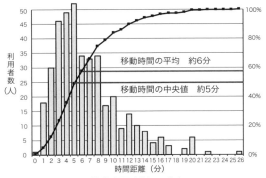
図6　全利用者における移動時間（車）の分布

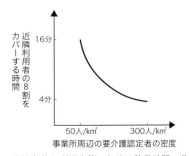
図7　立地条件と利用実態における移動時間の分布

4-3 通いの場づくり　123

図8　地域交流施設でのレクリエーション

もなっている。体操、栄養教室、レクリエーションなどが提供されている。また、若者と子どもたちとの世代間交流を1回以上実施する施設も多くある。

小規模多機能施設を設置する際には、地域交流施設の併設が義務付けられており、単独に設置されている施設もあるが、校区ごとに整備されている小規模多機能施設には、地域交流施設が併設されている。人口や広さによって整備数にばらつきはあるが、すべての校区で1か所以上の地域交流施設が利用可能である。

これらの地域交流施設は、日常的な交流の場としてだけでなく、地域住民の悩みを気軽に相談できる場所でもある。また、より専門的な助けが必要な場合は、地域包括支援センターなどの専門的な機関につなぐ役割も果たしている。

□認知症の方を見守る拠点

さらに、認知症の人が道に迷ったり自宅に帰れなくなった場合に備えて、介護福祉関係者同士が情報を共有し、捜索・保護する流れを「ほっと安心ネットワーク模擬訓練」として実施している。特に、小規模多機能型居宅介護施設に併設された地域交流施設は、その拠点として活用されることもある。

□予防から介護まで

小規模多機能施設に併設される地域交流施設の利用者が日常的な交流の場で、本体機能である地域密着型サービスである小規模多機能のことについて知るきっかけにもなり、介護が必要になった際には見慣れた施設を利用することができるようになることもある。

■ 利用者のニーズに応える
　校区単位のアプローチ

地域包括ケアシステムの整備単位である日常生活圏域に小学校区を採用し、特に1小学校区におおむね1か所の小規模多機能型居宅介護施設の整備を実現している先駆的な大牟田市の事例を紹介した。小学校区といった比較的細かい圏域内で必ずしもサービスが完結していない。利用者個人の事業所選択や事業所の都合によって圏域が広域化することはあるが、少なくとも利用者が事業所を選んで利用できることは、小学校区を基本単位とした施設整備方法において有効であったと思われる。

介護サービスの中でも訪問や通所による移動時間が発生するサービスでは、ヘルパーの立場からみると「時間」は主な労働時間である「サービス提供時間」と移動や待機にかかる「付帯時間」に分けられる。また、利用者にとっても長い乗車時間は身体的かつ精神的な負担になる。さらに事業所の立地条件によっては圏域を越えるサービスの提供も考えられるが、その場合は付帯時間を考慮してサービス提供の質を維持するために、泊まりを主に利用する中重度の利用者を受け入れることでそのバランスをとることもある。

大牟田市の立地適正化計画における市街地誘導の観点から見ると、校区単位の施設整備は特に郊外部において利用者の選択肢を担保する役割を果たしている。この施策により、地域に根ざした介護サービスを提供することができ、利用者がサービスを受けるための長時間移動の問題も解消できると考えられる。

なお、施設の立地条件によりサービスが届きにくい地域、特に郊外や農村部では、今後更なる人口減少が見込まれることから、施設を新しく整備することが困難な地域も存在する。こうした場合には、空き家などの地域のストックを活用したサテライト型事業所の整備などの工夫が必要となると思われる。

（金 炅敏）

＜知っておきたい用語・解説＞

小規模多機能型居宅介護施設：在宅での介護を必要とする方々のために設けられた施設で、利用者の身体状況や生活環境に応じて、訪問介護や施設での短期滞在など、様々なサービスを提供する。家事や食事の支援、入浴や排泄などの介護サービス、機能訓練なども行っており、利用者が在宅での生活を継続できるように支援する。この施設は、地域に密着したサービスの一つとして、2006年4月に創設された。

4-3 通いの場づくり

2) 学生が運営に参画するコミュニティ拠点

概要
- 所在地：京都府八幡市男山団地
- 所有形態：UR都市機構
- 階数：2階建店舗付住宅
- 開設年：2013年11月
- 運営：だんだんテラスの会　学生も参画
- 時間：365日年中無休（10時〜18時）
- 面積：1階部分　約45m²

■いつでも気軽に立ち寄れる場づくり

「だんだんテラス」は、2011年に私立大学戦略的研究基盤形成支援事業に採択された関西大学が取り組む「関西大学戦略的基盤団地再編プロジェクト（KSDP団地再編プロジェクト）」の一環として開設されたコミュニティ拠点である。

所在地は、独立行政法人都市再生機構（以下、UR）の男山団地（京都府八幡市）である（図1）。男山丘陵一帯に開発された京阪沿線有数の大規模団地で、賃貸住宅4,600戸、分譲住宅1,300戸からなる。入居開始は1972年である。この団地を中心とする男山地域には八幡市人口の1/3が住んでおり、八幡市にとっても、男山団地の課題解決は重要であった。

ワークショップなどで住民意見を聞く中で顕在化したことは、目的の明確な活動に使う集会所や公民館ではない気軽に行ける場所が団地内にないこと、住戸内の設備や内装の老朽化であった。これらを踏まえて、住民が気軽にいつでも立ち寄ることができる場として、2013年11月16日に関西大学の学生の運営による365日オープンのコミュニティ拠点「だんだんテラス」が誕生した。だんだんテラスは、男山団地中央センター地区の2階建長屋形式の店舗付住宅の空き店舗を改修している（図2）。空き店舗が増加し停滞しはじめていた地区に、人の動きを取り戻すことも含めてこの場所が選ばれた。名称「だんだん」の由来には、「団地について談話する」という意味と、「ゆっくり、徐々に」進めていこうという意味が込められている。

2018年2月4日には、だんだんテラス隣に「だんだんラボ」がオープンする。だんだんラボは、ものづくりスペースで、工具の貸出やレクチャー、DIYに関する相談対応を行う。長期経過して傷みの出てきた住戸内を居住者自らがDIYによって手を入れて居住改善をするバックアップ機能を担っている。

□だんだんテラスの空間と運営

建物の1階部分がだんだんテラスとして開放されている。広場側の開口部は、間口いっぱいを透明ガラスの3枚引戸としている。まちから中の様子が見えること、中からまちの様子が見えることが意図されており、視線のつながりが拠点と外との連続性を高めている。

内部には土間スペースがあり、建物の裏側に通り抜けられる通り土間となっている。土足で気軽に入ることが

図1　だんだんテラスの位置

図2　だんだんラボ（左）とだんだんテラス（右）

でき、日常的に通り抜ける人もいる。通り土間には壁一面に棚を設置し、収納機能に加えて展示スペースとしても活用される。土間スペースは様々な拠点活動でも活用されている。交流スペースは床を貼り、靴を脱いでゆっくり過ごせる仕上げとなっている（図3）。

だんだんテラスの特筆すべき点は、365日年中無休で10～18時に開いており、コーディネータや学生が常駐していることである。開設当初は学生が毎日常駐していたが、継続的な運営方法を探る中で2024年現在は、コーディネータが週5日程度、学生が週2回常駐の体制である。

2014年4月には、運営のための任意団体「だんだんテラスの会」が立ち上がる。この会は、地元自治会、商店会、京都府、八幡市、UR、KSDP団地再編プロジェクトのメンバーからなる。毎月定例の運営会議を開催し、だんだんテラスの利用ルールの確認、学生スタッフによる日々の活動報告、イベント企画などが協議される。2016年度からは、この会の代表が住民となり、住民と学生の協働により継続的な運営が行われている。当初は、だんだんテラスの運営を住民主体とすることを目指していたが、活動の中で住民と学生の協働が重要であると気づき、現在の体制となっている。

■課題を解決するための取組み

だんだんテラスでは、多様な企画が行われる。学生発案の企画にとどまらず、拠点に足を運ぶようになった住民のつぶやきからも新たな活動が展開される。運営にも住民が参加するようになってきている。以下に定例活動の一部を紹介する。

・だんだん朝市（図4）

週2日（火・木）学生や住民が2、3軒の地元農家をまわって買ってきた野菜を販売する。午前中に完売するほどの人気という。

・dang dang BAR（だんだんバー）

平日昼間は団地にいない働く層が立ち寄れる場をつくるべく、月2回拠点開放を22時まで延長して開かれていた。世代を問わず一人で来る人も多く、居合わせた人との会話を楽しむ場となっていた。運営学生の卒業後しばらく途絶えていたが、現在は月1回「たこ焼き居酒屋ゴンちゃん」（図5）として夜の立ち寄れる場づくりが引き継がれている。

・ラジオ体操

人が集まるきっかけの一つとして朝10時から開催されている。いつも10～20人くらいが集まる。住民要望を受けてコロナ禍でも中断することなく継続的に実施してきた。テラス前に集まる人だけでなく、ラジオ体操が見える住棟のベランダに出てくる人もいて、緩やかに団地内での出来事を共有する風景がある。

図4　だんだん朝市

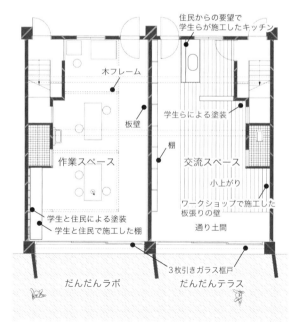

図3　だんだんテラスとだんだんラボ平面図

図5　たこ焼き居酒屋ゴンちゃん

他にも、自治会がそれぞれの集会所で実施するサロン活動を「出張自治会サロン」としてだんだんテラスで開催するなど、地域団体が「開かれた場所だからこそ、地域の方に活動を知ってもらえる」と定例会や講座に活用することもある。毎日拠点を開け続ける活動が、地域内の認知拡大につながっている。

だんだんテラス主催のイベントには、住戸内の整理整頓を進めるきっかけづくりを目的に開催した「おかたづけマーケット」と題したフリーマーケット、団地の広い屋外空間の活用を考えるきっかけづくりを目的に実施した「流しそうめん」などがある。取り組んでみたいことを、実際にやりながら考えて、実践につなげる柔軟なスタンスも魅力である。

だんだんテラスの開設後、毎日の散歩の途中に立ち寄る人、学生に差し入れを持ってくる人、バスの待ち時間に立ち寄る親子、絵本を読みに来る親子などふらっと立ち寄る常連さんが増えている。スタッフが記録する活動日誌に、利用者の個人名が記録されることが増えている点からも、学生と住民の関係構築の進展がうかがえる。

利用者から、「いつ来ても必ず誰かがいるのが魅力」「外に出るきっかけになった」という声が寄せられる。他地域でも、コミュニティ拠点の取組みは多くあるが、本当に「365日開いている」ことはまずないであろう。団地内の商店が次第に閉店する中で、高齢者がふらっと立ち寄れる場の存在は、外出のきっかけづくりとして大きな役割を果たす。立ち寄ると、そこで居合わせた住民との交流にも発展する。いつ行っても開いていること、そして住民ではなく学生という地縁のしがらみのない若い世代が常駐するからこそ、だんだんテラスはふらっと訪問したくなる場となっている。

だんだんテラスの活動予定、報告は、"だんだん通信"として、男山地域に配布（約1万部発行）されている。まだ訪れたことのない住民に対しても継続的に情報発信を行い、認知や参加のきっかけづくりをしている（図6）。

□ **参加から主体に、そして実践へ**

幅広い世代が集い、まちづくりについて話し合い、具体的な取組みを重ねていこうと、"男山やってみよう会議"が2015年3月から月1回開催されている。20代から70代まで多世代が集まり、第1回はこの会議のあり方を議論して、やってみよう会議の7ケ条がつくられた（表1）。7ケ条は課題解決という使命感に満ちた重たいものではなく、自分たちが楽しめること、つながりを大事にすること、まずは実践してみることなど、参加者が主体的に前進するプラス思考が印象的である。

やってみよう会議から、こども食堂チーム、手作り市チーム、防災チーム、DIYチーム、俳句の会などが誕生し、それぞれが活動を行っている（図7）。地域づくりで直面する課題の一つは担い手の獲得である。「手伝うよ！」という人は案外多くいるものの、主体的に活動する人材の発掘が難しい。しかし、本事例は「やってみよう」を合言葉に、気軽に楽しく、みんなでワイワイと取り組みながら多くの人が主体的に関わるしくみとなっており、地域内に多世代の多様な実践者を生みだしている。

□ **広がる地域との連携**

地域との連携活動として、子育て支援施設（おひさま

表1　やってみよう会議の7ケ条

❶ 面白がる！
❷ アイデアを募ってこの指とまれでなかまを作って実現する場！
❸ みんなが笑顔になるきっかけになる場！
❹ 楽しく気軽に出入り自由！「何かしたい」人 みんな集まれ！想いを実現するよ！
❺ 絆をつくる場！
❻ 男山の魅力や地域の課題を共有し、まちのことをやってみる！
❼ 現状のデータと住民の声を集め、それを元に計画、立案、実行する場！

図6　だんだん通信

図7　子ども食堂の様子

テラス)の開設、子育て世帯やそのほか多様な世帯向けの団地内の住戸改修整備、模様替え申請制度の改編整備（居住者による**原状回復義務**の不要なリノベーション）などが展開する。

だんだんテラスは京都府国際センターが主催する外国につながりを持つ子どもの居場所活動にも使われている。八幡支援学校との連携の取組みもスタートしている。週1回、普通科の作業実習が開催される（図8）。販売会に地域住民がお客さんとして来ることで、支援学校の生徒と住民が出会う場となり、生徒の学習機会だけではなく地域内の相互理解にもつながる。福祉総合科の生徒は、だんだんテラスの取組みを学び、地域住民が集まれるイベント企画を行う。地域住民に親しまれる場所だからこそ、これらの新たな展開が生まれている。

だんだんテラスでは、ワークショップに来る人だけではなく、その他の住民の声にも丁寧に耳を傾け、団地内の小さな想いを汲み上げて活動を進めている。「言葉にならない声」を意識することで、団地内の孤独や不安が聞こえるようになったという。学生スタッフに家庭の話をする子どももいて、子どもの居場所にもなっている。

■おさえておきたいポイント

筆者が過去に行った別の長期経過団地のコミュニティ拠点調査も踏まえて、コミュニティ拠点の取組みに必要な視点には、以下5つが挙げられる。

・高齢期になると人とのつながりが減少するため、新たなつながりを生む場が必要
・わざわざではなく、ふらっと訪れて、人と出会える場が必要（見守りにもなる）
・一定期間が経過すると利用者が固定化しやすく、多様な世代と新たな住民が参加できる工夫が必要
・地域づくりに主体的に取り組む人材の発掘が必要
・活動を継続するしくみが必要

図8　八幡支援学校の作業実習の様子

だんだんテラスの活動内容には縛りがない。決まりごとは、年中無休とスタッフの常駐のみである。常駐するからこそ聞こえてくる住民の声を大切にして展開する活動により、地域に受け入れられている。高齢者にとっては気軽に出かける場所が身近にでき、新たなつながりを生む場となっている。障がいのある方や外国にルーツのある方など多様な人たちの活動の場ともなっており、お互いを知り、理解する機会が生まれ、ますます地域のコミュニティ拠点に相応しい場となっている。

住民がお客さんではなく、主体的に「やってみよう！」と楽しんで取り組んでおり、リーダーにはならずとも主体的な住民を増やすことで、実際に地域課題へのアクションが実現していることは注目すべき点である。

学生スタッフは卒業により、1～2年ごとに入れ替わるので、別れを惜しむ住民もいるようだが、このスタッフの流動もまた、コミュニティ拠点の活動が活き活きと継続するポイントであろう。活動を先輩から引き継ぎつつ、常に新鮮な目で現状の課題を発見し続けることができる。スタッフの入れ替わりにより関係の固定化もおこりにくくなり、新しい利用者が入りやすい状態が保てる。学生は、子どもにも高齢者にも親しみを持って接してもらえる貴重な年代でもある。

しかし、流動する人材（学生）だけでは、実際はうまくまわらない。だんだんテラスの開設時から関わり、地域のコーディネータ役を担う辻村修太郎氏の果たしてきた役割は大きい。みんなでワイワイと楽しく進む大きな船を、コーディネータが目指す方向へうまく舵取りをしている。拠点開設から10年を節目に、藤本恭輔氏にコーディネータが引き継がれつつある。キーパーソンが交代しても継続する運営が目指されている。

住民が気軽に集まるだんだんテラスは、新たなつながりを生み、楽しくワイワイと地域で活動する実践者を生み出し、多様な住民への相互理解を促す場にもなっている。この事例には、学生と住民の協働により実現したコミュニティ拠点の可能性を見ることができる。

（室﨑千重）

＜知っておきたい用語・解説＞

現状回復義務：賃貸住宅の退去時に、入居時の状態に戻すこと。経年変化、通常の使用による摩耗等は対象外だが、居住者が行ったリノベーション、手すりの追加などは通常対象となる。

| 設計 | 福祉 | 行政 | 研究者 | 本人 |

4-4 多世代交流

1）共用空間を活用し多世代で支えあって暮らす
千葉県・シティア

概要
- 所在地：千葉県
- 所有形態：分譲
- 階数：15 階
- 建築企画・設計監修：デザインショップ・アーキテクツ
- 設計・施工：長谷エコーポレーション
- 供給主体：興和不動産
- 敷地面積：約 44,000m²
- 建築面積：約 16,000m²
- 戸数：851 戸　住戸占有面積：82〜124m²

■コミュニティ重視の大規模マンション

　一般に**大規模マンション**では、多数の住民が一時期に入居することなどから、新規の人間関係やつながりを構築することは容易ではない。高齢者や障がい者を含め、住民や地域が互いを支え合い、安心して暮らし続けることのできるコミュニティの醸成は大きな課題である。

　シティアは、住民同士のコミュニティ形成を重視し、それを支援するためのハード・ソフト計画を導入した先駆的な事例の一つである。

　住民の各種活動の場となる豊かな共用空間（ハード計画）と、それを活用するための仕組み（ソフト計画）をあわせて供給することで、コミュニティ形成を支援し、住民の自主運営による多様なコミュニティ活動や支え合いにつながっている。

　新築時の入居者層は、若中年の子育て世代を中心としつつも高齢世代も入居しており、多世代が暮らす大規模マンションである。築年数の経過に伴い、高齢住民の割合が増えていく中で、多世代の住民同士が支え合い、良好なコミュニティを維持するための取り組みが行われている。

□**ハード計画：屋内外の豊かな共用空間**

・敷地全体

　中央の公道を挟んで 2 つに分かれ、それぞれに A 棟・B 棟の複数住棟と、共用施設棟が配置されている（図 1）。敷地境界部にはセキュリティシステムは設けられておらず、地域に対して開かれている点も大きな特徴である。

・屋外共用空間

　B 棟に囲まれた広場である「フィールドガーデン」、保存樹木を活用した子どもの遊び場「トムソーヤの森」、ペットを遊ばせる「ドッグラン」、共用施設棟が集まる「コモンプラザ」、B 棟の導入空間に位置する「マーケットプラザ」などがある（図 2）。

・屋内共用施設

　5 棟の共用施設棟に、11 種類の共用施設が設けられている（図 3）。敷地中央の公道横に位置する「森の中のオープンカフェ」、体育館のような多目的スペース「シティ

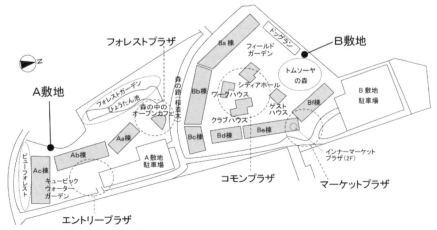

図 1　住棟及び共用空間の配置図

図2　敷地中央の屋外共用空間と共用施設棟

図3　共用施設棟の平面図

アホール」をはじめ、「ワークハウス」棟には、キッチン設備を備えた「キッチンスタジオ」、作業机や流し台のある「クラフトルーム」、ミニシアターやカラオケ等の設備がある「AVルーム」がある。「クラブハウス」棟には、日用品等が購入できる「コミュニティショップ」、テーブルや畳敷きスペースのある「ラウンジ・ファミリーラウンジ」、会議机等が置かれた「マルチパーパス」、個人の仕事や勉強に利用できる「ビジネスサテライト」が設けられている。「ゲストハウス」棟は、来客の宿泊や会合に利用できる。そのほか、B棟メインエントランス2階には、会議やイベント等で使われる多目的スペース「インナーマーケットプラザ」もある。共用施設棟は外部に面して大きなガラス窓が設けられ、活動の様子が外からも見えるよう設計された。

□ソフト計画：コミュニティ形成支援サービス

ハードとして共用空間を供給するだけでなく、コミュニティ形成を促すソフト計画として「コミュニティ形成支援サービス」が導入された。これは事業主側が販売促進の一環として提供したもので、ノウハウを持つ専門人材が「コミュニティサポーター」として携わり、マンションの企画・販売段階から新築入居後の初期まで、コミュニティ形成のための活動を支援した。

・企画・販売段階でのコミュニティ形成支援

「コミュニティサポーター」が協力し、地元を紹介するパンフレット作成や、ミニコミ紙の発行、販売センターでの各種体験会・展示会、入居予定者が集まって話し合う「タウンパーティ」の開催などが行われた。

入居予定者向けのイベントは複数回開催され、その参加者には多様な世代が含まれており、新築入居後の人的交流や、コミュニティ活動を担う人材発掘のきっかけとなった。また、コミュニティ活動の母体組織の構想や、共用空間の活用イメージの共有など、住民による活動を円滑に進めるための基礎が築かれている。

■コミュニティ活動の運営体制の推移

新築入居後、住民によるコミュニティ活動は本格的に始動するが、その運営主体や活動体制は時間経過とともに推移している。

□コミュニティサポーターによる初動支援

当初1年間は、事業主負担でコミュニティサポーターがコミュニティ活動を支援し、活動の母体組織である「シティアクラブ」の事務局業務や、共用施設を使用した各種カルチャープログラムの企画・運営等を行った。2年目は、マンション管理組合側からの委託としてコミュニティサポーターが業務を継続し、住民による自主運営への移行に向けてノウハウを蓄積した。

□住民による自主運営への移行

3年目からは、住民による運営に切り変わり、4年目にはコミュニティ活動の母体として、それまでの「シティアクラブ」にかわり「自治会」が発足した。自治会発足の背景の一つには、趣味や同好会的な活動を主として始まった「シティアクラブ」に対し、高齢者・子どもの福

表1 「グループ活動」と主な活動場所（築15年時）

グループ名	主な活動内容	主な活動場所（共用空間）
おまつりグループ	夏まつり・冬まつりの企画・運営	シティアホール フィールドガーデン他
マーケットグループ	地元農家の野菜などを扱う朝市の開催	森の中のオープンカフェ(外) マーケットプラザ
トムソーヤグループ	子供達に自然と触れ合う遊びを教える活動	トムソーヤの森 フィールドガーデン
グリーンクラブ	花壇の世話など敷地内の園芸活動	マーケットストリート他 敷地内
文化グループ	文化祭・音楽祭・カフェコンサート等の企画・運営	シティアホール 森の中のオープンカフェ インナーマーケットプラザ
キッズグループ	クリスマス会や工場見学など子供向けイベントの企画・運営	シティアホール
エディターグループ	自治会広報誌「コミュニティCitia」の編集・発行等	—
ライブラリーグループ	ライブラリー図書の整理・管理、よみきかせの会等	ラウンジ 森の中のオープンカフェ

図4 夏まつりの様子（上：フィールドガーデン・シティアホール 下：森の中のオープンカフェ）

図5 朝市の様子（森の中のオープンカフェ前）

祉や防災など、より広い意味での支え合いが求められた点がある。

自治会では、「福祉部会」「子ども部会」「イベント部会」「防犯・防災部会」などの9つの「部会」、初期から引き継がれた有志の活動である「グループ活動」「サークル活動」、階ごとの近隣住戸で連携する「班」の3種を軸に組織が構成された。

■共用空間を活用した多様な活動

前述の運営体制のもと、マンション内では豊富な共用空間を活用して多様なコミュニティ活動が行われている。

「グループ活動」は、マンション全体の暮らしに関わる企画・運営を有志で行う活動で、新築入居前から立ち上がり、長く続いてきたグループもある(表1)。「おまつりグループ」はその一つで、例年「夏まつり」「冬まつり」を実施してきた。大勢が集まることのできる「フィールドガーデン」や「シティアホール」「コモンプラザ」などが会場となり、子どもから高齢者まで、多くの住民が参加するイベントである（図4）。「文化グループ」は、「文化祭」「音楽祭」「カフェコンサート」などの企画・運営を担当し、「シティアホール」「森の中のオープンカフェ」「インナーマーケットプラザ」などで、サークル活動（後述）等による作品展示や演奏会等を行ってきた。これらの活動は、近年は有志の活動から自治会全体の企画へと引き継がれ、「秋まつり」「文化祭」「各種コンサート」等が継続的に開催されている。

「マーケットグループ」は、地元農家の野菜などを扱う「朝市」を実施しており、「森の中のオープンカフェ」のテラス空間や、「マーケットプラザ」などが開催場所となっている（図5）。

表2 「サークル活動」の種類と主な活動場所（築15年時）

サークルの種類	主な活動場所（共用空間）
運動・体操系 (空手・卓球・ゴルフ・体操等)	シティアホール
ストレッチ・ダンス系 (エアロビクス・ヨガ・フラダンス・バレエ等)	シティアホール
音楽系 (ウクレレ・ゴスペル・ギター・カラオケ等)	クラフトルーム AVルーム 森の中のオープンカフェ
教養系 (書道・絵画・写真・英会話・フラワーアレンジメント等)	クラフトルーム マルチパーパス
ゲーム系（囲碁・将棋・麻雀 等）	クラフトルーム キッチンスタジオ
料理系（料理レシピ作成・そば打ち 等）	キッチンスタジオ
その他（シニアクラブ 等）	シティアホール他

図6 フラダンスサークル
（シティアホール）

図7 囲碁サークル
（クラフトルーム）

「サークル活動」は、住民同士で集まり趣味・習い事などを行うもので、当初から約30種類ほどの団体があり、多彩な活動を行っている（表2）。運動やダンス系のサークル活動では「シティアホール」等が利用されるほか（図6）、音楽系サークルでは「AVルーム」や「森の中のオープンカフェ」、教養系・ゲーム系のサークルでは「クラフトルーム」（図7）や「マルチパーパス」、料理系サークルでは「キッチンスタジオ」等が活動の場となっている。

その他、自治会の各種部会での活動や、管理組合の会合等でも、「シティアホール」「森の中のオープンカフェ」「フィールドガーデン」「インナーマーケットプラザ」などが利用されている。

■高齢世代のコミュニティ活動参加と多世代の支え合い

□人間関係の構築と世代交流のきっかけ

各種のコミュニティ活動では、リタイア後の比較的余暇時間のある高齢世代が参加する様子も多くみられ、子育て世代とともに、マンション内の共用空間を積極的に活用する層となっている。またこれらの活動への参加は、新たな人間関係の構築や、他の世代と交流するきっかけにもなっている。

□福祉活動や相互扶助の取り組み

また時間経過に伴い、新築入居時に比べて高齢世代の住民の割合が高くなってくると、高齢者を意識した福祉活動や相互扶助の動きも生まれている。

自治会の「福祉部会」の取組みでは、高齢者のたまり場として「ひだまりサロン」が定期的に開催され、「森の中のオープンカフェ」でのおしゃべりや「歌声カフェ」、「シティアホール」での「認知症予防運動」などの活動が行われている。

そのほか、住民同士がボランティアで相互扶助を行う「お助けネット」がある。助けが必要な依頼者、もしくは助けができる登録者として利用登録をし、高齢者の話し相手や通院の付添い、掃除・洗濯などの家事支援、電球の交換、文書作成や補修作業など、マンション内での支え合いを実行する仕組みである。

■おさえておきたいポイント

シティアの事例では、大規模マンションにおいて、多世代を含むコミュニティを円滑に形成する計画が導入され、一定の効果がみとめられる。そのポイントは、ハードとソフトを一体的に捉えた計画である。

ソフト面では、コミュニティサポーターによる初動の役割は大きく、見知らぬ住民同士がつながるきっかけを創出するとともに、具体的な各種活動運営のノウハウを供与する役目を担っていた。

初期に行われた各種の支援イベントは、参加した住民の中から、その後のコミュニティ活動を中心的に担う人材が発掘される場ともなっており、またコミュニティを重視するマンションであるという認識を住民に啓蒙する効果もあった。

ハード面では、マンション内に活動の場となる共用空間があることが、大きな意味を持っている。「グループ活動」「サークル活動」をはじめとした各種の活動が継続的に行われている背景には、大人数が集まることのできる空間や、ある程度多目的に活用できる空間があることが、有効に働いている。

結果として、シティアでは「共用施設の豊かさ」や「暮らしの安心感」の満足度が高い傾向にあり、大規模ながらも住民同士が一定のつながりを持って住むことのできるコミュニティが醸成されているといえる。

一方、マンション運営やコミュニティ活動を長く継続していく中では、住民の努力や苦労もみられる。活動を担う人材の世代交代や、途中入居者との意識差といった課題もある。供給時のコミュニティ支援だけでなく、年次経過の時点における外部支援の必要性についても考慮の余地があるだろう。

（曽根里子）

＜知っておきたい用語・解説＞

大規模マンション：明確な定義はないが、一般には総戸数100〜1000戸以上の分譲集合住宅を指す。
　スケールメリットを活かして、多様な共用空間や住民向けサービスが設けられている例も多い。一方で、合意形成やコミュニティづくりにおいては、難しい側面もある。

| 設計 | 福祉 | 行政 | 研究者 | 本人 |

4-4 多世代交流

2）大学生が支え、支えられる団地の暮らし
兵庫県・明舞団地

概要
- 所在地：兵庫県
- 所有形態：公営住宅（兵庫県営）
- 階数：地上 5 階建て
- 学生シェアハウス：公営住宅の目的外使用
- オールドニュータウンの活性化、団地再生
- ミクストコミュニティ
- 学生による地域貢献

■ニュータウンが抱える課題

　高度経済成長期において、地方から都市部への若年層を中心とした大量の人口移動があった。全国の都市周辺の地域では住宅不足解消のため、丘陵地を切り開いた大規模住宅地がつくられた。多摩ニュータウンや千里ニュータウンが有名である。いずれの団地においても、入居当時は若夫婦と子世帯が多くを占めた世帯構成は、その後、子が転出し、高齢者のみ世帯の増加へと変化した。それに伴う自治会役員の担い手不足、地域活動の低下、エレベーターのない中層住宅におけるゴミ捨て問題、閉じこもりによる社会的孤立などは、大規模住宅地に共通する課題である。

■課題解決の方策

　これらの課題の解決に向けて、近年、地域活性化を目的とした**公営住宅**への学生居住が、全国で実施されている。それには、自治体が広く学生向けに募集するケースと、近隣の特定の大学と連携するケースがある。前者は、本稿の兵庫県営明舞団地や都営住宅などで、後者は国立大学法人横浜国立大学と神奈川県営笹山団地、公立大学法人前橋工科大学と広瀬団地（群馬県住宅供給公社の賃貸住宅）などで行われている。

　公営住宅への学生居住は、入居者を増やすことや、空き住戸の活用が主目的ではない。入居希望の低い空き住戸を、自治会活動への参加を条件に学生に提供し、団地の活性化をはかることが目的である。

　公営住宅には同居親族条件があり、例外的に単身入居が認められたのは、60 歳以上の高齢者と障がい者等のみであった。若者が単身、あるいは親族ではない者と公営住宅に入居することはできなかった。公営住宅法の改正により、2012 年以降、自治体において同居親族要件の廃止を決定することが可能となった。しかし、多くの自治体において同居親族要件は継続されている。

　本稿では、全国に先駆けて、2011 年から公営住宅における学生居住を実施し、現在も継続している明舞団地における学生シェアハウスについて、その経緯と概要を説明する。

■明舞団地の概要

　明石舞子団地（以下、明舞団地）は、神戸市の都心から約 15km に位置し、兵庫県神戸市と明石市にまたがる南北約 3km、東西約 1km、面積約 197ha の大規模住宅地である。1964 年に入居がはじまった。

　丘陵地を住宅地にしたため坂が多いが眺望はよく、明石海峡大橋を自宅から見ることのできる住宅は多い（図 1）。公的賃貸集合住宅（UR、兵庫県営、兵庫県住宅供給公社）が、全住宅ストックの 55.5％を占め、あとは分譲集合住宅、一戸建て住宅などからなる（図 2）。

　入居開始の 1964 年以降、人口、世帯数ともに急増したものの、1975 年には人口のピークを迎え（37,477 人）、それ以降は減少が続く。2020 年における人口は 19,178

図 1　団地から明石海峡大橋を望む

人であり、ピーク時の約半数である（図3）。人口減少に比べ、世帯数の変化は少ないことから、夫婦と子世帯が、子の独立により夫婦のみ世帯に、死別により単身世帯にと世帯構成が変化していることがわかる。高齢化率は、1995年まで兵庫県全体よりも下回っていたが、それ以降急速に進展し、2020年において44％と兵庫県全体の29％を大きく上回っている。

公的賃貸集合住宅の多くは、建設後50年を経過しており、特に老朽化の著しい県営住宅では、建て替えが行われている。他方、一戸建て住宅エリアでは、空き家となった住戸の跡地に数戸の一戸建て住宅が建設されたことで、地域外から子育て世帯が流入している。

■明舞再生計画について[1]

このような状況を鑑み、兵庫県は、2003年に「明舞団地再生計画」を策定した。中央センターの空き店舗を活用したNPO法人の誘致、空き住戸を活用した生活支援活動の拠点の創設などを始めた。老朽化していた中央センター地区の再生として、新たな商業施設の誘致、サービス付き高齢者向け住宅の建設、一戸建て住宅と集合住宅の住み替え支援など、様々な活動を展開させてきた。学生シェアハウスは、再生計画における事業の一つとして2011年より実施された。

■学生シェアハウスとは[2]

明舞団地における学生シェアハウスは、地域再生法（2005年制定）により地域再生計画の認定を内閣府から受け、公営住宅における目的外使用として行われたものである。認定内容は「ミックストコミュニティの推進、地域コミュニティの活性化等を目的として下記の要件に該当する者の住宅として使用する。『明舞団地近隣に存する大学に通学するもので、明舞団地の活性化に資する研究または活動を行う意思のある者が一名または数名で居住するものであること』」である。

学生シェアハウスの対象となる住戸は、県営住宅である。明舞団地内にある県営住宅全2,639戸（特別賃貸県営住宅を除く）のうち、建替事業により入居募集を停止している団地及び過去3年間の応募倍率が1未満の団地の中から、経常的空き住戸数の半数程度の約45戸を上限と決めている。明舞団地内には、建設後20年未満の比較的新しい団地も多く、それらは、4.4～9.1倍と高い応募倍率である。学生シェアハウスは、公営住宅におけ

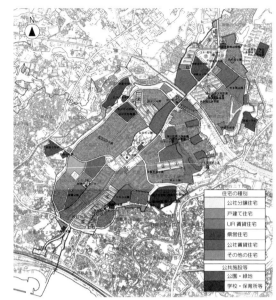

図2　明舞団地の区域図（作成：兵庫県住宅政策課）

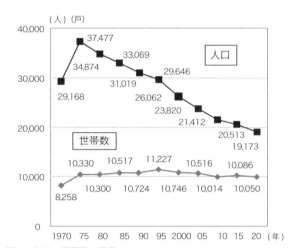

図3　人口・世帯数の推移（作成：兵庫県住宅政策課）

る本来の入居対象者の入居を妨げない範囲で、事業を実施している。

□応募条件と入居決定までの流れ

学生シェアハウスの所管課は、兵庫県まちづくり部住宅政策課である。毎年3回（春・夏・冬）、期間を決めた募集を行うが、希望者があれば随時対応する。入居希望者は、応募に先立ち「説明会・意見交換会」への参加が求められる。説明会では、県の担当者が明舞団地再生に関する説明を行い、事業内容や条件、ルール等を伝えた後、入居希望者同士の交流の機会が与えられる。一住戸に同居することで、それぞれの家賃負担は半分となる。説明会で知り合った大学院留学生2名は、同居することを決めて申し込んだ。

学生シェアハウスの応募条件は、①大学生（大学院生）で次のいずれかの活動等を実施する者、②原則として「説明会・意見交換会」に参加できる者の2点である。①の活動とは、「まちづくりに興味があり自治会活動等へ幅広く参加」「明舞団地を主対象とした卒業論文、修士論文、博士論文のいずれかの執筆」「明舞まちなかラボによる明舞団地内での地域活動への参加」「NPO等による明舞団地内での地域活動への参加」の4つである。

その後、入居希望者は、保護者の同意を得て、大学教員からの推薦状とともに入居申請に関する書類を提出する。後日、県職員、自治会長等で構成される審査会において、入居後の地域活動に関するプレゼンテーションを行い、質疑応答を経て、審査会の承認を得られれば入居が決定される。これまでに審査会が入居不可としたことはない。学生は、入居後から半年ごとに活動状況報告書を提出する必要がある。

□**入居学生の状況**

これまで、近隣の5つの大学から24名が入居した。2011年から2022年度までの12年間の学生シェアハウスの入居者リストを示す（図4）。初年度は3名であるが、2015〜2018年度は9〜12名と多くの学生が暮らした。シェアハウスと名付けられているが、1住戸2名居住は多くはない（24名中6名、21戸中3戸）。しかし、現在入居中の4名は、いずれも1住戸2名居住である。先述の大学院留学生と、春から留学予定のある者とない者の同居で、留学後は単身入居となる。

学生シェアハウスの対象となる県営住宅は、図2に示す明舞団地エリアの南と北に位置する（以下、南団地、北団地とする）。南から北へは緩い坂道を登らなくてはならないため、両団地間を徒歩で移動する者は少ない。南団地は建て替えにより学生シェアハウスの対象住戸がなくなり、2021年度をもって受け入れを停止した。

■支えられる人、支える人

高齢化率の高い公営住宅に学生が居住するだけで地域が活性するわけではない。学生が地域とかかわりを持って生活ができるように支援する仕組みが重要となる。学生シェアハウスは、入居する学生と、学生を受け入れる自治会長、双方をつなぐ県職員がキーパーソンとなる。インタビューにより、それぞれの思いを聞かせていただいた。

No.	住戸	2011	2012	2013	2014	2015	2016	2017	2018	2019	2020	2021	2022
1	北	A	A	A									
2	北	A	A	A									
3	南		B	B	B	B							
4	南			B	B	B							
5	北		A	A	A	A							
6	南				B	B	B	B					
7	南			C	C	C							
8	南					B	B	B					
9	南					A	A	A					
10	北					A	A		A				
11	南					A							
12	南						B	B	B	B			
13	南						A						
14	北						A	A	A				
15	北						B	B					
16	南							B	B	B	B		
17	南							A	A				
18	南							B					
19	南							B	B	B	B		
20	南										D	D	D
21	北											E	E
22	北											E	E
23	北												B
24	北												B
		3	5	7	7	12	9	9	5	4	3	3	4

図4　学生シェアハウスの入居者リスト（24名）
A〜Eは大学、網掛けは同居を示す

□**学生**

中国出身の王宵（おうしょう）さんは、近隣大学の大学院生であり、集合住宅団地における高齢者の食支援を通した居場所づくりに関する研究を行っている。研究を遂行するためには、そこに暮らす人々の生活を知ることが重要であると担当教員に勧められ、修士課程2年の春に入居を決めた。それまで住んでいた住宅を賃貸しながらの入居であった。通学は、バスで15分程度である。

博士課程への進学希望があるため、地域活動への参加が負担になるのではという不安があったが、審査会で自治会長から、「挨拶と、月に1回の例会に出てくれたらよい。学業を優先して」と言われ、安心して入居を決めることができた。

団地に暮らすことで、これまでほとんど接する機会がなかった高齢者と会話できるようになった。また、団地内にある高齢者によって運営されている食堂（ふれあい食事処明舞ひまわり）でのボランティアも行い、食事を通じて高齢者の生活を知ることができた。この経験は、これからの他の大規模住宅地に対するヒアリング調査に大いに役立つと感じている。県職員は、研究の相談に乗ってくれて、調査対象地の関係者を紹介してくれたり、資料提供もしてくれた。

王さんは、研究目的で団地に暮らすことになった。別の住宅も賃貸していたので、家賃の低さに助けられた。エアコン、網戸を自身で準備する必要があるなど（シャ

ワーのない住戸もある)、住宅設備は不十分であることも、あまり気にならなかった。しかし、店舗が少ないうえ、閉店時間も早く、夜出掛ける場所もない。目的を持たない学生にとって、入居は難しいのではないかと考える。コロナ禍により、例会や住民イベントもほとんどできなくなってしまったため、王さんは退去し、論文を完成させた。

□自治会長―南団地にて学生を受け入れ

学生シェアハウスの受入れは、団地の自治会長が中心となって行っている。

南団地の自治会長である小高 平(こだかひとし)氏は、学生シェアハウスの仕組みを県に提案した人である。33歳の時に新築の県営住宅に家族とともに入居した。小高さんは、現在までの約30年間、自治会長を務めている。長らく民生委員も担ってきた。現在87歳である。

人口増加の全盛期から、現在まで街の様子を見つづけてきた。孤立しがちな高齢者の居場所として集会室を毎日開け、車いすを使用する単身者の買い物や通院の付き添いを行うなど、地域住民を夫婦で支えてきた。どちらを向いても高齢者ばかりの団地を見て、「ここに一人でも若い人が歩いていたら元気になるのにな」と周りの人に言い続けた。その声を県職員がくみ上げ、学生シェアハウスという事業が始まった。小高さんは、学生の生活音が入居者の迷惑になって事業に反対されては困ると、自身の住戸の上階を、初めての学生シェアハウスとした。

小高さんが、学生シェアハウスの見学者にする話がある。入居学生が初めて高齢者ばかりの例会に参加して、机に座りノートパソコンを開いて記録を取り始めたら、参加していた高齢者から歓声が上がったという。これまでとまったく雰囲気の違う例会であり、その様子を見たいと参加者が増えたという。

長年、仕事で多くの人々と関わってこられた小高さんの経験が、学生に多くを求めず、包みこむような優しさとなっていると感じる。小高さんは、学生に電話もメールもしない。例会で会った時に連絡事項を伝えるだけである。

□行政:県職員―つながりをつくる

これまで多くの職員が学生シェアハウスの担当者となった。県職員は、学生シェアハウスに関する広報、説明会・意見交換会、プレゼンテーション、審査会、住戸見学などを担当するだけでなく、入居学生同士、学生と地域住民をつなぐ重要な役割も担う。これまでの職員の多くが、仕事の枠を超えて、学生と付き合ってくれており、学生も頼りにしている。

担当課である兵庫県まちづくり部住宅政策課と、住宅供給公社の担当者に話をうかがった。学生シェアハウスが長期間に渡って事業を継続できた理由について尋ねると、自治会長がうまく学生を受け入れてくれるからと話す。学生が自治会長の優しさを知り、居心地の良い場と感じ、お互い自然体で暮らしているように感じるという。自治会長と県職員は「学生に多くを求めない」ようにし、学生は地域活動への参加により「住民から求められている」ことに意義を感じている。

■学生シェアハウスを継続する条件

明舞団地が学生シェアハウスを継続している条件を挙げるならば、①入居希望者がほぼいない空き住戸がある、②近隣に複数の大学がある、③学生を受け入れたいと考える自治会、それを支える自治会長が居ることである。今後の建替事業により、いずれ学生シェアハウスの対象となる住戸はなくなるが、それまでは事業は継続される予定である。また、明舞団地の近隣には、5校の大学があり、1校は徒歩で15〜30分程度(団地の場所により異なる)、4校はバイク等であれば10〜20分程度で通学できる距離である。これは学生シェアハウスにおいて、もっとも重要な条件である。

筆者が、学生シェアハウスを学生に広報して欲しいと依頼された際、地域活動への参加を条件に老朽化した住戸に入居する学生はいないと思った。しかし、この取組みに意義を感じたゼミ生が初めての入居者となったために推薦人となり、ともに地域活動に参加することとなった。今では筆者にとって、とても居心地が良く、誰かと話して笑って温かい気持ちになれる場である。

(糟谷佐紀)

参考文献
1) 兵庫県、明舞団地のまちづくり情報発信基地、
https://meimai.hyogo-jkc.or.jp/rcp-2.html
2) 久保園洋一「地域活性化を目的とした公営住宅の学生居住に関する一考察」『日本建築学会計画系論文集』第81巻第722号、2016、pp.983-990

<知っておきたい用語・解説>

公営住宅:公営住宅法(1951年)に基づき、地方公共団体が、住宅に困窮する低額所得者に対して低廉な家賃で賃貸する住宅。2020年度末、全国に約214万戸ある。老朽化により空き家も多い。

4-4 多世代交流

3) 協働する住まい
コレクティブハウスかんかん森

概要
- 所在地：東京都荒川区
- 所有形態：賃貸住宅
- 設計：小谷部育子他
- 構造：鉄筋コンクリート造
- 延べ床面積：1,944m²
- 共用空間：コモンルーム（D・K・キッズスペース）コモンテラス、ランドリー、第2キッズコーナー、ゲストルーム、菜園テラス、工作テラス、車いす対応共同トイレ、事務室、倉庫
- 住戸：28戸（1R 18戸、1LDK 4戸、2LDK 5戸、シェア1戸（2室））
- 居住者：子どもからお年寄りまで多世代

■コレクティブハウスとは

コレクティブハウスは集まって暮らすことで、個人や小さな家族では充足できない合理的で安心感がある暮らしを目指す住まいである。住まいの形は、独立した住戸とキッチンやダイニングがあるコモンルームなどの共用空間で構成される共生型集住である。コレクティブハウスでは、居住者は日常の生活の一部（調理・掃除など）を協働で行う。中でもともに作りともに食べる「**コモンミール（以下、CM）**」（図1）は中心的なコレクティブ活動である。

コレクティブハウスは、1960～70年代の画一的な住宅供給による小家族の孤立や働く女性、環境問題に対する居住運動を背景に、スウェーデンやデンマーク、オランダなど北欧諸国を中心に建設され始め、80年代からは北米でもコウハウジングとして展開する。我が国では、80年代後半に小谷部育子氏により日本が抱える家族問題や女性の就労問題の解決案の一つとして、コレクティブハウジングが紹介されオルタナティブな住宅として注目された。我が国初となるコレクティブハウスは、阪神・淡路大震災後の復興住宅「神戸市営ふれあい住宅」である。被災者用の仮設住宅での一人暮らしの高齢者の「孤独死」がみられたため、おもに被災高齢者を対象に高齢者同士が助け合う住宅としてコレクティブハウスが導入された。しかしながら入居者が積極的に選んだ暮らし方でないことや高齢者だけで行う自治の難しさなど、公営における高齢者向け共生型住宅の課題が明らかとなった。この「ふれあい住宅」以降、高齢者向け住宅としていくつかコレクティブハウスが導入されたが、近年の公営住宅におけるコレクティブハウスの新しい取組みは少ない。

一方民間では、日本初の居住者の自主運営・自主管理

図1 「コレクティブハウスかんかん森」での「コモンミール」の様子
（撮影：松本路子）

図2 「ブランシエール日暮里」外観
（2・3階「コレクティブハウスかんかん森」）

による「コレクティブハウスかんかん森」（以下、「かんかん森」）が2003年に東京都荒川区に誕生した（図2）。子どもから高齢者までが多世代で暮らす、多世代共生型の賃貸コレクティブハウスである。2023年現在、民間のコレクティブハウスは5事例である。

■日本初のセルフワーク型コレクティブハウス

「かんかん森」は、荒川区の繊維街の下町の伝統が残る日暮里の複合居住施設「ブランシエール日暮里」の2・3階に位置している。荒川区の中学校の跡地のため、社会的に意義がある建物が求められた。コレクティブハウスの他に介護付有料老人ホームや保育園、クリニックが併設され、地域の人との拠点施設としての側面を持っている。

「かんかん森」の共用空間には、コモンルーム（D・K・キッズスペース）、ランドリー、ゲストルーム、菜園テラスなどがある（図3）。コモンキッチンの業務用オーブンやランドリールームの洗濯機とアイロンなどは居住者で共用している。居住者の協働と交流の場の中心であるコモンルームは吹抜と2面が開放されテラスにつながり、見晴らしが良く風が感じられるゆったりとした空間である。コモンルームは、玄関脇の階段室の掲示板の先に位置し、コモンルームの2か所の出入口により通り抜けを可能とする回遊動線が、居住者間の日常的な自然な交流とスムーズなアクティビティを誘発している。住戸は28戸でワンルーム、シェアルーム、ファミリータイプと間取りのバリエーションがある。住戸の床面積は25.5〜63.2m²、基本的な設備は住戸内に完備されているが、あえて大きくせずに、共用空間とその設備やモノを使い合いコミュニケーションを生み出す計画としている。なお各住戸からコモンルームに面積を13%供出している。

設計を手掛けた小谷部らは、日本での本格的な居住者によるセルフワーク型のコレクティブハウスの導入にあたり、子育てと家庭生活の両立を望む就労女性のニーズ、さらに成熟した高齢社会のライフスタイルに対応したオルタナティブな都市の居住の場を作ろうと考えた。「かんかん森」の空間や運営の計画は、スウェーデンのコレクティブハウス「フェルドクネッペン」（以下「FK」）」を参考にしたものだが、入居者の条件は異なる設定とした。「FK」は40歳以上で子どもが同居しない"熟年向け"に限定しているが、「かんかん森」は子どもから高齢者までが暮らす多世代居住とした。異なる世代の互いのサポートや刺激がある多世代居住とすることで、「都市で働きながら、単身でも高齢になっても自分らしく生き生きと、できるだけ経済的でかつ健康的な安心できる住まい」の実現を目指した。

■居住者による運営のしくみ

入居開始2年前から運営の検討が重ねられ、入居者による暮らしの運営の体制が作られた。「かんかん森」の運営は、日常の協働の暮らしのための運営と空室などの管理を行う不動産運営がある。

□暮らしの運営

「かんかん森」では居住者組合「森の風」を組織し、居住者が協働の暮らしの運営を行っている。事務運営を担う役員と日常の管理を行う係やグループから構成され、月1回定例会で暮らしの運営方法や課題について議論する。また毎年1回、総会が行われる。居住者は係や活動グループに参加し運営やCMの調理（当初は週3回）や片付けを担うこと、共用空間の掃除、総会や定例会及びその運営に参加が決められている。高齢者も居住者の一人として基本的にはこれらの役割を担う。なおフォーマルな運営活動だけでなく、勉強会や飲み会、映画会など自発的な趣味のインフォーマルな活動グループもみられる。

2003年に竣工してから、居住者の入れ替わりにともなって暮らしの運営も変化させてきた。病気時や産休としてCM免除、夕食のみだったCMを昼食にも実施、さらに掃除を一部、外部委託するなど柔軟に変化している。

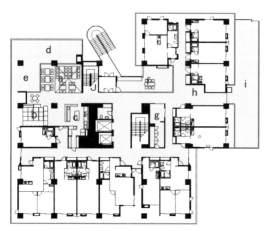

コモンルーム（a.ダイニング　b.キッズスペース　c.キッチン　d.デッキ　e.テラス）
f.工作テラス　g.ランドリールーム　h.キッズコーナー　i.菜園　j.掲示板コーナー

図3「コレクティブハウスかんかん森」2階平面図

なおコロナ禍は一定期間CMの中止や有志での実施によりCMの実施方法や共用空間の使い方の模索を続けた。筆者のコロナ禍の調査では、住宅内ですぐに信頼する人に相談できる安心感、またコモンルームが家族間距離の選択を可能とし精神的なゆとりが生まれるなどコレクティブハウスの価値が再確認できた[1]。

□ **不動産運営**

入居初期はNPO法人コレクティブハウジング社が事業主の生活科学運営と業務契約し入居者募集や企画・居住者コーディネートを行い、賃貸契約は居住者が個々に事業主と直接結んでいた。2004年の満室を契機に今後の運営の話合いを重ね、2007年から居住者有志による㈱コレクティブハウスが事業主から一括借り上げし、空室管理や入居者募集などの不動産運営を行っている。不動産運営を居住者が行うことで、シェアハウスの導入、子ども割引、20代割引、礼金0キャンペーンなどのタイムリーな空室対策により、居住者構成バランスを保ち多世代居住が実現している[1]。

■多世代居住の実現のための居住者構成

入居者の入れ替わりが多く竣工時から住み続けている人は少ないが、それでも3割程度の人が10年以上住み続けている。居住者の属性をみると、コレクティブハウスは女性の居住者が多い傾向があり「かんかん森」も同様だったが、近年子育て世帯が増え、男性が4割程度となった。また家族構成は、中高年期の単身者が8割を占めている時期もあったが、近年は家賃の子ども割引も功を奏して30～40歳代の子育て期の共働き家族が増え、子どもから高齢者まで暮らす多世代居住が実現している。高齢の居住者はこれまで大人の居住者の2割程度を占めていた時期もあるが、平均して少ない。一人で暮らす後期高齢者や夫婦で暮らす前期高齢者など、年齢も家族構成も性別も様々だ。なお高齢期の住まい方検討やルールづくりをするシニアグループを作ったが、高齢者が減り、今は機能していない[1]。

■いつまで住み続けられるか

「かんかん森」では大人の居住者皆で、分担して暮らしの運営を担っている。子どもや若い世代からの刺激や気心が知れた居住者との交流がある社会性を持つ住まいとして、元気な高齢居住者のコレクティブハウスでの暮らしの評価は高い。しかし体調が悪くなり役割分担が担えなくなった時にどうするのか。自立した高齢者による共生を目指すグループリビングと同様の課題が「かんかん森」にみられる。

「かんかん森」には、最年長で89歳まで一人で暮らされていた方がおられた。退去前の数年間は、CM当番は得意料理のシュウマイなどを数日前から作り、冷凍しておいたものを当日蒸して提供したり、掃除当番は比較的近所に暮らす甥御さんが手伝うなどして、協働の役割を担っておられた。「得意料理をみんながおいしいと言ってくれて、特にお子さんがもりもりと食べてくれることが私の生きがい。」と語っていた。しかしご病気になられて、残念ながら高齢者施設に移られた。また、70歳代後半の一人暮らしの方が、がんを患われて介護保険を利用し在宅医療を受けながら、「かんかん森」に住み続けられた。居住者のサポートも受けながら亡くなられる2か月前まで「かんかん森」で暮らされた。このお二人のように「かんかん森」で体が動かなくなるまで過ごされる方は少なく、お元気なうちに次の住まいに移られる方や従前の住まいに戻られる方がほとんどである。

■「終の棲家」となるコレクティブハウス

フェルドクネッペン

高齢期に住み続けられる、住み続けたくなるコレクティブハウスはどのようなものだろうか。

□ **サポート循環がある**

「かんかん森」が参考にしたスウェーデンのフェルドクネッペン（以下「FK」）では、多くの高齢者がコレクティブハウスで住み続けている。2016年の筆者の調査では、約8割の人が「体が動かなくなってもずっと住みたい」と回答し、「ここは私の家、居住者は家族」、「死ぬまで住み続ける」との声が聞かれた。

「FK」では居住者の体の状態に合わせたコレクティブ活動がされている。ある高齢の女性はCM当番としてテーブルにフォークを置く仕事はしているが、他の当番については、居住者や入居ウエイティング待ちの外部サポーターが補っている。また彼女の病院への送迎や買い物などは、手が空いている居住者がいつも手伝っている。これらのサポートは何れも自発的なもので「困っている人を助けることは当然」とする元来持っている共生意識によるものといえる。

また、リタイア後で時間的にも精神的にも余裕がある

元気な居住者が多くいることも、体調が悪い居住者のサポートを可能にしている。最もコレクティブライフを楽しめるライフステージはリタイア後である。元気な高齢の方々は、ガーデニングなどの趣味のグループ活動やCMの調理や食事を楽しみながらコレクティブライフを享受している。そして自身がサポートする側からされる側に替わる日が来ることも容易にイメージでき、自分自身も住み続けられると感じられるのだろう。住み続けることで、助け合いのサポート循環が実現するのである[2]。

□ **サポートを循環させる入居者選定**

「FK」はスウェーデンのコレクティブハウスの中でも、良好な暮らしの質の維持が評価されている入居待ちの人が多くいる事例である。「FK」ではコレクティブハウスを一つの組織ととらえ、暮らしの運営に取り組んでいる。組織を構成する居住者構成バランスを重視した入居者選定が大切だという。「かんかん森」では子ども割引などで構成バランスを調整しているが、入居希望者の選定は行っていない。「FK」は40歳から90歳代までの"熟年の多世代居住"である。住み続けを可能にするには"若い人"と呼ばれる60歳代以下の人や男性、カップルの一定数の確保に気を配り、構成バランスを保っている。また次代の運営の中核を担う人材育成、コレクティブ活動のマニュアル化による生活の質の平準化を図るなど、将来を見据えた話し合いや運営がされている（図4）。

このようにコレクティブハウスが「終の棲家」となるためには、時間をかけて構築された人間関係をベースとしたサポートの体制があること、またサポート体制ができていることで「ここで最後まで暮らせる」という安心感が醸成されると考えられる。日本においても、サポート循環を創生する熟年型の多世代コレクティブハウスの可能性について、検討するとよいだろう。

■おさえておきたいポイント

コレクティブハウスでは一人ひとりが自立し、生活の一部を協働することで助け合う暮らしが作られる。また、居住者の年齢や家族構成などの構成バランスを調整することで、生活の質が維持される。

（大橋寿美子）

参考文献
1) 大橋寿美子、鈴木歩実「居住者参加型賃貸コレクティブハウスに関する研究 その11『コレクティブハウスかんかん森』の16年間の経年変化」『2020年日本建築学会大会学術講演梗概集 建築計画』pp.139-140
2) 大橋寿美子、松本暢子「高齢期に対応した多世代共生型集住の有用性に関する研究-熟年コレクティブハウス『フェルドクネッペン』住運営の分析から」『一般財団法人住総研 研究論文集・実践研究報告集 2018年度版』No.45、pp.47-58

＜知っておきたい用語・解説＞

コモンミール：協働での調理・食事・片付けなどの一連の行為をコモンミールと呼ぶ。協働の暮らしの中心的な活動であり、コモンミールを通じて居住者間の交流が促進される。

図4 「フェルドクネッペン」コロナ禍の定例会 （撮影：Kerstin Karnekull）

| 設計 | 福祉 | 行政 | 研究者 | **本人** |

4-4 多世代交流

4)"ごちゃまぜ"で暮らす
Share 金沢

概要
- 所在地：石川県金沢市
- 運　　営：社会福祉法人佛子園
- 設　　計：五井建築研究所
- 敷地面積：約 11,000 坪
- 構　　造：鉄骨造（2棟）、木造（23棟）
- 階　　数：平屋建て（19棟）、2階建（6棟）
- 施設構成：

〈住宅〉
　サービス付き高齢者向け住宅（32戸）
　障がい児入所施設（定員39人）
　学生向け住宅（6戸）
　アトリエ付き学生向け住宅（2戸）

〈福祉施設〉
　高齢者デイサービス（定員15人）
　（障がい者）生活介護（定員10人）
　児童発達支援センター（定員10人）
　放課後等デイサービス（定員10人）
　ワークセンター
　　（就労継続支援A型・就労継続支援B型・就労移行支援事業）

〈その他〉
　学童保育・天然温泉・共同売店・アルパカ牧場
　ドッグラン・菜園・全天候型グラウンド
　店舗：クリーニング・マッサージ店・料理教室・
　　　　ウクレレ教室・カフェ＆バー・自然学校・
　　　　スポーツ教室・デザイン事務所

■ 運営母体「佛子園」の歩み

2014年、金沢市の南東部、金沢駅から6kmの位置に「Share 金沢」が誕生した。オープン以来、視察が後を絶たない。なぜそこまで注目されるのか？ Share 金沢で実践されている「ごちゃまぜ」の暮らしとはどのようなものなのか？ Share 金沢誕生の背景には運営する社会福祉法人「佛子園」のこれまでの歩みがある。ここでは、「佛子園」の歩みについて紹介する。

石川県白山市にある行善寺。現在の法人理事長である雄谷良成氏の祖父にあたる住職が戦災孤児を庫裡に住まわせたのが始まりである。彼らが巣立った後、その当時石川県内に知的障がい児施設がなかったことから行政の勧めもあり、1960年、社会福祉法人「佛子園」を設立して知的障がい児施設を開設。その後、18歳以上の知的障がい者のための入所施設やグループホームそして就労の場を提供してきた。

1988年、能登町で「日本海倶楽部」を開設し、クラフトビールを醸造しビアレストランを運営。ビールづくり、レストランの接客、清掃、動物の世話などの作業には障がい者だけではなく地域の人たちも従事。仕事の少ない過疎地域における新たな雇用の受け皿となっている。

2006年、アートで子どもの可能性を広げる障がい児デイサービス「エイブルベランダBe」を開設。

2012年にはJR美川駅の指定管理を受託し、「美川37Work」を開設。無人駅で障がい者が駅と駐車場の警備・清掃などの管理業務をこなし、待合室を兼ねたカフェ「美川37Café」も運営し、地域の交流拠点としての機能を果たしている。

このように、知的障がい児の福祉から始まった法人の活動は、障がい者の暮らしの場や働く場だけではなく、地域の人たちが働いたり憩いに集まってきたりする場づくりへと発展していった。現在、石川県内を中心に100以上の事業を展開している。

■ なぜ"ごちゃまぜ"を目指すのか

佛子園が知的障がい者グループホームを建設しようとした時、地元から反発を受けた。これまで地元に馴染むために、レクチャーやバザーの開催などを通して啓発活動をしてきたのに反発を受けたことに雄谷理事長はショックを受け、なぜそのようになったのかを考えた。これまで「障がい」を理解してもらおうと活動してきたが、障がいのある「A君」という個人を理解してもらう活動をしてこなかったからではないかと思ったそうだ。個人を知ってもらうためには、障がい者が特別な存在ではなく、日常の存在にならなければならない。また、これには雄谷理事長の生い立ちも影響している。生まれた時には、すでに父親が知的障がい児施設を運営しており、知

的障がい児と一緒に育ったので、彼にとっては障がい者が日常の存在であった。しかし、社会に出てみると、それが一般的なことではないことに気づいたという。

そこで、障がい者が特別な存在ではなく日常の存在になるためには、障がいがある人もない人も「ごちゃまぜ」で暮らすことが必要であるという考えに至った。これが大きな転機となり、その後の法人の取組み姿勢に大きな影響を与えることとなった。

■三草二木 西圓寺での取組み

この「ごちゃまぜ」の実践の第一歩が、2008年に石川県小松市に開設された「三草二木 西圓寺」である（図1）。これは地元から廃寺を何かに活用してもらえないかという打診が佛子園にあったことに端を発する。佛子園は障がい者の参画と地元の協力を条件に引き受け、「三草二木 西圓寺」を開設した。

「三草二木 西圓寺」は4つの機能を有する。
①福祉拠点
　高齢者デイサービスと障がい者の生活介護
②働く場
　障がい者だけではなく地元の人たちも働いている。例えば、味噌や梅干しを作って販売しているが、これは障がい者と地域の高齢者たちが一緒に作ったものである。
③地域のコミュニティセンター
　地元の人たちが利用できるカフェがあり、また自分で育てた野菜や手作りの品を販売できる直売所もある。
④天然温泉
　集落の人たちは無料で入浴できる。元々温泉があったわけではなく、地元の人がふらっとやってきたくなる仕掛けを考え、温泉を掘削した。

このように、高齢者や障がい者の居場所や就労の場になるだけではなく、地元の人たちが働いたり、おしゃべりしにきたり、温泉に入りにきたりしている。これらの交流や活動がまちづくりにつながっており、減り続けていた集落の人口が「三草二木 西圓寺」開設後に増加に転じ、10年間で55世帯から74世帯まで増加した。

■ Share 金沢ってこんな街

2014年、国立病院跡地にShare金沢が誕生した。敷地面積は約11,000坪。これはサッカーコート5面分に相当する。施設と言うより街の規模である。敷地内には、高齢者向け住宅や障がい児入所施設やデイサービスなどが

図1　三草二木 西圓寺

あるが、これだけではない。開設前、この街にどのような機能が必要かについて、近隣住民たちと話し合いを重ねた。その中で、共同売店、レストラン、クリーニング店があるといいよね、と。また、どのようにしたら人がふらっと行きたい場所になるのかについても考え、温泉、アルパカ牧場、ドッグラン、全天候型グラウンド、キッチンスタジオがあれば行きたくなるかも、と。このようにして、これまでの福祉施設ではなかった多種多様な施設や店舗が立地することとなった（図2、図3）。

Share金沢には以下の施設がある。
①サービス付き高齢者向け住宅（図4）
　平屋（4戸）が4棟、2階建（8戸）が2棟の合計32戸。専有スペースは約43m^{2}の1LDKであり、これ以外に共用リビングがある。菜園を借りることが可能で、収穫した野菜を施設内で販売することもできる。また、働きたい人は、天然温泉やレストランで働くことも可能。
②障がい児入所施設
　4つのユニットからなる建物が3棟ある。障がい特性・生活年齢・地域生活に向けた準備の必要性などに応じて、居住空間が4つのユニットに分かれている。
③学生向け住宅
　アトリエ付き学生向け住宅が2戸あり、高い吹抜のある建物がアトリエ、その横に設置されたアメリカ製キャンピングトレーラーが居住場所となっている。その他に学生向け住宅が6戸ある。
④ワークセンター
　就労継続支援A型（定員10人）・就労継続支援B型（定員24人）・就労移行支援事業（定員6人）。飲食店舗での調理補助やフロント業務、館内や温泉の清掃、ランドリーの取次や洗濯業務、アルパカの飼育などに従事している。

⑤天然温泉

「三草二木 西圓寺」と同様、元々温泉があったわけではない。人が集まる仕掛けとして温泉を掘削した。Share金沢の居住者と近隣住民は無料で入浴することができる。

⑥共同売店（図5）

サービス付き高齢者向け住宅の入居者が中心となって仕入れから販売まで担っている日用品店がある。

⑦店舗

クリーニング・マッサージ店・料理教室・ウクレレ教室・カフェ&バー・自然学校・スポーツ教室・デザイン事務所など、多様な店舗が出店している。

そのほか、アルパカ牧場・ドッグラン、全天候型グラウンドがあり、エリア外の人たちが訪れたいと思う仕掛けとなっている。

■ Share金沢でごちゃまぜな暮らしの実現

Share金沢が目指したのは「老若男女、障がいがあってもなくても、あらゆる人がごちゃまぜで生き生きと暮らせる街」である。ここからは具体的に「ごちゃまぜ」について説明する。

まず、先述したように多種多様な住宅や店舗や施設が立地している。そして、高齢者・障がい者・学生それぞれの住宅がゾーンで分かれることなく混在している。まずこれらがハード面での「ごちゃまぜ」である。

しかし、今どき、多種多様なモノが隣接しようが、自然発生的に交流が生まれるものではない。マンションで隣に住む人の顔すらわからない世の中だ。ここには仕掛けが必要である。Share金沢ではその仕掛けがなかなか面白い。たとえば、学生向け住宅。相場より家賃が安い代わりに、月30時間のボランティアが条件となっている。絵が得意な学生はチョークアートで店の案内を作成したり、障がい児と仲良くなった学生は一緒にお風呂に入ったりしている。

また、様々な店が出店しているが、賃料はタダである。

図2　Share金沢の街並み　(提供：佛子園)

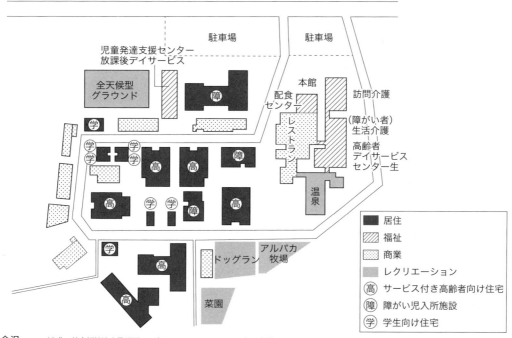

図3　Share金沢 map　(出典：社会福祉法人佛子園 HP (http://www.bussien.com/#/) に掲載されている配置図をもとに筆者作成)

その代わり、Share 金沢やその周りの人たちに（無料で）サービスを提供することが条件となっている。例えば、マッサージ店が地域の人たちに無料でアロマ教室を開講したり、料理教室が障がい者に料理を教えたりしている。また、共同売店では高齢者向け住宅の入居者がワークシェアして店を切り盛りしている。

そして、これらの仕掛けを超えて、障がい児施設で暮らす児童が放課後に高齢者向け住宅に行って高齢者の話し相手になったり、ハロウィンの時には施設で暮らす児童が高齢者宅を回ったりしている。

Share 金沢のキーワードは「ごちゃまぜ」であるが、もう一つ付け加えるとすれば「持ちつもたれつ」であろう。法人が仕掛けることによって、現代社会ではなかなか見られなくなったこの関係のきっかけをつくり、その後の自然発生的な交流へとつながっているのである。

この自然発生的な交流を生み出すために、建物レイアウトやランドスケープにも工夫が施されている。Share 金沢は一団地認定を受けていない。一団地認定では耐火建築物または準耐火建築物が要件となるが、この街には木造がふさわしいと考え、開発行為の際に敷地内に幅員 6m の道路を建設して市に移管し、接道条件を満たしている。道に面して木造の建物が並んでいるが、平入りの建物の横には妻入りというように、街並みが均質にならないように配慮されている。また、建物の間を縫うように小道とせせらぎが設けられ、住宅の玄関と居間はこの小道に面して配置されており、日常で人と人が出会い会話が生まれる仕掛けとなっている。また、店舗は敷地の奥に設けられており、利用者を敷地奥へといざなう仕掛けとなっている。

■ Share 金沢のその先に

2015 年に輪島市において「輪島 KABULET プロジェクト」が始動した。町に点在する空き家をリノベーションして、様々な交流拠点や支援施設に再利用している。地域全体を「ごちゃまぜ」にする取組みである。高齢者・障がい者・子育て世帯の支援に加えて、青年海外協力隊卒業生の活躍の場としても機能している。

さらに 2016 年には白山市で「B's・行善寺」が開設。3,000 人規模の街で医療と福祉が連携する住民自治モデルを作り出そうとしている。

佛子園は、福祉を中核としつつ、その活動はまちづくりへと発展している。

（神吉優美）

図4　高齢者住宅（平屋タイプ）と小道　(提供：佛子園)

図5　入居者が共同売店の運営をサポート　(提供：佛子園)

参考文献
1) 社会福祉法人佛子園 HP（http://www.bussien.com/#/）
2) 『新建築』新建築社、2016.7、pp.144-153
3) Youtube「佛子園の歩み」
   https://www.youtube.com/watch?v = VycNz77oIms
4) Youtube【平成 28 年度ふるさとづくり大賞 受賞者紹介】社会福祉法人佛子園「シェア金沢」（石川県金沢市）
   https://www.youtube.com/watch?v = GhOi2ACClMc & t = 98s

＜知っておきたい用語・解説＞

児童発達支援センター：主に未就学の障がい児を対象として、日常生活の基本的な動作の指導、知識技能の付与、集団生活への適応訓練、その他必要な支援を行う通所型の施設である。通所利用障がい児への療育やその家族に対する支援を行うとともに、その有する専門機能を活かして、地域の障がい児やその家族の相談支援、障がい児を預かる施設への援助・助言も行っている。

4-5 住民参加

1) 住民主体のサービスづくり
沖縄県・波照間島

概要
- 所在地：沖縄県八重山郡竹富町波照間
- すむづれの家の構成：個室5部屋／台所／食堂／和室／事務室／浴室／トイレ
- 管理運営：NPO法人すむづれの会
- 活動：小規模多機能型居宅介護／ふれあいサロン／配食サービス／移送サービス／売店運営

　本稿の舞台である波照間島は、人口規模が小さく民間のサービス市場を期待できず、離島であるため他の地域に頼ることも難しいなど、条件不利地域の一つである。このように不利な条件を抱えながらも、自治会・婦人会・青年会・ボランティア団体等の地域組織による活発な活動の有利性を活かして、住民が主体となって地域ケアサービスをつくりあげた。本稿ではその過程と現在の活動について紹介する。

■波照間島の概要

　波照間島は9つの有人離島・7つの無人離島からなり、沖縄県竹富町に属する。町役場は管轄外の石垣島にあり、53km離れた石垣島とは1日3便片道1時間の高速艇及び週3便片道2時間半のフェリーで結ばれている。
　面積は12.73km²。役場出張所、保健センター、駐在所、郵便局、中学校、小学校、幼稚園、保育園、公民館、農村集落センターがあり、医療施設として沖縄県立八重山病院付属診療所（医師1人・看護師1人）及び町立歯科診療所、介護保険施設として小規模多機能型居宅介護（以下、小規模多機能）「すむづれの家」（図1）がある。5つの集落からなり、各集落に会館及び組合方式の共同売店がある。
　2023年3月末現在、258世帯、457人が暮らしている。高齢化の状況についてみると、人口457人のうち、高齢者が139人、そのうち後期高齢者が63人であり、高齢化率30.4％、後期高齢化率13.8％である。

■離島・過疎地域支援事業による住民主体のサービス構築に向けた活動

　ここでは、沖縄県が実施した離島・過疎地域支援事業を契機として住民たちが主体となって地域サービスをつくりあげていった過程と、その中で設立されたNPO法人「すむづれの会」について紹介する。
　介護保険制度開始当初、波照間島では訪問介護・訪問看護等の訪問系サービスや他島事業所対応による福祉用具貸与・購入等のサービスは利用可能であったものの、デイサービス等の通所系サービスや特別養護老人ホーム等の施設サービスは整備されておらず、島で暮らしながら受けられるサービスは限られたものであった。これは波照間島だけではなく、人口規模の小さい離島の多くが抱える課題であった。
　そこで2000年度からの5年間、沖縄県は沖縄県立看護大学と共同して、離島・過疎地域支援事業を実施した。事業の目的は、住民が生涯にわたり住み慣れた地域社会で安心して生活し続けられるために、住民主体の地域づくりを支援し、介護保険サービス等の拡充や普及・定着を図って離島の高齢者ケアシステムをつくることであり、波照間島（多島1市町村型）・久高島（主島近接型）・渡嘉敷島（1島1市町村型）の3島がモデル地区に選定された。

図1　すむづれの家

波照間島では、まずワーキンググループが結成された。構成メンバーは、地区選出の議員、区長、公民館長、診療所の医師と看護師、小中学校、老人クラブ・婦人会・青年会等の代表である。このワーキンググループが中心となって、島民を対象としたアンケート調査等から住民のニーズを把握し、それを実現するための方策を検討してサービスをつくりあげていくとともに、検討過程を記したニュースレターを全戸に配付して情報を共有するという手順を一つひとつ積み重ねていった。活動過程を図2に示す。

事業期間の5年間に、ふれあいサロン*1・移送サービス・配食サービス・ふるさと訪問*2・ゴミ出しボランティア*3が実現した。波照間島では「法定サービスや予算措置による『サービス優先』ではなく、地域特性から発生するニーズも含めた『ニーズ優先』による法定外の地域ケアをもつくりだしていた」[1]。

当事業の成果の一つとして、NPO法人「すむづれの会」の設立があげられる。2001年6月から、住民アンケート調査で最も要望の多かったデイサービス（ふれあいサロン）を、登録ヘルパーの会・ボランティアグループ・食生活推進員の会のメンバーが中心となって週1回開催するようになり、同年8月に竹富町からふれあいサロンを

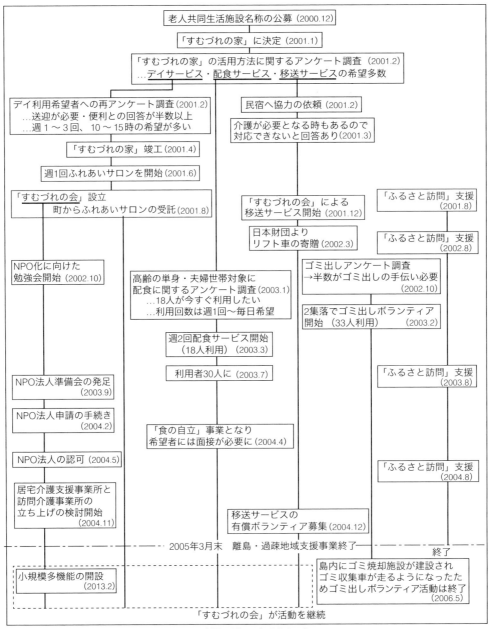

図2　離島・過疎地域支援事業の活動プロセス（（◯.◯）は年月を表示）

受託するにあたり、グループは「すむづれの会」と名付けられた。すむづれとは、「手に手をとって、心一つに」という意味を持つ方言である。その後の移送サービスや配食サービス等もこの「すむづれの会」が中心となって実行している。そして、介護保険事業の受託を視野に入れてNPO法人化を目指し、2004年5月に同会はNPO法人の認証を受けた。島外の民間事業者の参入が期待できない波照間島において、経営・雇用そしてサービス供給面において安定的な法人資格を持つ組織が立ち上げられた意味は大きい。

■「すむづれの家」建設の経緯

現在、小規模多機能「すむづれの家」として活用されている建物は、竹富町が元々は小規模多機能ではなく独居高齢者等の共同生活の場を想定して建設したものであった。建物は個室5部屋、台所、食堂、和室、事務室、浴室、トイレで構成される。「竹富町老人共同生活施設設置及び管理に関する条例」が制定され、入居条件や入居料等が決められたが、運営委託先が見つからない状況となり、独居高齢者の共同住宅計画は頓挫する結果となった。

そこで、ワーキンググループが建物の活用についてアンケート調査を実施し、2001年6月から最も要望の多かったふれあいサロンが「すむづれの家」において開催されるようになった。そして、2013年2月以降は小規模多機能としても活用されている。

建物は役場出張所、保健センター及び診療所に隣接しており、日常的に連携をとりやすい環境となっている。

■「すむづれの会」の活動

ここからは、現在の「すむづれの会」の活動についてまとめる（図3、自助・互助・共助・公助については表1を参照）。

□ 小規模多機能型居宅介護

離島・過疎地域支援事業終了時点では訪問介護事業所の開設を目指していたが、2006年度に小規模多機能が制度化された後は、小規模多機能の開設に向けて検討を続け、2013年2月、小規模多機能を開設するに至った。登録定員15人・通い定員9人・泊まり定員4人である。これは介護保険事業であり、「共助」に当たる。

□ ふれあいサロン

週5回ふれあいサロンを開催している。利用者負担は昼食代も含めて1回300円である。利用者の希望に応じて、三線、古謡、工作、習字、ゲートボール、カメラ、折り紙、料理、パソコン、健康体操等を実施している。これは竹富町からの委託事業であり、「公助」に当たる。

ふれあいサロンと小規模多機能の利用者は一緒に活動している。小規模多機能利用者にとっては比較的元気な高齢者との交流の場となり、またふれあいサロンの利用者にとっては将来介護が必要となった時に福祉サービスを受ける際の抵抗感を弱める効果があると考えられる。

□ 配食サービス

毎日昼・夕食の配食サービスを実施している。利用者負担は1食300円である。1人当たり週5回分までの昼食は竹富町からの委託事業であるが、毎日の配食を希望する人がいるため、自主事業としてそれ以外の日の昼食及び毎日の夕食の配食サービスも提供している。すなわち、「公助」と「互助」の組み合わせである。

□ 移送サービス

送迎を希望する人に無料で移送サービスを提供している。主な送迎先は診療所と郵便局である。これは自主事業であり、「互助」に当たる。

□ 波照間港の売店の運営

港にある売店を運営している。比較的元気な高齢者が週に数回売り子として働いており、高齢者の活動の場としても機能している。

以上のように、「すむづれの会」が島民のニーズに基づいてサービスを柔軟に提供している。

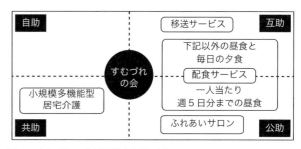

図3　すむづれの会が提供するサービス

表1　自助・互助・共助・公助の定義

自助	自分のことは自分ですることに加え、別居も含めた家族からの援助や市場サービスの購入も含む。
互助	ボランティアや住民組織等による自発的な活動で、その費用負担が制度的に裏付けされていないもの。
共助	介護保険や医療保険等、リスクを共有する被保険者の負担によるもの。
公助	税の負担によるもの。

■「すむづれの会」が果たす役割

2016年に島で暮らす10人の高齢者にヒアリング調査を実施した。紙幅の関係で全てを紹介できないため、その中から3人の事例について紹介する。

Aさんは80代の女性。息子夫婦と暮らしている。介護保険は未申請（自立）である。1年前の検査入院後、家に引きこもりがちになったため、医師から「すむづれの家」の利用を勧められた。そして、ふれあいサロンがない日であっても毎日「すむづれの家」に通うようになった。2017年にはより多くの人との交流の機会を持つため、港の売店で週に3回店員として働くようになった。「港で働くお兄ちゃんたちや観光客とお話しするのは楽しいよ」と話す。

Bさんは80代の女性。独居であり、介護保険は要支援2である。戦争のために学業を断念せざるを得なかったことを悔やんでおり、今でもその当時の教科書を大事に持っている。週3回、小規模多機能に通い、おしゃべりして、お風呂に入って、昼食を食べてから帰宅する。小規模多機能に通わない日の昼食と毎日の夕食は配食サービスを利用している。

Cさんは80代の女性。息子との2人暮らしで、介護保険は要介護2である。毎日、小規模多機能を利用している。朝、スタッフが家を訪問し、着替えを手伝ってもらってから、小規模多機能に向かう。夕食を済ませてから自宅に送迎してもらい、スタッフにベッドに寝かしつけてもらう。

以上のように、比較的自立度の高い人から本来であれば高齢者施設へ入所するであろうレベルの人まで、「すむづれの家」が柔軟に提供するサービスを利用して、在宅（在島）での生活を継続している。

■他地域での応用可能性

離島・過疎地域支援事業の一環で立ち上げられた住民主体のワーキンググループが、島民のニーズを把握してサービスを構築し、介護保険サービスの受託を想定してNPO法人「すむづれの会」を設立した。現在、「すむづれの会」が介護保険事業（共助）で介護を、自治体からの委託事業（公助）で介護予防を担うとともに、介護保険事業や委託事業では網羅できない毎日の配食サービスや移送サービスを互助として提供している。高齢者の暮らしを柔軟に支えており、「すむづれの会」の活動はセミフォーマル化された互助の一例といえる。

まずは地域住民のニーズを把握してそれらを網羅するサービスを、共助や公助（民間のサービス市場が期待できるならば自助も含む）で対応し、それらでは対応できない部分をセミフォーマル化した互助で補うことは、住み慣れた地域で暮らし続けることを可能とする一つの方策である。波照間島では一つの組織がこれらを担っているが、複数の組織で連携して対応することも想定される。

最後に、他地域への応用の可能性について考えたい。地域により人口や高齢化の進行状況、マンパワーを含めた地域資源等が異なるため、各地域においてその特性に応じたシステムを検討し構築していく必要があるというのが前提にあるが、今回紹介した波照間の事例のように、住民たちでワーキンググループを結成してワークショップを開催し、住民アンケート調査で把握されたニーズの実現化に向けて検討、そしてその検討結果をニュースレターを発行して共有するという方式はどの地域においても有効であろう。ただし、波照間の事例において、行政と大学による支援が果たす役割は大きかった。ワーキンググループを住民の発議で結成し運営するのは現実的には厳しい。ワーキンググループの結成及び運営には行政による支援が不可欠である。

（神吉優美）

注
* 1：ふれあいサロンは自立高齢者を対象とした介護予防事業であるが、小規模多機能開設前は要介護高齢者もふれあいサロンを利用していた。
* 2：ふるさと訪問とは島外の施設に入所した高齢者の一時帰島を支援する活動である。
* 3：ゴミ収集車がないため、各自がゴミ集積所までゴミを運ぶ必要があった。ゴミ出しボランティアとは、ゴミを運ぶのが困難な高齢者に代わってボランティアがゴミを集積所まで運搬するサービスである。現在はゴミ収集車が走っているため、この活動は行われていない。

参考文献
1) 大湾明美、佐久川政吉、大川嶺子「沖縄県H島における住民主体の地域ケアシステム構築の評価（第3報）高齢者の地域ケア誕生のプロセスに焦点をあてて」『日本看護学会論文集 老年看護35』2004、pp.122-124
2) 井上由起子「地域包括ケアシステムにおける高齢者の住まいの考え方」『保健医療科学 Vol. 61 No. 2』2012.4、pp.119-124

＜知っておきたい用語・解説＞

NPO法人（特定非営利活動法人）：NPOとはNon-Profit Organizationの略称であり、さまざまな社会貢献活動を行う団体である。このうち、特定非営利活動促進法に基づき法人格を取得した法人を、「NPO法人(特定非営利活動法人)」と言う。法人格を持つことによって、団体に対する信頼性が高まるとともに、法人の名の下に取引などを行うことが可能となる。

| | | 設計 | 福祉 | 行政 | 研究者 | 本人 |

4-6 多様な活動とサービス

1) 地域居住を多様な世代・サービスで支える
神奈川県・認定NPO法人ぐるーぷ藤

概要
- 所在地：神奈川県
- 所有建物：
  ぐるーぷ藤一番館（福祉マンション）
  ぐるーぷ藤二番館（サービス付き高齢者向け住宅ほか）
  ぐるーぷ藤三番館（障がい者グループホーム、認知症グループホーム）
- 賃貸：ヨロシク♪まるだい
- 事業内容：介護保険事業、障がい者支援、高齢者住宅、レストラン、福祉相談窓口、地域ささえあい事業、子どもの生活支援事業
- 保有資格：介護福祉士、看護師、介護支援専門員、精神保健福祉士、社会福祉士、管理栄養士、栄養士、認定特定行為業務従事者、普通救命講習I修了者
- 職員数：159名

■親の介護を経験しNPO法人を設立

住み慣れた地域で最期まで暮らせるように、地域のニーズから多世代による様々なサービスなどの事業を展開している特定NPO法人ぐるーぷ藤の始まりは、親の介護を経験し、自分たちの老後の問題に関心を持った5人の主婦が、ワーカーズ・コレクティブを設立したことである（1992年）。7年目（1999年）にはNPO法人を取得し、8年目（2000年）には助け合いサービスの利用者を継続支援するため、介護保険事業を開始した。

11年目（2003年）には、理想の住まいとしての高齢者住宅の研究会をスタートし、土地探しを始めた。13年目（2005年）には、明確なミッションを示した事業に地域住民が投資するファンドを設立し、資金を集め、15年目（2007年）に「ぐるーぷ藤一番館・藤が岡」を開設した。

21年目（2013年）には、県知事から「認定NPO法人」として認定を受けた。22年目（2014年）には、市の地域ささえあいセンターとして「ヨロシク♪まるだい」を開設し、25年目（2016年）には、この場所を活用して子どもたちが安心して放課後を過ごす居場所として「こども♬まるだい」を開設した。

25年目（2016年）には、サービス付き高齢者向け住宅を中心とする地域の安心を支える福祉施設として「ぐるーぷ藤二番館・柄沢」を開設した。31年目（2023年）には、高齢者認知症対応型グループホームや障がい者グループホーを備えた「ぐるーぷ藤三番館・奏」を建設している。

■住み慣れた地域で暮らすための取組み

□地域の暮らしを支える「ぐるーぷ藤一番館・藤が岡」

「住み慣れた地域に最後まで自分らしく生きたい」というニーズに対応し、高齢者・障がい者・子どもが一つ屋根の下で助け合って暮らす福祉マンションで、コミュニ

図1　2階小規模多機能の宿泊室

図2　2階看護ステーション

ティファンドや疑似私募債で集めた資金と、銀行からの借り入れで設立した。

4階建ての建物の1階には、事務室や相談窓口、看護小規模多機能型居宅介護施設、地域に開かれたレストラン、幼児園がある。

2階には、看護小規模多機能型居宅介護泊り施設（図1）がある。看護ステーション（図2）をはさんで隣接するグループホームには、知的障がい者や精神障がい者が暮らしている。

3階と4階には21室の住宅型有料老人ホームがあり、3階は認知症の方を対象にしている。

□ 地域の安心を支える「ぐるーぷ藤二番館・柄沢」

地域の安心を支える高齢者のための住まいであるぐるーぷ藤二番館は、銀行から融資を受けて建設した。1階に設けたコンシェルジュと、1階から4階までの46戸（25〜43m²/戸）で構成されているサービス付き高齢者向け住宅を中心とする4階建ての建物で、管理人としてNPOに勤務する看護師が、住人として介護支援専門員（ケアマネジャー）であるNPO会長が居住し、緊急時に備えている。

併設しているアクア棟は、居宅介護支援事業や、温水の超音波流水プールを備えた通所介護施設（図3）、小規模多機能型居宅介護施設、地域にも開放したレストランなどがあり、日中使用する電気をソーラーシステムで賄っている。駐車場には、地域の防災拠点として、井戸や防災用トイレを備えている（図4）。

□ 多世代で交流する 「ぐるーぷ藤三番館・奏」

最後の建物と位置付けていた、ぐるーぷ藤三番館は、「実家」をコンセプトに、ワンランク上の空間を目指し、2023年8月に二番館の隣に開所した。建物は、2階建てで、1階は障がい者グループホーム9室とレストラン、2階は認知症対応型グループホーム2ユニット・18室である（図5）。

1階のレストランは、セントラルキッチンの役割も兼ねており、食事の下ごしらえをし、各ユニットのキッチンで仕上げるため、温かい食事を提供している。店は、高齢者・障がい者のグループホームを中心とした市民の居場所としており、店の前に設けた芝生広場で親子が安心して遊べるようにし、多世代で交流できるように計画している。

建物で使用する水は、二番館とは別の水脈から井戸を掘り、電気はソーラーシステムで24時間使用でき、災害時でも機能するようにしている（図6）。

□ 地域の居場所 「ヨロシク♪まるだい」

孤立や孤独死を予防するための居場所となるよう、また地域包括ケアの理想として開設したヨロシク♪まるだいは、市の地域ささえあいセンターで多くの人が集まれるような立地が重要であると考え、最寄り駅から徒歩5分程度のところにあるマンション1階の約40坪を借りて、様々な活動を行っている。場所は、地域に根差し60年続いた元酒屋で、店名を引き継いだネーミングにし、

図3　災害時の備えでもある超音波流水（温水）プール

図4　井戸や防災用トイレ

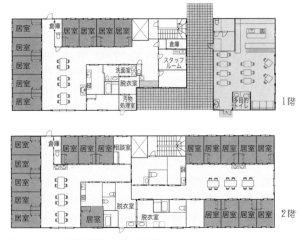

図5　ぐるーぷ藤三番館・奏の平面図

ここが居場所となるよう、2つの仕掛けをしている。

一つ目の仕掛けは、食事である。「みまもり食堂」で出している食事は、こだわりの会津塗のお椀に入った具沢山の汁物とおにぎり2個、副菜3品である（図7）。来場者は、月に延べ1,200〜1,500人で、毎日来場する人は10人程度である。

厨房で働く有償ボランティアには、近隣住民14名と障がい者1名が登録している。生活支援コーディネーターは3名で、食事運びや会話をしながら、情報提供や働きかけの場づくりをし、様子を観察している。利用者の異変を感じたら、連携体制を構築している地域包括支援センターや民生委員、行政に連絡し、普段の様子をみてもらうために食堂に来てもらうようにしている。さらに、このような観察等でスタッフが気づいたニーズは会議に出し、情報を共有するとともに、ボトムアップで、活動につなげるようにしている。

もう一つの仕掛けは、ミニデイサービスなどで、平日は、日替わり・月替わりで様々な活動を行っている。土曜日は麻雀デイと月1回オレンジカフェを開催している。

さらに高齢者同士が支え合い、助け合う場を提供し、互助社会の実現を目指すため、相談窓口を設けている。ここでは、保健師・管理栄養士・薬剤師・介護福祉士による福祉相談や、認知症相談、終活相談などをしている。

このように、約40坪の空間の約半分はまるだい食堂、もう半分はミニデイとして使用し、パーティションで区切ることができるようしている。さらに事務所の一角には相談室を設けている（図8）。

□子どもの居場所 「こども♫まるだい」

子どもたちが安心して放課後を過ごす居場所をつくるため、ヨロシク♪まるだいを活用して、市の子どもの生活支援事業として、こども♫まるだいを開設した。ここは、毎週月・水・金の16時から21時まで開設しており、宿題やゲームをしたり、おやつや夕飯を食べて過ごす。夕食は、ヨロシク♪まるだいの食事にタンパク質を追加したもので、1食400円だが、子どもは無料である。ここでは、学校の教員や大学生のボランティアが活動をしている。

□居住支援チーム 「住まいる藤」

神奈川県の居住支援法人として認定を受け、ヨロシク♪まるだいと、ぐるーぷ藤一番館に相談窓口を設けている。居住支援協議会や市内の提携する不動産業者や大家と連携し、物件探しや物件選びなど、住まいに困っている人の入居を支援している。

相談は、半年で約60件、このうちマッチングするのは10件程度である。安心して生活が継続できるよう、家主・不動産屋・福祉事業所・行政機関などと連携し、見守りと安否確認を行っている。居住支援法人の活動では、助け合い事業で蓄積してきたノウハウを活かしている。

図6 三番館の井戸水の設備

図7 ランチ

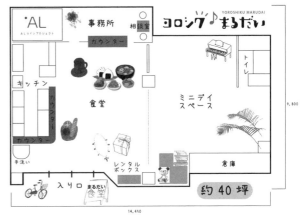

図8 ヨロシク♪まるだいの見取り図

■おさえておきたいポイント

□防災拠点としての一番館・二番館・三番館

　一番館と二番館は半径5km以内にあり、いずれも防災拠点としている。自分たちで作成している「駆けつけマップ」には、スタッフの住まいから、一番館と二番館の近い方に、何分で行かれるかを記した災害時の防災計画を立て、災害時の受け入れのルールとして「スタッフとその家族は近い方の建物に避難する」「近隣の方と重度の方で、スタッフ1人につき3人まで受け入れる」の2点を設けている。

　二番館と三番館は、災害時にトイレや電気が使用できるよう、井戸水やソーラーを導入している。

　さらに防災訓練として、ヨロシク♪まるだいでAEDの使い方や、災害用トイレの組み立てなどの講習会を実施している。近隣住民向けやスタッフの研修のほか、拠点づくりを行うことで緊急時に備えている。

□ニーズをくみ取り、連携し、形にする仕組み

　ヨロシク♪まるだいでは、生活コーディネーターが、利用者を観察し、必要に応じて各所と連携し、法人内で情報を共有している。具体的には、まず現場の声は部門会議に挙げ、それを各部門のリーダーが会議、部門代表会議を経て、5名で構成される運営会議へとボトムアップされ、利用者のニーズやスタッフの意見が集約される仕組みである。

　これらの会議に加え、ヘルパー会議や介護支援専門員（ケアマネジャー）会議が各1回/月あるため、ぐるーぷ藤全体では月25回の会議を行っている。利用者のニーズをくみ取り、様々な事業を展開しており（表1）、行政など必要な機関とも連携している。

　また、スタッフの意見は、研修プロジェクト、役員報酬検討プロジェクト、評価システムプロジェクトに反映し、自分たちらしい評価をしている。

　このように、現場で発生したことや課題、ニーズは、4つの段階を経て、スタッフの意見として集約され、全体で共有される仕組みとなっている。

□地域に根差した取組み

　一番館は、地域住民の出資などによるコミュニティファンドなどで建設している。これを担保に、二番館を建設し、いずれの建物も地域の防災拠点とし、地域に根付いた取組みを行っている。

　ヨロシク♪まるだいでは、食事とミニデイサービスによる仕掛けで、地域の居場所となるようにするだけでなく、そこで働くスタッフは、近隣住民による有償ボランティアや、障がい者の雇用による。地域で暮らしている一人ひとりの力を活かして、様々な活動に取り組んでおり、社会福祉協議会と協力するなど、誰もが主体的に参加する仕組みを作り上げている。

　三番館は、前庭をつくりオープンスペースとしている。誰もが利用できるレストランを組み合わせることで、地域とのつながりをつくり出す仕掛けをするなど、さりげなく自然に、暮らしの一環として地域のつながりをつくり出している。

　このように、建物を「通いの場」や「居場所」として開放し、変化するニーズの受け皿となる環境を地域に配置することで、住み慣れた地域で暮らし続けることをサポートしている。

（西野亜希子）

表1　ぐるーぷ藤の取組み一覧

ぐるーぷ藤一番館・藤が岡（防災拠点）	1階	看護小規模多機能居宅介護施設 幼児園 レストラン 居住支援相談窓口 事務室
	2階	障がい者グループホーム 看護小規模多機能居宅介護泊り施設
	3階・4階	住宅型有料老人ホーム
ぐるーぷ藤二番館・柄沢（防災拠点）	1～4階	サービス付き高齢者向け住宅
	アクア棟	居宅介護支援事業 通所介護施設 小規模多機能型居宅介護施設 レストラン
ぐるーぷ藤三番館・奏	1階	障がい者グループホーム レストラン
	2階	認知症対応型グループホーム
ヨロシク♪まるだい（こども♫まるだい）	1階	みまもり食堂 ミニデイサービス 居住支援相談窓口
居住支援チーム　住まいる藤		居住支援相談窓口 ・ぐるーぷ藤一番館・藤が岡 ・ヨロシク♪まるだい

＜知っておきたい用語・解説＞

民生委員：厚生労働大臣から委託され、それぞれの地域において、住民の立場に立って、相談に応じ、必要な援助を行い社会福祉の増進に努める人で、児童委員を兼ねている。

| 設計 | 福祉 | 行政 | 研究者 | 本人 |

4-6 多様な活動とサービス

2）多様な制度外サービスを提供
もちもちの木

概要
- 所在地：広島県広島市
- 管理運営：特定非営利活動法人もちもちの木
- 拠点：庚午のおうち、古田のおうち、土橋のおうち
- 介護保険事業：デイサービス、グループホーム
- 制度外サービス：地域交流広場

■これまでの経緯

特定非営利活動法人もちもちの木は、1992年にジャズを楽しみ、参加費を福祉施設に寄付する活動（「レジャンティア」：レジャーとボランティアを組み合わせた造語）から始まった。

2001年には特定非営利活動法人の認証を受け、「グループホーム土橋のおうち」「デイサービス土橋のおうち」を開設している。その後、地域サロンや多世代交流広場「庚午のおうちシェアハウス」を開設し、現在は広島市内の3か所を拠点に、多世代シェアハウス1か所、デイサービス、グループホーム各2か所、地域交流広場などを展開している。もちもちの木の活動場所となる建物はすべて、既存の建物を改修工事したものが用いられている。

2021年には居住支援法人の指定を取得し、庚午のおうちに「もちもちの木　住まいと暮らしの相談室」を開設した。

■庚午のおうちシェアハウス

「庚午のおうちシェアハウス」は、元は病院だった2階建ての建物を改装した多世代シェアハウスである（図1）。2014年にスタートした。真っ赤な扉の玄関を入ると、1階にはコミュニティスペースとキッチン、バス、トイレ、2部屋の居室がある。カラフルな階段を上ると、2階には4部屋の居室とバー、ランドリー、トイレがある（図2）。居室の広さは、18.15m²から52.8m²まで部屋ごとに異なり、家賃（共益費込み）も広さに応じて32,140円から67,140円と低料金で様々なタイプがある（2023年時点）。風呂やトイレ、リビングは共同で、介護サービスの利用も可能である。掃除やゴミ出しは当番制で、毎月1回「快適シェア会議」を開催し、ルールの確認を行っている。

多世代シェアハウスの名の通り、「庚午のおうち」に入居しているのは、20代から90代までと幅広い。管理人はおらず、入居者同士が助け合って生活している。骨折した高齢の入居者の様子に気づいた20代の入居者がタクシーを呼び、病院に向かう段取りをしたこともあった。

2020年度からは専任の担当者を配置し、住宅確保要配慮者の入居先として活用が始まっている。

□庚午のおうちのコミュニティスペース・レンタルスペース

「庚午のおうち」には1階にコミュニティスペースがある。世代を問わず、地域の集まりやカフェ、サロン、習い事など、地域の人が利用できる。

ここで現在活動が行われているのは「もちもちの子こうご」である。毎週月曜日に未就園児とその親を対象として、季節の行事や個別相談を行っている。

ほかにも「庚午カフェ」が第1・3火曜日に行われている。また庚午カフェをきっかけに生活支援を行う「ふれあいサービスもちもちの木」も始まった。他にも長年にわたり活動が続く「健康マージャン」も継続している。また、「庚午のおうち」は認知症のある方も参加する「たぬき倶楽部」の活動拠点ともなっている。「たぬき倶楽

図1　庚午のおうち

部」とは50代から70代の男性が月に一度集う会で、ソフトボールやボーリングの活動が細く長く続けられている。

コミュニティスペースは、レンタルスペースとしても貸し出されている（図2）。使う場所の広さやキッチンの使用の有無により、料金が設定されている。

■古田のおうち

「庚午のおうち」のほど近くにあるのが、「古田のおうち」である（図3）。2010年にスタートした「古田のおうち」では、介護保険事業であるグループホームとデイサービスに加え、地域交流広場を展開している。

「デイサービス古田のおうち」と「グループホーム古田のおうち」は中庭を挟んで隣りあって建っている（図4）。「古田のおうち」は多様な社会資源と結びついている。地域包括支援センターや医療機関はもとより、公民館や企業ともつながっている。まちの中にあるからこそ、様々な人たちとつながることができる。

□地域の拠点となる古田のおうち

「デイサービス古田のおうち」には、食堂と機能訓練室、浴室があり、スタッフルームを挟んだ反対側のスペースは地域交流広場として活用されている。

毎月、第2金曜の午前には「古田ママの会」が開かれている。これまでにコンサートや手形アートなど、子育て中のママを応援する活動が行われた。また、第4日曜の午後には「若年性認知症の本人家族の地域生活支援を考える会」が行われている。またほかにも、体操を行う自主活動グループの活動の場となるなど、地域住民の活動の拠点として利用されている。

□グループホーム古田のおうち

「グループホーム古田のおうち」（定員9名）は倉庫を改修した建物である。建物の中に入り見上げると、床から立ち上がった壁は天井から2mほどにとどまり、天井付近は吹抜になっている箇所がある。建物内は明るい色で塗装され、空間に溶け込むよう工夫されている（図5）。中央にキッチンや食堂、スタッフルームがあり、それを取り囲むように9つの居室、浴室、トイレ、静養室・予備室が配置されている。

図2　庚午のおうちのコミュニティスペース

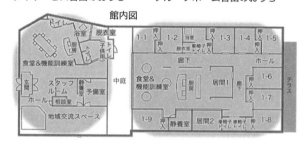

図4　デイサービス古田のおうちとグループホーム古田のおうち

図3　グループホーム古田のおうちの外観

図5　グループホーム古田のおうちの内部

■土橋のおうち

「土橋のおうち」は、1979年に建てられた地上5階建ての元旅館を改修した建物である（図6）。用途変更（旅館→寄宿舎）の手続きを行い、1階をデイサービス、2・3階をグループホーム、4階を職員宿舎に改修した。現在はグループホームとデイサービス、地域交流広場の拠点となっている。

旅館から高齢者向けの住まいに改修するにあたって、1階から2階の階段、2階から3階の階段の2か所に階段昇降機を取り付けた（図7）。

□ニーズから生まれる活動

「土橋のおうち」では、様々な活動が行われている。その一つが認知症カフェの「もちもちカフェ」である。毎月第1土曜日の午後から、認知症の人とその家族を対象に開かれている。地域包括支援センターや区社会福祉協議会、認知症地域推進支援員と連携して開催している。

また、お気に入りの本を紹介して対話しながら交流する「スマートブックカフェ」も行われている。これは、デイサービス利用者でもあるカフェ主催者の介護計画の一環として位置づけられたものである。

ほかにも土橋のおうちではこれまで「手話サロン」や「西本川のむかしむかしまちの史跡と神社物語」、「よぼうの秘密ランチ会」など複数の活動が行われていた。

■居住支援法人

もちもちの木では、これまで制度の対象から漏れる人たちに空き部屋を提供し、こうした人たちが住まいを確保することの難しさを感じていた。

竹中庸子理事長が、居住支援に取り組むNPO法人抱樸（ぼく）の奥田知志氏や元厚生労働事務次官の村木厚子氏から話を聞いたことをきっかけに、もちもちの木では、2021年から居住支援法人として活動を始めた。

もちもちの木では、日々多くの住まいにかかる相談に応じている。自分ではなかなか住まいを見つけることが難しい入居希望者と家主のつなぎ役を担い、住まいを見つけ、その後の生活の支援を行っている。相談は、地域包括支援センターなど専門職から寄せられる。専門職とつながることで、チームで対応することが可能となる。

火曜から土曜までの間、「庚午のおうち」に専従の相談スタッフが置かれ、住まいと暮らしの相談室として相談を受け付けている。今後は不動産会社にこうした居住支援法人やその取組みを知ってもらいたいと思っている。

■おさえておきたいポイント

もちもちの木の活動は、一言で言えば「柔軟（やわらかい）」。ニーズがあるとみれば一人を対象とした取組みでも活動が始まる。どの活動も目の前にいる人の暮らしをどのように支えるかという視点にたって行われている。

もちもちの木では、どのような人であってもすべての人が健やかに暮らせることが大切であると考え、それを実現するために、制度の有無にかかわらず、様々な活動を展開している。

（岡部真智子）

参考文献
1) 特定非営利活動法人もちもちの木　ホームページ
https://mochi2.stars.ne.jp/jigyofg/#furutaG（2024.7.29閲覧）

＜知っておきたい用語・解説＞

認知症カフェ：認知症当事者や家族、地域の人や専門職が集うサロンのような場。本人や家族の孤立を防ぎ、地域住民に認知症について理解を促す役割がある。運営主体はNPO法人、家族会、社会福祉法人、大学など様々である。国の認知症対策方針「新オレンジプラン」では、認知症カフェの拡充を目指すことが示されている。

図6　土橋のおうち　　図7　土橋のおうちの階段昇降機

4-6 多様な活動とサービス

3) 団地再生事業における交流の場づくり
柏市・豊四季台団地

設計　福祉　行政　研究者　**本人**

概要
- 所在地：千葉県柏市
- 所有形態：賃貸
- 階数：（旧棟）5階、（新棟）6～14階
- 管理者：UR都市再生機構
- 面積：約32.6ha
- 施工者：UR都市機構、民間事業者など
- 建設戸数：約4,600戸

■産官学民連携による団地再生事業

豊四季台団地は、1964年に日本住宅公団（現UR都市再生機構、以下UR）が入居を開始した大規模団地で、建物や設備の老朽化等により、2004年から5期に分け、団地の建て替えを実施した。第I期では高齢者施設・住宅及び集会所などが建て替えられ、第II期では商店街及び近隣公園などが整備、第III期では民間集合分譲住宅が整備された。

また、団地内の高齢化率は40%を超え、日本の超高齢社会の先駆けであった。そこで、豊四季台団地とその周辺地域を対象に、柏市・UR・東京大学高齢社会総合研究機構で三者協定を結び、「豊四季台地域高齢社会総合研究会」のもと、「住み慣れた場所で自分らしく老いることができるまちづくり：Aging in Place」を理念に、団地再生事業が進められた。

この建て替えに伴い新設した施設のうち、住民参加でワークショップを重ね設計した「公園」と、日中の着座空間（以下ベンチ）に高齢者が集っていたことから、**居場所としてのベンチに**

表1　公園に求められる機能

多目的に使えること
お祭り、グランドゴルフ、ラジオ体操、サッカー等
散歩ができる道
回遊性がある、木陰がある、防犯性もある等
休憩場所
ベンチ、東屋等
バリアフリーであること
トイレ、水場、近隣とアクセスしやすい、スロープ等

ついて紹介する。

□住民参加による公園設計の経緯

住民に参加してもらいながら地域づくりを進めてきた取組みの一つとして、豊四季台に新しくつくられる近隣公園（約1ha）に対して、地域住民との勉強会を通し、これからの高齢社会に必要となる公園のあり方を検討した。

□住民の居場所となるベンチ設計の経緯

商店街など団地のパブリックスペースにある既存ベンチの利用が多くみられたため、居場所としてのベンチの役割を明らかにすることを目的に、実証実験用のベンチを設計し、設置した。

■住民参加の公園づくりとその運営

団地建て替えに伴い新設の公園を住民参加によりつくるため、勉強会を発足し、1年目に3回、2年目に3回の全6回開催した。

第1～3回の勉強会を経て、公園に求められる機能（表1）を整理し、図1に示す公園のイメージが描かれ、勉強会メンバーだけでなく、実際に公園を整備する柏市、URにも共有された。

□住民参加の公園づくり勉強会発足

1年目の公園づくり勉強会は、今後、豊四季台地域の近隣公園を最も利用すると想定される住民の要望を事前

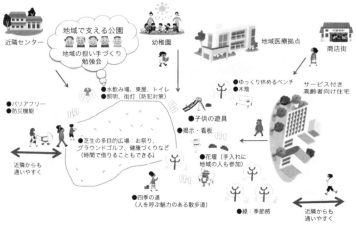

図1　住民ニーズから描かれた公園のイメージ

に整理し、公園を設計する際の条件に反映してもらうことを目的とした。勉強会のメンバーは、豊四季台団地の自治会関係者、豊四季台地区民生委員、豊四季台周辺地域町会、豊四季台の住民など、普段から住民の声に接する方々を中心に総勢約20名で構成され、東京大学高齢社会研究機構がファシリテートを担当する形で勉強会を発足させた。

第1回勉強会では、超高齢社会を支える公園のあり方を考える上で重要となる基礎知識を得るために、外部講師を招き、高齢者の閉じこもりを防止し、外に出て健康を維持することの重要性とそのポイントを学び、これからの公園に求められる機能について話し合った。その中で、散歩だけでなく、健康づくりや遊び、集いの場としての公園であること、すなわち人と人とのつながりをつくる役割が求められることがわかった。

□ 公園づくり勉強会で住民ニーズを整理

第2回勉強会では、参加する勉強会メンバーが、地域に住む高齢者や子育て世代等の一般的な利用者へのインタビューを行い、ニーズを取りまとめ、公園に求められる機能を考察し、表1を明らかにした。

□ 公園管理の仕組みづくり

第3回勉強会では、ニーズに対応するために必要となるであろう、公園で発生する様々な問題を地域住民側で解決する管理の仕組みづくり(パークマネジメント)について検討した。地域住民が自由に使えるよう住民が管理できるのが理想だが、現状では担い手がなく、ノウハウもないため、今後どのようにしていくかは課題となった。

□ 公園管理の各種制度勉強と担い手の整理

第4回及び第5回の勉強会では、柏市の公園緑政課、公園管理課の職員から課題となったパークマネジメントに関連した制度等の情報提供をしてもらい、維持管理委託、里親制度、柏市の身近にある空き地をみんなが使える庭にするカシニワ制度などの手法に関する知識を深めた。また、マネジメントの担い手となる可能性のある公園を利用する可能性がある各種活動団体を整理した。

□ パークマネジメントと多様な担い手

第6回の勉強会では、実際のパークマネジメントの事例を学び、今後のあり方についてメンバーで意見交換した。表2のように、多様な担い手が関わり、話し合いながら役割分担をして公園を運営できることが望ましいという認識が得られた。

また、公園管理の目標設定については、住民からの苦

表2 公園運営の多様な担い手

空間・機能	担い手(団体)
趣味の場づくり	グランドゴルフの会、俳句会等
居場所づくり	民児協、地域サロン、名店会等
地域社会の文化づくり	自治会、NPO、名店会等
子供の遊び場づくり	自治会、NPO、民児協、青少協等
植栽剪定	造園業者、ガーデニングサークル、ボランティア等
介護予防	介護事業者、地域包括支援センター等

図2 公園計画プラン

情が減ったかどうかではなく、公園がいかに活用されているか、コミュニティがどれだけ増えたかなど、地域と共有した達成目標にすることが理想的であることもメンバー間で共有された。

なお、つくられる公園の計画としては、これまでの勉強会で明確になった要件が盛り込まれることが柏市から示され、高齢化が進む豊四季台地域に添った公園が実現できることとなった(図2)。

■コミュニティ形成におけるベンチの役割

□ ベンチのコミュニティ支援の可能性

団地と団地周辺の住民を対象に行ったヒアリング調査で、ベンチが交流の場として働いた3つの事例を紹介する。まず、30年以上団地に住んでいるHさん(女、77歳)は、商店街を利用する際にベンチで以前同じ棟に住んでいた人と会って話をすることが楽しみであり、顔見知りになった若い人と話をすることがあるという。14年前から団地で一人暮らしをしているNさん(男、75歳)は、ベンチにいたホームレスと仲良くなって、食べ物や服などをあげたり髪を切ってあげたりしたという。一方で団地周辺に住んでいる3歳の男の子を持った主婦であるEさん(女、37歳)は、妊娠中にベンチで知り合いになったおばあさんたちと会うために、買い物後には必ずベンチに寄って帰るという。

□実証実験用ベンチの設計

実験用に製作したベンチは3種類である。そのうち、複数人で利用することを想定したカーブ型のベンチは、1人でも使用できる4分割にしたもの（図3）と長いカーブ型（図4）、の2種類である。さらに座る位置により使用できる人数が異なる1〜2人用ベンチ（図5）を設計した。

□パブリックスペースでのベンチの役割

豊四季台団地の既存ベンチ及び実証実験用ベンチが果たす役割を調査（表3）した結果、個人や集団による利用は、時間と場所によって同じ顔ぶれの高齢者のグループが集まる（図6）ことや、会話など住民の交流に寄与する可能性があること（表4）、特定の人による陣取り・独占されていることを確認した（表5）。さらに、ベンチの利用理由に「顔見知りに会うから」が多いことや、決まった場所に人が集まること、知り合いができている事例から、人と人のつながりが形成される可能性を確認した。

さらに、個人や集団によって利用される場所が異なるが（図7）、ほぼ同じ時間に決まった場所に同じ顔ぶれのグループが集まっている。

これらのことから、団地内商店街に置かれているベンチは本来の機能である休憩する場所として認識され、買い物後の一休みの時や荷物整理に使われるなどで利用者の買い物行動を支援し、喫煙や日向ぼっこなど余暇時間を過ごす場を提供し、さらにはおしゃべりなどによる人との交流をもたらす場として働くことがわかった。また、決まった場所に人の集まりができていることやベンチで知り合いができ、そこで会うなどの事例からベンチが人々のつながりを育むとともに、人々のつながりの形成に寄与する可能性があることを確認した。

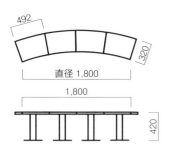

図3　4分割のカーブ型のベンチ

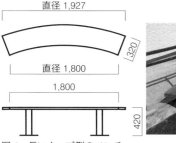

図4　長いカーブ型のベンチ

図5　1〜2人用のベンチ

図6　ベンチの利用状況

表3　調査概要

行動観察調査		
	時間	AM9：00〜PM5：00（5分ごとに記録）
	対象	商店街の6つのベンチ
アンケート調査		
	対象	豊四季台団地（3,170世帯）／団地周辺地域（1,770世帯）
インタビュー調査		
	対象	ベンチ利用者
ベンチ設置による実験と行動観察調査		
	期間	2週間（設置期間は3か月）
	時間	AM6：00〜PM5：00（19回）
	記録内容	性別／着座の向き等

表4　性別によるベンチの利用目的

	男	女	計
休憩するため	69	35	104
おしゃべりするため	23	24	47
タバコを吸うため	17	3	20
荷物を片付けるため	12	27	39
時間をつぶすため	12	5	17
飲食するため	11	14	25
日向ぼっこするため	5	2	7
その他	8	3	11
合計	157	113	270

表5　性別によるベンチを利用しない理由

	男	女	計
疲れていないから	150	109	259
いつも座っている人が居るから	40	27	67
汚いから	29	22	51
狭いから	2	3	5
通り道から遠いから	2	2	4
その他	85	83	168
合計	308	246	554

□コミュニティ形成の4つの居方

コミュニティ形成を支えるベンチには、①1人で使う「個（こ）」、②ベンチの座面形状が関係し、他者と関わりなく一緒に使う「相（そう）」、③2人が会話など関わりを持って使う「交（こう）」、④時間帯や場所を分けて形成され、3人以上が関わりを持って使う「屯（とん）」の4つの居方がある。

■ おさえておきたいポイント

勉強会等で顕在化するニーズを形にした公園づくり、利用状況をみて潜在的なニーズを形にしたベンチ、それぞれの交流の場づくりについてまとめる。

□地域住民が管理する公園づくり

超高齢社会における地域の公園のあり方について、産官学民が連携して検討することで、地域の特性に寄り添った公園がつくられた（図8）。しかしながら、地域住民が管理する仕組みづくりについては、具体的な担い手や手法についての実現までは至らず、引き続き、地域での検討課題となった。

□居場所としてのベンチ

・居場所の形成

決まった場所に同じ顔ぶれの人たちの利用がよく見られたことや、わずかでありながらも時間つぶしの目的でベンチを利用するという答えがあったことから、豊四季台団地内のパブリックスペースにおけるベンチは人々に居場所を提供する可能性を持っていることがわかった。

さらにベンチに常連がいることやホームレスの利用があるなどの意見に加えて、持ち込んだと見られるベンチ・椅子を撤去したという管理者側の意見も、ベンチで人々の居場所が形成されている可能性を裏づける。

・交流の支援

ベンチで利用者同士の挨拶やアイコンタクト、会話などがあり、さらに何人かでのグループ形成がみられるといったことからベンチが交流を生み出す可能性を秘めていることがわかった。さらに、ベンチの利用目的に関して「おしゃべりするため」という回答は、ベンチで交流が生じることを示した。

そして、ベンチで知り合いができた、旅行のお土産をもらったりあげたりする、買い物についての情報を教えてもらったなどの意見があり、ベンチで知り合い同士のみならず知らない人同士の交流まで幅広い交流が生ずることが確認できた。人と人とのつながりが希薄化しつつある昨今、重要な意味を持つと考えられる。

・ベンチの可能性

多様な役割を持っているパブリックスペースにおけるベンチは、一般的に休憩場所として捉えることが多く、商店街の活性化事業及び高齢社会に応じた環境整備の一環として設置される場合、座ることのみを想定し設置されることが多い。しかし、休憩を目的としないベンチには通行人へのアイキャッチや店舗のイメージを向上するなどの役割もある。

また、設置場所によって異なる利用者の属性や多様な使われ方が見られたことから、空間の特徴が異なる場所に設置し、ベンチ・椅子の形状などに多様性を持つことで、利用者に多様な選択肢ができる。さらに、人を立ち止まらせ、人と居合わせ、人と人との交流を生み出すことで人々のつながりを生みだす可能性を持っている。

（笈田幹弘・李潤貞・田中紀之・西野亜希子）

一人で使う場面（個）

他者と一緒に使う場面（相）

数人で使う場面（屯）

図7　ベンチの利用の様子

図8　地域住民と産官学民連携でつくった公園

＜知っておきたい用語・解説＞

居場所：他者との関係及び様々な環境の中で自ら選び自由に時間を過ごすことができる場所。

| 設計 | 福祉 | 行政 | 研究者 | 本人 |

コラム　制度外ケア付き福祉仮設住宅「あがらいん」

「あがらいん」とは、2011年に発生した東日本大震災の被災地である宮城県石巻市において、被災地最大規模の開成・南境仮設住宅団地（全戸数1,882戸）内に設置された制度外ケア付き（職員が24時間常駐）福祉仮設住宅のことである（図1～3）。市は震災から5か月を経た8月に要介護高齢者向けグループホーム型仮設住宅として2棟整備したものの、被災した要介護高齢者は既に施設等に入居していて利用対象者が少なく、運営を担う受託先が決まらず運営が開始できないでいた。震災から半年が経ち、多様な生活課題を抱える被災者への対応が制度の枠組みによる支援だけでは解決できないと市は判断し、1棟を制度外ケア付き福祉仮設住宅として、もう1棟はより弾力的に地域支援事業を展開する場として、全国コミュニティライフサポートセンター(CLC)に運営が委託された。

CLCは、震災前から宮城県仙台市内において、制度だけでは支えられない人たちが地域の中で生活をするための対応拠点として「国見・千代田のより処 ひなたぼっこ」を運営してきた実績があり、その経験をもとに「あがらいん」の運営が行われた。市との委託契約において、利用対象者は限定されず「通常の仮設住宅での生活が困難で現行法でのサービス対応ができない被災者のため、また、多様なニーズに柔軟に対応するため、要援護者向けの福祉仮設住宅を管理運営する」とされ、付随事業として配食・サロン事業の展開が示された。それにより多岐にわたる地域支援活動と緊急受入れが行われた。

地域支援活動として、地域食堂、キッチンカー（移動販売車）、子ども学習室、地域サロンの開催や共同菜園づくりなどが行われた。地域食堂は、付近に飲食店がなかった仮設住宅団地にとって利用者同士の交流の場となり、食を通じたつながりが生まれた。

居室への緊急受入れは、地域生活を継続することを前提に、生活、家族関係や気持ちを整えて再び地域生活に移行するための一時的な場所と位置付けて運営された。高次脳機能障害等で要介護認定がまだ受けられていない方、医療機関から自宅（仮設含む）など、生活場所に戻るまでのつなぎ、DVシェルターなど、多様な利用者ニーズに対応した運営がなされた。開成仮設住宅団地の閉鎖が決まり、2018年3月31日に「あがらいん」は6年余りの活動を終えた。

（児玉善郎）

参考文献
1) 平野隆之・小木曽早苗・児玉善郎・穂坂光彦・池田昌弘「東日本大震災における被災者支援の課題と今後の展開－自立支援を目指す地域支援の視点から」『日本福祉大学社会福祉論集』第130号、2014.3

図1　「あがらいん」外観

図2　居室利用者とスタッフの食事の様子

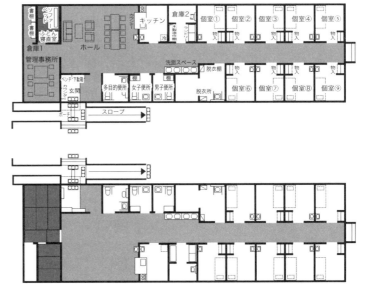

図3　「あがらいん」平面図　（提供：CLC 池田昌弘）

第5章 🏠
高齢者や障がい者の住まいの制度と相談窓口

5-1 介護保険制度における住宅改修費給付制度

　介護保険制度では、高齢者の自立を支援する観点から、段差の解消や手すりの設置などの住宅改修を介護給付の対象としている。

　要支援1〜2または要介護度1〜5と認定を受けた者が住宅に手すりを付ける等の住宅改修を行う場合、実際に要した住宅改修費の9割相当額が**償還払い**で支給される。なお、支給額は支給限度基準額（20万円）の9割（18万円）が上限となる（所得が多い場合には自己負担が2〜3割になることがある）。

■手続きのながれ

　手続きのながれは図1の通りである。住宅改修費給付制度を利用するには、工事内容はもとより工事前後の提出書類が重要となる。

□**工事前申請時の提出書類**
・支給申請書
・工事費見積書
・住宅改修が必要な理由書（作成者は、ケアマネジャー、地域包括支援センター職員、作業療法士、福祉住環境コーディネーター2級以上の者など）
・住宅改修後の完成予定の状態がわかるもの（撮影日付入り写真または住宅の間取り図など）

□**工事後申請時の提出書類**
・住宅改修に要した費用に係る領収書
・工事費内訳書
・住宅改修の完成後の状態を確認できる書類（トイレ、浴室、廊下等の箇所ごとの改修前及び改修後それぞれの写真（それぞれの撮影日付入り））
・住宅の所有者の承諾書（住宅所有者が当該利用者でない場合）

■対象となる住宅改修の種類

①手すりの取付け
②段差の解消
③滑りの防止及び移動の円滑化等のための床または通路面の材料の変更
④引戸等への扉の取替え
⑤洋式便器等への便器の取替え
⑥その他前各号の住宅改修に付帯して必要となる住宅改修

見積依頼	・ケアマネジャー等に相談する。 ・施工者の選択・見積依頼を行う。
工事前	・利用者は事前申請時の書類を市町村に提出し、申請する。
確認	・市町村は、提出された書類を確認し、保険給付として適当な改修かどうか事前に確認し、結果を示す。
施工	・改修工事を施工し、完成後、利用者は施工者に支払う。
工事後	・利用者は事後申請時の書類を市町村に提出し、改修費の支給申請を行う。
支給	・市町村は、事前提出された書類と事後申請の書類を確認し、適切な工事が行われたかどうか確認する。支給を必要と認めた場合、住宅改修費を支給する。

図1　手続きのながれ

■支給基準限度額

・給付額は、生涯で20万円まで
・要支援、要介護区分にかかわらず定額
・要介護状態区分が重度化した時（3段階上昇）や転居で住民票を移した場合には再度20万円までの支給基準限度額が設定される。

　場所や内容によっては支給対象と認められない場合があるため、事前に保険者に確認するとよい。また、介護保険制度とは別に市町村独自の制度を設け、改修費の補助を行う自治体がある。制度の有無や住宅改修の種類を事前に調べておくのが望ましい。

（岡部真智子）

＜知っておきたい用語・解説＞

償還払い：制度利用者が住宅改修費等サービスにかかる費用をいったん全額自己負担し、後日申請して市町村から保険給付分の払い戻しを受ける制度。償還払い方式は、介護保険の住宅改修費給付や福祉用具購入費給付で導入されている。

5-2 障がい者向けの住宅改修支援制度

障がいのある人が住宅改修をする際に利用できる支援制度は大きく二つに分けられる。一つは障害者総合支援法の地域生活支援事業に基づく日常生活用具給付等、もう一つは自治体が独自に実施している障がい者向けの住宅改造支援事業である。これらの制度の仕組みや内容、名称は自治体により異なるため、利用にあたっては市区町村の担当課に事前に確認することが欠かせない。

■日常生活用具給付等事業

在宅の障がい者（児）及び難病患者等の日常生活がより円滑に行われるために日常生活用具を給付または貸与するもの。実施主体は市区町村である。表1の通り6つの種目がある。住宅改修に関する内容は主に（6）居宅生活動作補助用具（住宅改修費）で、介護保険と同様の給付上限額（20万円）と改修内容（①〜⑥）にしている自治体が多い。なお自治体によっては、この種目を別立てで制度化している。

手続きの流れとしては、事前の申請が必須となっている。市区町村に申請し、給付等の決定後に利用ができる。品目ごとに、対象となる人の障がいの内容、障害者手帳の等級、年齢等が定められている。

利用者負担は、自己負担を1割とする自治体が多く、所得に応じた負担上限額がある。支払い方法は、**償還払い**（利用者が一時的に全額支払い、後から払い戻しを受ける）と、**代理受領**の方法がある。介護保険サービスと重複する際は介護保険が優先される。

申請に必要なものは、申請書、見積書、障害者手帳、用具のカタログ等で、医師の意見書や診断書等の提出が必要な場合もある。住宅改修費については、工事の概要がわかる書類や工事箇所の写真等も必要とされている。

表1　日常生活用具給付等事業の種目

(1) 介護・訓練支援用具（特殊寝台、特殊マット、体位変換器、移動用リフト他）
(2) 自立生活支援用具（入浴補助用具、便器、Ｔ字状つえ、移動・移乗支援用具、火災警報器他）
(3) 在宅療養等支援用具（電気式たん吸引器他）
(4) 情報・意思疎通支援用具（点字器、携帯用会話補助装置、拡大読書器、活字文書読上げ装置他）
(5) 排泄管理支援用具（ストーマ装具、収尿器他）
(6) 居宅生活動作補助用具（住宅改修費）
（障がい者等の居宅生活動作等を円滑にする用具で、設置に小規模な住宅改修を伴うもの）
内容例：①手すりの取付け、②床段差の解消、③滑り防止及び移動の円滑化のための床材又は通路面の材料の変更、④引き戸等への扉の取替え（扉の撤去を含む）、⑤洋式便器等への便器の取替え、⑥その他、上記の工事に付帯して必要となる工事

参考：厚生労働省、https://www.mhlw.go.jp/stf/seisakunitsuite/bunya/hukushi_kaigo/shougaishahukushi/yogu/seikatsu.html （2024.7.1 閲覧）

■東京都町田市の身体障がい者（児）向けの住宅改造支援制度

自治体による支援制度の例として、東京都町田市を紹介する。町田市では、小規模改修・中規模改修・屋内移動設備（階段昇降機を含む）の費用を給付している。概要は表2の通りである。なお、所得に応じて自己負担が必要となる。都内の区市町村の多くが、ほぼ同様の給付を行っている。

（蓑輪裕子）

＜知っておきたい用語・解説＞

日常生活用具給付事業における代理受領：日常生活用具の費用の支払いの際に、利用者が自己負担分だけ販売業者に支払い、販売業者が利用者に代わって市区町村に請求して公費負担分を受領すること。

表2　東京都町田市住宅設備改善費の給付制度

内　容	主な対象（a〜cのすべてを満たす人）	基準（円）
小規模改修：手すりの取付け、段差の解消、滑り防止や移動の円滑化等のための床や通路面の材料変更、引き戸等への扉の取替え、洋式便器等への便器の取替え等	a. 学齢児以上65歳未満 b. 下肢又は体幹の障がいの等級が3級以上、または補装具として車椅子の交付を受けた内部障がい者	200,000
中規模改修：浴槽の取替え、流しの取替え、玄関の段差解消機の設置等	a. 上記aと同様　b. 下肢又は体幹の障がいの等級が2級以上、または補装具として車椅子の交付を受けた内部障がい者	641,000
屋内移動設備（階段昇降機を含む）：天井移動型リフト（工事を伴うものに限る）、階段昇降機（屋内のみ）	a. 学齢児以上 b. 上肢、下肢、又は体幹の障がいの等級が1級、または補装具として車椅子の交付を受けた内部障がい者 c．歩行ができない状態	1,332,000

参考：町田市ホームページ　https://www.city.machida.tokyo.jp/iryo/syougai_hukushi/nitijoseikatsushien/jutakujidosya/house_imp.html （2024.7.1 閲覧）

5-3 高齢者や障がい者の住まいの相談窓口

高齢者・障がい者の住まいに対する「困りごと」は、住宅の新築や改修、維持管理、同別居や住み替え先さがし、住居費の負担等、建築・不動産・福祉等多くの分野に関わっている。こうした「困りごと」は生活問題と一体化する場合が多く、「住まいの相談」として認識されない場合も多い。このため、住宅相談だけでなく、日常生活に係る問題解決手段として様々な相談窓口を知っておくことが望ましい。

■相談窓口の種類

高齢者や障がい者の住まいに関する公的な相談窓口としては、地方自治体の各担当部局や独立した住宅相談窓口（常設・定期・随時開催等）、福祉の相談窓口である地域包括支援センター・障がい者の相談支援機関や市区町村社会福祉協議会等がある。ただし、独立した住宅相談窓口を持つ地方自治体は限られていたり、地域包括支援センターなどの福祉の相談窓口では「住まいの困りごと」に対応できる相談体制が整備されていなかったりする。このため、居住地の市区町村の担当部局等に相談窓口を問合せることが必要である。

また、「住まいの確保」を目的とした個別の相談支援を都道府県・市区町の**居住支援協議会**や居住支援法人が実施している例も増加している。

□相談窓口の事例：

神戸市すまいの総合窓口「すまいるネット」（表1、図1）

神戸市では、震災後の住宅の安全性の向上と維持管理の適正化、住宅の品質や機能に対する意識の高まりを背景に、市民を対象とした常設のすまいの総合窓口として、2000年に「神戸市すまいの安心支援センター（愛称：すまいるネット）」を開設した（（一財）神戸住環境整備公社が運営受託）。

現在まで他の機関と連携しながら、すまいに関する相談や情報提供、普及啓発等を行っている。年間約6,000件の相談があり、うち約6割が高齢者からのものとなっている（2022年度時点）。

なお、2011年度設立の神戸市居住支援協議会の事務局も担い、すまいるネットの相談の中に高齢者等の住宅確保要配慮者からの相談もあり、すまいるネット相談員が対応している。2018年度以降は地域包括支援センターや区くらし相談員、市・区社会福祉協議会、神戸市内を業務エリアとする居住支援法人等の相談員のネットワークづくりを進めている。

（佐藤由美）

表1　すまいるネットの事業概要

①住まいに関する相談・アドバイス
・建築（新築、リフォーム）、空き家等活用、契約のトラブル、高齢者の住み替え、マンション管理、住宅確保要配慮者支援など
②情報提供
・物件情報（民間住宅、高齢者向け住宅）、建築士・建設業者の選定支援
③普及・啓発
・セミナー開催、出前講座、住教育の支援
④その他の住まいに関する支援制度
・中古住宅の流通促進、バリアフリー化促進、耐震化促進、密集市街地の再生支援、まちづくり活動支援

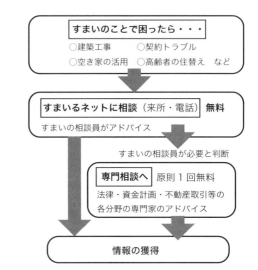

図1　住まいの相談の流れ
(出典：「すまいるネット」パンフレットをもとに筆者加工)

＜知っておきたい用語・解説＞

居住支援協議会：住宅確保要配慮者の民間賃貸住宅への円滑な入居の促進を図るため、自治体や関係事業者、居住支援団体等が連携し、住宅情報の提供等の支援を実施する組織。全国142協議会が設立されている（2024年3月末時点）。

5-4 居住継続支援における多職種連携

介護保険制度では住宅改修サービスも広く認知され、手すりやスロープが簡単に設置できるようになった。ただ、それによって生活の自立性が高まった事例はどれだけあるのだろうか。制度発足で改修件数は飛躍的に増加したが、自立支援としての質は極めて疑わしい。介護保険では「自己決定」が基本理念とされるため、利用者の手すり設置の希望に則して、手すりのタイプと設置位置は確認されるであろうが、それ以上の検討は割愛され、工事の速やかな完了こそが最も期待されることになる。

しかし利用者の希望は、あくまでも限られた情報や条件の範囲で表明されているものである（**フェルトニーズ**）。考えもしなかった暮らし方があり、その実現のために必要なこと（**リアルニーズ**）を満たすことができるかもしれない。真に望む自立した豊かな暮らしを実現するには、多分野の専門職の支援が不可欠である。

■リアルニーズの明確化

どんな暮らしをしたいかを自ら描けるようにし、そのために必要なこと（リアルニーズ）を明確にする援助は、日常的継続的に関わっている立場の者だけが可能である。家族もその立場にいるが、専門職では介護福祉士、訪問看護師、介護支援専門員（ケアマネジャー）などが、日ごろの暮らしやかつての暮らし方、及びそれへの本人の思いなどをもとにリアルニーズをアセスメントする。具体的対応方法は専門的技術をともなうものも多く、以下に示す分野の専門職に支援を依頼することになる。

ただ、介護福祉士や訪問看護師では、これらの役割は狭い意味での業務内容には含まれず、支援者の個人的能力に委ねられているというのが現状である。

■リアルニーズへの具体的対応

豊かな継続居住を実現する具体的方法を提示できる技術支援者は、少なくとも以下の分野に存在している。

①まず、道具の活用を含めた住環境を居住者の望む暮らしに適合させる分野である。この分野で経験を積む建築技術者が担っているが、福祉住環境コーディネーター、増改築相談員といった検定資格者も参入する。ただしこの分野の専門職では、本人の生活動作の可能性や、動作のやり方の妥当性に関する判断には自信を持てない者も少なくない。

②そしてリハビリテーション分野は、まさにその正確な評価を職能としている。利用者の身体機能を評価し、動作の可能性拡大と適切な動作遂行方法を提示する。ADLやIADLの訓練指導などを行う作業療法士（OT）や理学療法士（PT）である。現状の住環境との適合評価に加えて、福祉用具を含めた住環境の改善による適合も検討する。なお福祉用具については、そこにフォーカスした検定資格者として福祉用具プランナーなどがいる。一方、建築施工の知識や経験は当然ながら少ないので、この分野だけの関わりでは住生活の総合的な改善を目指す住環境整備に関しては消極的となる。

③さらに、加えて地域社会環境、すなわち地域資源・制度の活用と開発によって、ICFの「参加」や「人生」といったレベルから地域生活の継続が可能となることは多い。これらはソーシャルワーカー、ケアマネジャー、保健師の専門性に関わるところである。

■多職種連携のかたち

リアルニーズの明確化とそれへの具体的対応、この両者の関係は前者が先にあって、後者はそれに応じて検討するという単純な図式ではない。多様な技術が提示されることで望む生活像はより明確になり、その結果、技術支援はさらに具体化されることになる。両者の提示で相互に発展深化する関係であろう。

地域包括ケアシステムの構築が急がれる中、関連する支援者が参加する個別事例支援会議は地域ケア会議の中でも地域連携の重要な場となる。建築技術者の参加は少ないのが現状であろうが、住まいが中心に置かれる地域包括ケアシステムの姿を描くには、建築技術者も参加する地域ケア会議によって、豊かな継続居住の可能性が検討される必要がある。

(鈴木晃)

＜知っておきたい用語・解説＞

ニーズには、専門職が判断する**ノーマティブニーズ**と、利用者が主観で判断・表明する**フェルトニーズ**があり、さらにそこに利用者も気づいていない必要性を重ねた**リアルニーズ**に接近することの重要性が指摘されている。（白澤政和「ニーズとは何か」『保健婦雑誌』53（12）1997、pp.963-969）

おわりに

　本書は、「はじめに」でも述べたように、執筆者が研究対象としてきた実践や取り組んできた事例、日本建築学会高齢者・障がい者等居住小委員会の研究活動で得た成果を取り上げ、まとめたものである。いずれも高齢者や障がい児（者）を対象とした興味深い事例で、多くの読者に知っていただきたいと考え、選んだものである。委員会メンバーは建築分野を専門とする者だけでなく、福祉や医療、情報を専門とする者も含まれており、多用した事例も複数の視点から選択したものである。様々な分野からなる執筆者が選んだ事例を掲載したのは、一つでも読者の関心に沿ったものがあり、参考になればとの思いからである。また困った際の相談先を取り上げたのは、住まいに困りごとを抱えている、あるいは今後抱える可能性のある当事者やその支援者の住まいにかかる不安を小さくし、問題の解決につなげる一助となることを目指したからである。

　以上の理由から、本書は非常に多くの執筆者の協力を得て作成した。取り上げた事例は、既に完成から時を経たものもあるが、今も役に立つ内容となっている。また今回の執筆にあたり、再度調査を行ったものも少なくない。事例提供をしてくださった施主や関係者のみなさまのご協力がなければ、これだけの事例を載せた本書は完成しなかった。ご協力いただいた皆様には、この場を借りてお礼申し上げたい。

　近年、分野を横断する研究の意義が広く認識されるようになった。その面から言えば、本書は建築分野にとどまらず福祉分野等の視点も含んだ内容で、読者には高齢者や障がい者、またその家族に加え、彼らとの接点を持つ建築関係者や福祉関係者等を想定している。本書を通じて、建築関係者には福祉分野等を、福祉等の関係者には建築分野の一端を知っていただき、今後の協働作業に役立てていただければと願っている。互いの言語、考え方を知るための参考として本書を活用していただければ幸いである。

　最後に、本書作成にあたり学芸出版社の中木保代氏と沖村明日花氏に心よりお礼申し上げる。中木氏には、本書出版にかかる伴走者として、我々に根気強く付き添っていただいた。中木氏・沖村氏の助言や支援がなければ、本書は完成までたどり着けなかったかもしれない。

　多くの執筆者、協力者のおかげで完成した本書が、住まいの問題に直面する多くの高齢者や障がい者、その関係者にとって役立つものになることを願っている。

編著者　岡部真智子

「知っておきたい用語・解説」索引

英数

- ADL ……52
- NPO法人（特定非営利活動法人）……148
- PFI ……120

あ

- アクティブシニア ……36
- 居場所 ……159
- エスコートゾーン ……96
- エリアマネジメント ……116

か

- カスタマイズ ……58
- 技術受容（Technology acceptance）……58
- 強度行動障がい ……104
- 居住支援協議会 ……164
- 距離画像 ……60
- グループホーム ……68
- ケアプラン ……19
- 現状回復義務 ……128
- 見当識 ……56
- 公営住宅 ……136
- 構造化 ……109
- 合理的配慮 ……9
- 高齢者 ……24
- 高齢者見守り・SOSネットワーク模擬訓練 ……18
- コーポラティブハウス ……12
- 国際障害者年(International Year of Disabled Persons, IYDP)……17
- 互助 ……112
- コモンミール ……140

さ

- サービス等利用計画 ……19
- 視覚障がい ……96
- 自助具 ……92
- 指定管理者制度 ……120
- 児童発達支援センター ……144
- シャワー浴 ……80
- 重度障害者居宅改善整備費助成制度 ……77
- 障がいがある人 ……72
- 障がい者グループホーム ……100
- 障害者手帳 ……15
- 償還払い ……162
- 小規模多機能型居宅介護施設 ……124
- シルバーハウジング ……12
- スカイライトウィンドウ（天窓・トップライト）……48
- スケルトン・インフィル方式 ……44
- スマートウェルネス住宅等推進事業 ……40

た

- 大規模マンション ……132
- 多脚杖（4点杖）……14

な

- 日常生活用具給付事業における代理受領 ……163
- 認知症カフェ ……155
- ノーマライゼーションの8つの原理 ……8
- ノーリフティングケア ……84

は

- 廃用症候群 ……10
- ハウスアダプテーション ……28
- ヒートショック ……32
- フェルトニーズ ……165
- 福祉有償運送 ……21
- ホームエレベーター ……28

ま

- 民生委員 ……152

や

- ユニットケア ……63

ら

- リアルニーズ ……165
- リフト ……88

著者略歴　　[ ] は執筆担当箇所

【編著者】

西野亜希子（にしの あきこ）　[1-1-2、1-2-2、1-3-2、2-1、2-2-1、2-3-2、3-1、3-2-2、3-3-1、4-1、4-6-1、4-6-3]
専門：建築計画
経済学を学んだのち、東京大学大学院工学系研究科建築学専攻博士課程修了、博士（工学）。東京大学高齢社会総合研究機構特任助教、同大学大学院工学系研究科建築学専攻特任助教などを経て、現在、コ・ラボ／Co_Lab.代表。日本建築学会奨励賞受賞。著書（共著）『利用者本位の建築デザイン』彰国社、『福祉転用による建築・地域のリノベーション』学芸出版社ほか。

岡部真智子（おかべ まちこ）　[1-1-1、1-4-1、1-4-2、1-4-3、4-6-2、5-1]
専門：社会福祉学（居住支援）
日本福祉大学大学院福祉社会開発研究科社会福祉学専攻博士課程修了、博士（社会福祉学）。
住宅改修や福祉用具を扱う民間企業にて働いたのち、日本福祉大学福祉経営学部、静岡英和学院大学人間社会学部コミュニティ福祉学科を経て、現在、福山平成大学福祉健康学部福祉学科教授。社会福祉士、福祉住環境コーディネーター2級。著書（共著）『社会人のための社会福祉士』学文社。

阪東美智子（ばんどう みちこ）　[2-2-4、4-2-2]
専門：住宅問題・福祉住環境・公衆衛生（住居衛生）
神戸大学大学院修了、博士（工学）。国立保健医療科学院（旧国立公衆衛生院）生活環境研究部上席主任研究官。著書（共著）『HOUSERS ハウザーズ―住宅問題と向き合う人々―』萌文社、『これからの住まいとまち―住む力をいかす地域生活空間の創造』朝倉書店ほか。

【著者】

石井　敏（いしい さとし）　[2-3-6、2-3-7]
専門：建築計画（福祉住環境デザイン）
東京大学大学院修了、博士（工学）。現在、東北工業大学建築学部教授。特に高齢者介護施設、認知症の人のための環境づくりや福祉住環境の計画と研究に取り組む。著書（共編著）『小規模多機能ホーム読本』ミネルヴァ書房、『建築計画：住まいから広がる〈生活〉の場』朝倉書店ほか。学術論文、調査研究報告書も多数あり。

稲垣具志（いながき ともゆき）　[1-4-4]
専門：都市交通計画、土木計画、人間工学
大阪府立大学工学部電子物理工学科卒業。大阪市立大学大学院工学研究科都市系専攻後期博士課程修了。博士（工学）。財団法人豊田都市交通研究所研究員、成蹊大学助教、日本大学助教、中央大学研究開発機構准教授を経て、現在、東京都市大学建築都市デザイン学部都市工学科准教授。著書（共著）『ユニバーサルデザインの基礎と実践』（鹿島出版会）、『日本インフラの「技」―原点と未来』（土木学会）、『平面交差の計画と設計　自転車通行を考慮した交差点設計の手引』（交通工学研究会）、『都市を学ぶ人のためのキーワード事典』（学芸出版社）ほか。

李　潤貞（い ゆんじょん）　[4-6-3]
専門：建築計画
東京大学大学院工学系研究科建築学専攻博士課程終了、博士（工学）。東京大学大学院工学系研究科特任研究員を経て、韓国の忠南研究院忠南まちづくり支援センター、むら研究所イルソゴンドゥにて働いたのち、現在、㈱未来環境政策研究院部署長。共訳書『「都市の定義」が地方を壊す』山下祐介著、『地方創生大全』木下斉著。

植田瑞昌（うえだ みずよ）　[3-2-3]
専門：建築学（建築計画・福祉住環境・福祉のまちづくり）
日本大学大学院理工学研究科建築学専攻博士後期課程修了、博士（工学）。横浜市総合リハビリテーションセンターにおいて住宅改修・福祉用具の専門相談員として働いたのち、一級建築士事務所、国立障害者リハビリテーションセンター研究所流動研究員を経て、現在、日本女子大学建築デザイン学部に勤務。一級建築士、福祉住環境コーディネーター1級。著書（共著）『住環境のバリアフリー・ユニバーサルデザイン』彰国社ほか。

笈田幹弘（おいだ みきひろ）　[4-6-3]
専門：都市工学（まちづくり）、物質工学
北海道大学大学院工学系研究科物質工学専攻修了。株式会社INAX（現LIXIL）に入社し、ユニバーサルデザイン等の研究開発に従事。本活動は、東京大学高齢社会総合研究機構への出向在籍時に実施したもの。高齢社会のまちづくりの実践・研究活動を基に、東京大学大学院工学系研究科都市持続再生学コース（まちづくり大学院）を修了。現在は株式会社LIXILに復帰。

大島千帆（おおしま ちほ）　[2-3-3、3-4-1]
専門：社会福祉学
日本社会事業大学大学院修了、博士（社会福祉学）。日本社会事業大学社会事業研究所、埼玉県立大学保健医療福祉学部等を経て、現在、早稲田大学人間科学学術院准教授。特別養護老人ホームの施設環境づくり、在宅認知症高齢者の居住環境に関する研究・実践に携わる。社会福祉士、精神保健福祉士。著書『認知症ケア　やさしい住まい・暮らしの工夫』家の光協会ほか。

大橋寿美子（おおはし すみこ）　[4-4-3]
専門：建築計画、住居学
日本女子大学大学院人間生活学研究科生活環境学専攻博士課程修了、博士（学術）。住宅メーカー勤務等を経て、現在、大妻女子大学社会情報学部社会情報学科環境情報学専攻教授。著書（共著）『変わる家族と変わる住まい』彰国社、『第3の住まい コレクティブハウジングのすすめ』エクスナレッジ、『住みつなぎのススメ―高齢社会ともに住む・地域に住む』萌文社ほか。

糟谷佐紀（かすや さき）　[4-4-2]
専門：福祉住環境、障害者のための住宅政策
神戸大学大学院人間発達環境学研究科博士後期課程修了、博士（学術）。博士（工学）、一級建築士、福祉住環境コーディネーター2級。建築設計事務所、兵庫県立福祉のまちづくり研究所を経て、現在、神戸学院大学社会リハビリテーション学科教授。著書（共著）『移動と歩行』医学書院ほか。

神吉優美（かんき ゆみ）　[4-4-4、4-5-1]
専門：福祉住環境計画・まちづくり
京都大学大学院工学研究科博士後期課程修了。博士（工学）。一級建築士。神吉不動産株式会社代表取締役。大阪公立大学大学院客員教授。「宿題ひろば　学びの船」主催。東洋大学および奈良県立大学にて教鞭をとる。2023年度末に大学を辞職して大家業に専念したのを機に、小中学生を対象とした夕食付きの学習の場「宿題ひろば　学びの船」をスタートさせた。

金　炅敏（きむ ぎょんみん）[4-3-1]
専門：建築計画学
東京大学大学院工学系研究科建築学専攻博士後期課程修了、博士（工学）。活力ある超高齢社会を共創するグローバルリーダー養成プログラム（GLAFS）修了（東京大学）。国立研究開発法人国立環境研究所社会システム領域地域計画研究室で研究員を経て、現在、大成建設株式会社技術センターイノベーション戦略部技術開発戦略室。2022年日本都市計画学会年間優秀論文賞受賞。

児玉善郎（こだま よしろう）[4章コラム]
専門：居住福祉
神戸大学大学院工学研究科環境計画学専攻修了、博士（工学）、技術士（建設部門・都市および地方計画）。㈱計画技術研究所研究員、神戸大学工学部技官等を経て、日本福祉大学に赴任。大学院社会福祉学研究科長、社会福祉学部長、第8代学長を歴任。現在は、学事顧問・社会福祉学部教授。著書（共著）『居住福祉学』有斐閣、『災害福祉論』学文社ほか。

雜賀　香（さいが かおり）[2-2-2]
専門：住宅のリフォーム工事
女子美術短期大学造形科卒業。設計事務所、建設会社を経て住宅のリフォームを生業とする。2012年に雜香オリジナルワーク株式会社を設立。リフォーム業歴30年。二級建築士、二級施工管理技士、マンションリフォームマネージャー、インテリアコーディネーター、キッチンスペシャリスト。

佐藤由美（さとう ゆみ）[4-2-1、5-3]
専門：住宅・都市計画、居住政策
大阪市立大学大学院生活科学研究科後期博士課程修了、博士（学術）。民間建設コンサルタント会社勤務、住宅・居住政策に関する調査研究・計画策定などを担当、2006年大阪市立大学都市研究プラザ特任講師を経て、2014年奈良県立大学地域創造学部准教授、2019年より同教授。技術士建設部門（都市及び地方計画）、一級建築士、著書（共著）『住宅と福祉の連携－居住政策の実現に向けた「協議会型アプローチ」』大阪公立大学共同出版会ほか。

鈴木　晃（すずき あきら）[5-4]
専門：住居学・住生活学
横浜国立大学建築学科卒、神戸大学大学院修了、博士（学術）。東京都老人総合研究所、国立公衆衛生院（現 国立保健医療科学院）にて研究教育に従事。その後、日本大学工学部建築学科、福島大学人間発達文化学類（家庭科教員養成）に勤務。編著書『保健婦・訪問看護婦のための住宅改善支援の視点と技術』日本看護協会出版会、『高齢者が自立できる住まいづくり』彰国社ほか。

鈴木健太郎（すずき けんたろう）[1-2-1、1-3-1]
専門：障害生活支援（生活環境支援・バリアフリー）
首都大学東京（現・東京都立大学）大学院人間健康科学研究科博士後期課程修了、博士（作業療法学）。発達期や高齢期の地域施設、自治体福祉センターでの補装具関連業務や生活相談などの、主に地域福祉領域での活動や専門学校教員を経て、杏林大学保健学部教員。作業療法士。

曽根里子（そね さとこ）[4-4-1]
専門：居住計画・建築計画・コミュニティ形成
文化女子大学大学院（現：文化学園大学大学院）家政学研究科生活環境学専攻修士課程修了、修士（生活環境学）。文化女子大学（現：文化学園大学）助手・助教を経て、現在、文化学園大学造形学部准教授。一級建築士。2003年（第14回）日本建築学会優秀修士論文賞。著書（共著）『現代集合住宅のリ・デザイン　事例で読む[ひと・時間・空間]の計画』彰国社。

田中紀之（たなか のりゆき）[4-6-3]
専門：建築計画・住環境計画
京都大学大学院工学研究科 博士後期課程研究指導認定退学。コンサルタント会社勤務、大学院進学ののち、大和ハウス工業株式会社入社。東京大学高齢社会総合研究機構への出向を経て、現在、リブネスタウン事業推進部所属。一級建築士、福祉住環境コーディネーター1級。著書（共著）『地域包括ケアのまちづくり』東京大学出版会ほか。

冨安亮輔（とみやす りょうすけ）[2章コラム]
専門：建築計画
東京大学大学院工学系研究科建築学専攻修了。日本学術振興会特別研究員、東洋大学理工学部建築学科助教を経て、現在、福祉社会デザイン学部人間環境デザイン学科准教授。一級建築士、博士（工学）。主な受賞に日本建築学会奨励賞、東京大学総長大賞など。

西村　顕（にしむら あきら）[3-5-1]
専門：建築計画
2003年より横浜市総合リハビリテーションセンターにて高齢者や障害児者の住宅改修相談に従事。2013年に横浜国立大学大学院にて博士号取得。現在、横浜市総合リハビリテーションセンター研究開発課担当課長。一級建築士、博士（工学）。著書（共著）『知的障害・発達障害のある子どもの住まいの工夫ガイドブック』中央法規。

橋本美芽（はしもと みめ）[1-2-3]
専門：住環境整備学・リハビリテーション工学
日本大学大学院理工学研究科医療・福祉工学専攻博士後期課程修了、博士（工学）。公的機関において訪問による住宅改造・福祉用具の相談業務に従事。東京都立保健科学大学を経て、現在、東京都立大学大学院人間健康科学研究科准教授。一級建築士、福祉用具プランナー。著書（共著）『OT・PTのための住環境整備論』三輪書店ほか。

原　和男（はら かずお）[2-3-1]
専門：建築設計
東京理科大工学部建築学科卒業。松淵建築事務所、吉村順三設計事務所を経て、1999年、和 綜合設計室設立。一級建築士、専攻建築士、インテリアプランナー、応急危険度判定士、東京建築士会会員。受賞歴：大宮市景観賞。住宅作品掲載：モダンリビング特別編集『建築家自邸50』「西寺尾の家」

番場美恵子（ばんば みえこ）[2-2-3]
専門：建築計画（住生活学）
昭和女子大学生活機構研究科生活機構学専攻博士課程修了、博士（学術）。昭和女子大学生活科学部生活環境学科助手、同短期大学部文化創造学科専任講師を経て、現在、昭和女子大学環境デザイン学部環境デザイン学科准教授。一級建築士。著書（共著）『住まいの百科事典』丸善出版。

松田雄二（まつだ ゆうじ）[3-2-4、3-4-2]
専門：建築計画学
東京大学大学院工学系研究科建築学専攻博士課程修了、博士（工学）。東京理科大学、お茶の水女子大学大学院を経て、現在、東京大学大学院工学系研究科建築学専攻准教授。一級建築士。著書（共著）『福祉

転用による建築・地域のリノベーション』学芸出版社ほか。

三浦貴大（みうら たかひろ）［2-2-1、2-3-4、2-3-5、3-3-1］
専門：福祉工学、ヒューマンインタフェース
東京大学大学院情報理工学系研究科システム情報学専攻博士課程修了、博士（情報理工学）。同大学同研究科特任助教、同大学高齢社会総合研究機構特任助教を経て、現在、産業技術総合研究所人間拡張研究センターおよびデジタルアーキテクチャ研究センター主任研究員。主に、視覚障がい者、高齢者の支援システムや、彼らの支援者を交えた場の構築に関する研究に従事。

南　一誠（みなみ かずのぶ）［2-2-5］
専門：建築計画、建築構法、建築設計
東京大学及びマサチューセッツ工科大学大学院修了、郵政省大臣官房建築部等の勤務を経て 2005 年から 2022 年まで芝浦工業大学建築学科教授。現在、同大学名誉教授。一級建築士、博士（工学）。著書『しなやかな建築』総合資格、『時とともに変化する建築』UNIBOOK、『改訂版　図説建築構法』学芸出版社ほか。2022 年日本建築学会賞（論文）などを受賞。

蓑輪裕子（みのわ ゆうこ）［5-2］
専門：建築計画、住居学
東京理科大学工学部建築学科卒業、東京大学大学院工学系研究科建築学専攻修士課程修了、博士（工学）。コンサルタント会社、東京都老人総合研究所を経て、現在、聖徳大学短期大学部総合文化学科教授。一級建築士。著書（共著）『住まいとインテリアデザイン』彰国社ほか。

室﨑千重（むろさき ちえ）［3-2-5、4-3-2］
専門：福祉住環境学、住生活学
神戸大学大学院自然科学研究科地域空間創生科学専攻博士後期課程修了、博士（工学）。株式会社現代計画研究所、兵庫県立福祉のまちづくり研究所研究員を経て、現在、奈良女子大学研究院生活環境科学系准教授。一級建築士。著書（共著）『利用者本位の建築デザイン』彰国社、『空き家・空きビルの福祉転用』学芸出版社ほか。

吉田紗栄子（よしだ さえこ）［3-2-1、3-3-1］
専門：バリアフリー建築設計
日本女子大家政学部住居学科卒業、日本大学理工学部博士課程前期修了。一級建築士事務所（有）アトリエユニ設立（ケアリングデザインアーキテクツに改称）。1964 年の東京パラリンピックに日本赤十字語学奉仕団の一員として参加。以来、高齢者、障がい者の住宅、福祉施設などに特化した設計に従事。一級建築士。1998 年「デイケアセンターひかりの丘」で JID 賞インテリアスペース部門特別賞、2001 年住宅リフォーム紛争処理センター第 18 回住まいのリフォームコンクール高齢者障害者部門優秀賞。著書（共著）『バリアフリー住まいをつくる物語』三輪書店、『50 代リフォーム・素敵に自分流』経済調査会。

本書の最新情報のご案内、
ご意見・ご感想の投稿は
下記のウェブページをご覧ください

https://book.gakugei-pub.co.jp/
gakugei-book/9784761533045/

地域とつながる高齢者・障がい者の住まい
計画と設計 35 の事例

2024 年 9 月 15 日　第 1 版第 1 刷発行

編著者……西野亜希子・岡部真智子・阪東美智子
著　者……石井敏・稲垣具志・李潤貞・植田瑞昌・笠田幹弘
　　　　　大島千帆・大橋寿美子・糟谷佐紀・神吉優美・金炅敏
　　　　　児玉善郎・雜賀香・佐藤由美・鈴木晃・鈴木健太郎
　　　　　曽根里子・田中紀之・冨安亮輔・西村顕・橋本美芽
　　　　　原和男・番場美恵子・松田雄二・三浦貴大・南一誠
　　　　　蓑輪裕子・室﨑千重・吉田紗栄子

発行者……井口夏実
発行所……株式会社学芸出版社
　　　　　〒600-8216
　　　　　京都市下京区木津屋橋通西洞院東入
　　　　　電話 075-343-0811
　　　　　http://www.gakugei-pub.jp/
　　　　　E-mail:info@gakugei-pub.jp

編集担当…中木保代・沖村明日花

装　丁……テンテツキ　金子英夫
印　刷……創栄図書印刷
製　本……新生製本

Ⓒ 西野亜希子・岡部真智子・阪東美智子ほか、2024　　　Printed in Japan
ISBN 978-4-7615-3304-5

JCOPY 〈(社)出版者著作権管理機構委託出版物〉
本書の無断複写は著作権法上での例外を除き禁じられています。複写される場合は、そのつど事前に、(社)出版者著作権管理機構（電話 03-5244-5088、FAX 03-5244-5089、e-mail: info@jcopy.or.jp）の許諾を得てください。
本書を代行業者等の第三者に依頼してスキャンやデジタル化することは、たとえ個人や家庭内での利用でも著作権法違反です。

好評発売中

支援に役立つ！ 障害者施設の計画ガイドブック
利用者目線の特性対応とコスト設計

砂山憲一 著

B5変判・192頁・本体3500円＋税

障害特性に対応した施設をつくるにあたり、事業コストをどうコントロールすればよいか。利用者中心の心地よい住まいを無理なく実現するポイントから、支援する人の働きやすさを両立する工夫まで。新築と改築・改修による実例18件の居室プランや設備コスト検討資料などを公開し、支援する事業者に役立つ計画のアイデアを紹介。

医療・介護・建築関係者のための　高齢者の住まい事業　企画の手引き

砂山憲一 著

B5変判・160頁・本体3200円＋税

補助金による施設作りから、多様な高齢者の住まいの展開と在宅医療・介護の充実へと国の政策が転換し、施設と自宅の間の「新しい住まい」の市場が広がっている。事業を企画するために必須の基礎知識、事業の特殊性、建築・都市計画関係の制約や近隣施設の状況を踏まえた立地判断と収支の立て方等を具体例に沿って解説する。

ケア空間の設計手法　地域にひらく　子ども・高齢者・障がい者福祉施設

日本建築学会 編

B5変判・192頁・本体3600円＋税

福祉施設へのニーズは多様化し、地域包括ケアの視点から地域拠点としての在り方も模索されている。設計者・事業者の手腕が一層求められる中、本書は利用者・支援者・訪問者の交流を促す事例、地域に開放する事例、福祉以外のプログラムと融合を計る事例など、居場所・拠点・交流を促すための計画論を21の実例とともに示す。

福祉と住宅をつなぐ　課題先進都市・大牟田市職員の実践

牧嶋誠吾 著

四六判・224頁・本体2000円＋税

超高齢化・人口減少・生活困窮にどう立ち向かうか。著者は建築のバリアフリー化、市営住宅の福祉拠点への再編、居宅介護サービスの推進、市営住宅や空き家を活かした居住支援を、住宅と福祉部局をつないで切り拓いた。課題先進都市・大牟田の鍵はここにある。その実践から自治体職員だからこそできる地方再生が見えてくる。

福祉転用による建築・地域のリノベーション
成功事例で読みとく企画・設計・運営

森一彦・加藤悠介・松原茂樹 他編著

A4判・152頁・本体3500円＋税

空き家・空きビル活用の際、法規・制度・経営の壁をいかに乗り越えたか。建築設計の知恵と工夫を示し、設計事務所の仕事を広げる本。企画・設計から運営まで10ステップに整理。実践事例から成功の鍵を読み解く。更に技術・制度、地域との関わりをまとめ、海外での考え方も紹介。「福祉転用を始める人への10のアドバイス」を示す。

空き家・空きビルの福祉転用　地域資源のコンバージョン

日本建築学会 編

B5判・168頁・本体3800円＋税

既存建物の福祉転用は、省コスト、省資源につながり、新築では得難い便利な立地やなじみ感のある福祉空間が作り出せる。だが実現には福祉と建築の専門家の協働が欠かせない。そこで関係者が共通認識を持てるよう建築や福祉の制度・技術を紹介し、様々な限界をクリアしている先進37事例を、その施設運用の実際と共に掲載した。